本书出版受"中央财政支持地方高校发展专项资金项目——研究生培养模式创新"资助

姬 超／著

# 中国经济特区
# 经济增长的历史透视

HISTORICAL PERSPECTIVE OF
CHINESE SPECIAL ECONOMIC ZONES'
ECONOMIC GROWTH

社会科学文献出版社
SOCIAL SCIENCES ACADEMIC PRESS (CHINA)

# 目　录

## 第一篇　经济增长：迷雾中的探索

# 第二篇 他山之石：经济增长的国际经验

# Contents

# Part Ⅲ   Experiment: Rise and Regional Differentiation of Emerging Cities

# 前　言

　　本书是关于经济增长理论的再次探讨，同时也是经验现实的实证。其中心论题是立足理论的本土化研究，对中国经济特区成立30多年来经济增长方式的合理性和适应性进行考察，理解真实情境中的经济增长方式和要素作用机制，在此基础上寻找经济特区实现二次创业和增长方式转型的路径。

　　中国经济特区的设立已逾30年，几个边远落后的小渔村迅速成长为亮丽的现代化都市。其中，深圳取得的成就尤其令人瞩目，"深圳速度"更是不断抒写中国和世界现代化建设与城市发展的历史，回顾其过往30多年的成长历程也总是令特区人激动不已。然而，随着市场经济体制在全国范围的确立，其他地区尤其是沿海城市相继步入经济增长的快车道，新的特区诸如综合配套改革试验区不断设立，传统特区的政策优势逐渐丧失，经济总量和增长质量方面不断被其他城市超越，围绕"特区不特"的争论越来越多，特区的光芒开始黯淡。那么，经济特区过去30多年的成长经历究竟可以为其他城市提供何种经验借鉴？在未来，作为中国经济增长先行者的特区又将怎样继续承担全国经济改革的制度试验田、排头兵和示范窗口的历史使命？

　　历史经验表明，真正的繁荣依赖长期的、持续的稳定增长，而非短期的、不可持续的高速增长。但是随着对生产的强调转向分配，特别是在逻辑实证主义思潮下，经济学形式化和科学化的要求使得经济增长理论越来越远离社会现实，而且逐渐混淆了目标和结果、原因和表现之间的真实逻辑关系，导致现有的经济增长理论至少对以下几个问题无法在统一的框架内给出解释，而这几个问题恰恰是揭开经济增长面纱的关键。①经济增长的根源和动力问题；②不同地区经济增长的趋同和趋异问题；③外部性的产生和消除问题；④制度和技术的关系问题；⑤制度如何变迁的问题；⑥政府在经济增长中能够发挥什么作用的问题。澄清分歧的关键在于在真实的发展场景中重新审视经济增长现象，特别是先行地区与后发地区的差异化经济增长方式，理解各个要素在不同情境中的差异化作用机制，是本书在理论层面所要回答的主要问题。

在实践中，不同区域的发展起点、发展程度和发展环境存在很大差别，不同区域具有很强的异质性，有必要根据不同发展阶段和不同发展环境有区别地审视不同区域的经济增长现象，本书称之为历史情境的视角，这也是贯穿全书的主要方法论。一旦遵循这种方法，就必须对经济增长的过程给予特别的重视，避免将全国作为一个整体进行分析时的合成谬误问题，特别是先行地区和后发地区的经济增长具有广泛的差异性，整体区域和局部区域的经济增长事实也并不完全一致。

基于这个原因，本书选择中国最早由计划经济向市场经济转型的试验区——深圳、珠海、汕头、厦门和海南5个传统特区（而非1个特区）进行比较分析。通过考察不同区域在差异化发展场景中的经济增长差异，为特区继续存在下去及其承担的新的历史使命寻找理论依据，也为中国经济转型提供一些新的视角，这是本书在现实应用层面所要回答的主要问题。

在第一篇中，本书在具体的历史情境中对现有的经济增长理论进行全面梳理，重新审视经济增长理论中存在的诸多分歧和争议，以理解要素之间如何互动及其对经济增长的作用机制。

在第二篇中，本书对世界上其他国家的经济增长经验进行归纳总结，特别是对先行地区与后发地区经济增长方式的差异进行了比较。其中，既包括欧洲先行地区的经济增长事实，也包括亚洲后发地区的经济增长与转型过程，在此基础上建立本书的分析框架，围绕经济增长的三个核心要素——资源禀赋、发展环境、制度约束，构建历史情境中的动态的经济增长逻辑，指出不同区域在不同历史情境中可能存在迥异的经济增长方式和转型路径。

在第三篇中，分析视角转到了中国经济特区上。第六章在理论框架的基础上回归到经验事实层面，以 5 个特区的经济增长差距为突破口，通过特区之间的比较研究尽量展现 5 个特区的差异化发展场景，从整体上把握特区经济增长方式；第七章沿着特区经济增长方式这一主线继续深入，从投资效率的角度检验特区经济增长方式的合理性，以及这种经济增长方式的合理性条件。

第四篇则是对前几篇的进一步深化。第六章和第七章依次回答了特区经济增长方式"是什么"和"怎么样"的问题，第八章继续回答特区经济不可持续增长的原因，即"为什么"的问题。分析视角从微观向中观、宏观递嬗，从增长客体向增长主体转变，认识到特区经济不可持续增长的根源在于：如果没有根据资源禀赋和发展环境的变化形成适应性的制度变迁，新的经济增长方式便失去了制度激励和保障。第九章探讨了特区经济增长方式转型的路径，以及如何实现有效的制度供给和制度保障，因而是一个"怎么办"的问题；第十章是对全书的总结。尽管特区之间存在差异，但总体上可以得出以下几个相互关联的结论。

（1）特区的经济增长经验证实了融入世界分工体系对于后发地区经济增长的重要性。积极融入世界分工体系是后发地区经济起飞的重要前提，也是后发地区实现跨越式发展的关键，但不能保证长期的经济持续增长。随着资源禀赋和国内外发展环境的变化，后发地区需要着眼于世界分工格局的演变，适时转变经济增长方式，抢抓先行机遇，发挥本地的比较优势，争取占据世界分工体系的更有利位置。

（2）在特定的国际产业转移背景下，特区经济高速增长依赖的是以要素投入为主的"外延式增长"，尤其是对资本生产力的释放是特区经济高速增长的主要动力。但是这种经济增长方式的效率总体上并不低，因而不能全盘否定"外延式增长"方式的合理性。抓住机遇迅速实现经济起飞和跨越式发展有其必要性，毕竟经济增长在当时更具第一性。

（3）30多年来，特区经济的全要素生产率水平有了很大程度的提高，这主要是由经济结构迅速变化和简单复制先行地区技术带来的快速技术进步造成的，而技术效率的提高始终较慢，没有形成内生于经济体系和适应特定资源禀赋的技术进步机制，技术溢出效应不强。这是特区经济不能形成"内涵式增长"的主要原因，从而导致特区经济即使发展到一定程度，依然面临竞争力不强的问题。

（4）随着经济发展到一定程度，以及国内外发展环境的变化，特区对外来资本和劳动力的吸引力开始下降，也不再可能通过产业结构变化和引进国外技术来提高要素生产率，当前的经济增长方式就会产生适应性问题。

（5）在新的发展环境下，特区经济增长方式转型势在必行，但转型的关键并不在于投资数量的增减，减少投资并不必然能够提高投资效率，投资对于任何经济体的持续增长都必不可少，问题的关键在于投资的主体和流向（谁来投、向哪投）。

为了保证投资效率，一方面，要强调技术深化，增强技术溢出效应，促进技术边界循序渐进地外移，而不是盲目追求重要的技术突破和技术高度；另一方面，要促进要素的自由流动，实现要素的跨部门再配置，特别是清除垄断性行业的进入障碍。

（6）特区经济增长方式转型的关键是通过深化改革形成适应性的制度变迁，实现要素驱动向创新驱动的增长方式转变。然而，促进特区早期实践成功的政府主导的外生性制度体系并不能为此提供激励和保障，当既有的制度红利逐渐释放完毕时，必须形成新的有效制度供给。

（7）在新的发展阶段，为了实现有效的制度供给，需要社会大多数成员的共同努力和合作。如果将经济域延展至社会域，资源高效、合理使用的均衡条件将会放松，社会大多数成员更有可能通过合作实现新的有效制度供给和经济增长方式转型。与此同时，强大的市民社会和社会力量也有助于约束掠夺式政府，有助于约束特殊利益集团对市场的垄断，促进要素的自由流动和跨部门再配置。因此，当特区经济增长到一定程度并面临转型瓶颈时，就有必要率先创新制度安排，以社会领域的制度变革为突破口，带动经济和政治制度改革的深化，从而优化制度供给，并为全国其他地区提供示范，这也是特区继续存在下去必须承担的新的历史使命。

我国经济持续增长面临的考验越来越严峻，转型迫在眉睫，转型的难度和阻力越来越大。考虑到传统经济增长理论忽略了不同环境和不同阶段下不同经济体的异质性和经济增长方式的适用性，本书的创新点主要体现在以下三个方面。

（1）注重理论的本土化研究，通过历史情境的分析视角，区分先行地区与后发地区的差异化经济增长方式。在识别特定发展阶段和发展环境的前提下构建了资源、环境与制度“三位一体”的经济增长框架，为融合不同经济增长理论提供了新的视角。在这样的理论视角和分析框架下，不同的发展环境和发展阶段决定了各种要素的作用机制也是不同的[①]，从而有助于避免盲目地套用发达国家经验，可以为处于不同发展阶段的经济体提供有针对性的改革步骤和转型路径，避免自上而下的、整体建构的理想主义和经验主义倾向。

（2）对 5 个特区这一全国整体的基础构成，同时又是经济发展的先行区域进行比较分析（而非一个经济体的实证检验），能够避免

①　例如，资本投入和政府这两种要素在先行地区和后发地区经济起飞和经济发展到一定程度时的作用是不同的，改变要素的作用方式并不是简单地减少投入或消除政府干预，而是通过寻找内在的力量来改变这种作用方式。

整体分析时的合成谬误问题，可以更深入地理解经济增长和转型在局部和整体之间的差异。另外，5个特区发展特征迥异，在一定程度上代表了国内不同的区域类型。因此，本书不仅能为特区自身的经济增长和转型提供理论指导，而且能为全国不同类型区域的经济转型提供一些新的理论启示。

（3）在研究思路上，本书采用的是一种探索式的研究思路。通常的研究是前向型的，首先界定研究对象，其次在假定研究对象清晰不变的前提下建立相关概念和理论模型，最后加以实证检验，研究重心多在后两部分。探索式的研究方法则是后向型的，它对问题本身给予充分重视，继而从不同角度寻找问题产生的根源，以区分问题的表象和本质，在此基础上寻找问题的根源，最终实现对研究对象的把握，体现了过程哲学的分析范式。这种研究方法能够在动态过程中把握研究对象的本质属性，在具体的历史情境中厘清各种要素和经济增长的真实因果关系，避免先验地赋予研究对象某种属性和特征。

首先，以5个特区为分析对象无论如何都不能完全表征中国的经济图景，只能从一个角度为中国的经济增长提供一些新的见解或认识。考虑到特区的特殊性，尤其是像深圳那样从无到有的区域经济发展经验，对于内地诸多富有深刻历史传统的区域能有多大程度的借鉴意义，仍然需要保持谨慎态度。因此，特区为其他地区提供的更多是参考和示范，而非简单的模仿和复制对象。

其次，5个特区各具形态，其在政策意义上的相似性远大于功能意义上的相似性，因而将5个特区放在一起分析是否合理也是需要仔细考量的。不过本书将最大限度地突出几个特区之间的差异化比较，而且5个特区的发展形态各异，在一定程度上反映了国内不同类型区域的发展特征，反而能够得出许多有意义的结论。

作为中国对外开放的起点，特区30多年来的改革与发展经验始终对中国整体经济发挥着重要的窗口作用和示范效应。然而，巨大的光环背后也隐藏了大量的问题，中国经济增长方式中固有的缺陷同样存在于特区经济增长过程中，随着其他更加富有活力的城市逐渐超越特区，人们开始冷静地反思特区试验带给全国其他地区的真正经验是什么，而不是简单地复制特区经济增长模式，毕竟不同地区的差异体现在多个方面，不同地区所处的发展阶段不同，面临的发展环境更是存在天壤之别。通常认为，特区在现代化市场经济体系建设上领先于全国其他地区，相对完善的市场环境有利于要素的自由流动，特区也借此吸引了大量的外来人才，这被认为是特区经济保持活力的重要原因。然而事实上，伴随特区经济高速增长的，是特区内外经济发展的高度不平衡，区域之间、不同阶层之间的鸿沟不仅制约了我国经济的内生性转型，而且将造成严重的社会分化问题，从而威胁经济的可持续增长。随着特区经济高速增长的结束和经济持续增长的乏力，有必要在真实而具体的发展场景中重新审视中国经济特区的经济增长全景，这是理解特区成功本质的关键点，也只有这样才能为特区未来的转型与进一步发展提供理论依据，从而继续完成全国经济改革的制度试验田、排头兵和示范窗口的历史使命。

# 导　论

## 一　研究对象

　　1979 年 4 月，邓小平正式提出了试办特区的建议。同年 7 月，国务院批准广东、福建两省可在对外经济活动中灵活地实行特殊政策。1980年 8 月，第五届全国人大常委会第十五次会议批准了国务院提出的在广东省的深圳、珠海、汕头和福建省的厦门建立经济特区的建议，并且颁布了《广东省经济特区条例》，标志着特区的正式成立。1988 年 4 月，第七届全国人民代表大会第一次会议表决通过了撤销广东省海南行政区，正式设立海南省并建立经济特区，海南特区成为全国最大并且唯一的省级经济特区，特区就此开始成为我国经济建设中技术、知识、管理和对外政策的"窗口"。另外，各个省份以及许多开发区之类的实行特殊经济政策的区域，在某种意义上也是特区。但是总体而言，这 5 个特区设立时间最早，面临的政策环境相似度最高，其试验田的性质和功能也最为充分，特别是前 4 个特区。因此，以这 5 个特区为研究对象，能够较好地消除差异性体制政策的影响，得出的结论也更有启示意义。如无特别说明，本书的研究对象特指深圳、珠海、厦门、汕头和海南 5 个特区。

## 二　研究主题

　　本书的核心是对中国经济特区经济增长方式的可持续性与转型路径的探索，同时也是对特区过去 30 多年经济增长历程的回溯。对历史的追问源于人们对未来的关注，同样，对经济增长过程的回溯源于人们对未来经济持续增长的期待。但是提及经济增长和转型，人们通常持有一些固有的偏见。例如，认为转型就是要从以投资为主导的经济增长方式向以消费为主导的经济增长方式转变，从以外需为主的经济增长方式向以内需为主的经济增长方式转变，从低附加值的产业向高附加值的高新技术产业转变，从政府过多干预向以市场为主导的经济增长方式转变[1]，等等。实际上，许多貌似正确的观点却预设了一些不合理的前提条件和转型目标，忽略了要素在不同发展环境中对经济增长的差异化作用机制，结果导致现实中的转型常常举步维艰。可见，现有的研究大多忽略了理论在本土化应用时的特殊性，真实发展场景中的要素作用并不像实验室或经典理论描述的那样一成不变。

（1）任何经济体的经济增长都发生在具体的历史阶段中，并不存在某种一成不变的、完美的经济增长方式，转型不可能一蹴而就，也无法预设一个较为发达的经济体或理想的经济增长方式作为后发地区转型的目标[2]。经济增长是一个长期的过程，同时经济增长又

---

[1] 关于政府在经济体系中的角色，越来越多的人开始从实证主义的角度加以审视，而不再是一个单纯的价值判断问题。尽管民主和小政府概念深入人心，但是越来越多的人开始认识到民主制度始终是政治稳定的一个组成部分。在错误的情况下，民主制度也可能成为引发不稳定的因素。例如，福山（Fukuyama）就对此前的"历史终结论"做出了重大修正，认为一个秩序良好的社会需要三个构成要素——强政府、法治和民主问责，而且三者缺一不可。尚未获得实施有效统治的能力就进行民主化的政府无一例外地都会遭遇失败，如非洲大部分地区。转引自〔英〕戴维·朗西曼《福山的良治社会三要素》，FT中文网，http://www.ftchinese.com/story/001058576。

[2] 汪丁丁（2014）在讨论中国经济奇迹时，援引了休谟指出的基于发生时间相邻而生成的关于现象 A 与现象 B 之间的因果联想，指出人们早已习惯将 20 世纪 80 年代邓小平的"改革开放"政策视为 1990 年以来中国经济奇迹的原因，从而难以设想存在只是因难以"量化"而不能获得经济学家承认的其他更深远的原因。但是事实上，（中国经济增长）不仅与以往 30 多年的政治、经济、社会生活密切相关，而且与以往 100 多年乃至 1000 多年的政治、经济、社会生活密切相关。因此，在讨论中国经济问题时，我们还要考虑近代以来中国人的物质生活，尤其是精神生活和社会生活的剧烈变迁，以及由此引发的中国人面对的重重危机。从这个角度来看，仅仅回溯特区 30 多年的经济增长历程显然是不够的，但是要在更恢宏的历史长河中重现特区的方方面面显然也过于宏大而难以把握。因此，对于特区这一新生事物而言，我们的研究只能尽量在这一理念的基础上展开。与此同时，对历史的强调也并不意味着我们是历史主义者，只是因为历史是逻辑展开其自身的过程，考察历史可以帮助我们更好地理解事物发展的内在逻辑。

是有成本的，随着经济发展到不同阶段和人均收入水平的提高，经济增长的决定性因素也在发生变化。因此，转型必须根据特定的历史阶段和国内外环境，选择成本最低和现实可行的经济增长方式。

（2）不同经济体的经济增长既有共性的一面，也存在广泛的差异性。先行地区和后发地区面临不同的经济增长和转型需求，全国整体和区域构成的经济增长和转型方式也不可能完全一致。

后发地区并不存在一个完全相同或不同于先行地区的经济理论，无论是立足发达国家经验的经济增长理论，还是依托发展中国家经验提出的经济发展理论，都存在固有的缺陷。它们既忽略了不同经济体经济增长与转型时所具有的差异化资源禀赋特征，又割裂了发达国家与发展中国家在不同阶段所具有的市场联系，也就忽略了支撑不同类型地区经济起飞和高速增长的基础条件与环境方面的差异。

（3）当前的许多研究忽略了政府在特定阶段和环境中对经济增长的正面作用，政府在任何经济体的经济增长过程中都发挥着不同程度的作用，这一点已经成为既定事实。因此，讨论转型问题时已经不再是政府是否应当发挥作用，而是如何设计合理的治理机制来约束政府不恰当的市场干预，以保证政府在正确的轨道上运行。

据此，本书致力于在真实的历史情境中，分析特区这一后发地区在不同阶段所适用的经济增长方式，寻找特区实现经济可持续增长的转型路径。此外，作为有别于其他区域的独一无二的经济体，特区又是作为中国整体不可分割的构成部分而存在的，其经济可持续增长与转型始终伴随着中国整体大环境的变化。对于先行一步的特区而言，其经济可持续增长与转型对中国和其他区域有着特殊的借鉴意义，特区在未来是否要继续"特"下去，特区继续存在的理论依据又是什么，这也是本书所要回答的主要问题之一。

## 三 研究视角

经济可持续增长的重要性和转型的现实意义已无须赘言，围绕这一问题的持续争论反映了各方仍未就该问题达成共识，因此有必要反思各个理论是如何从不同角度对这一问题进行回答的，同时在具体的历史情境中重新审视经济增长理论和增长现象。

为什么必须在历史情境的视角下认识经济增长？首先，人是经济增长的主体，而人又是存在于具体的历史情境中的；其次，经济增长并非抽象的存在，不像实验室中那样可以因若干要素的相互作用而必然发生，而是在复杂的社会、政治和文化环境中不断演化形成的。基于这两点，任何一个经济体的经济增长过程必然是存在于具体的历史情境中的，这也就意味着不同发展阶段和不同发展环境下的经济体所适用的经济增长方式也有所不同，其未来的转型路径也应当因地、因时而异①。

但是现有的理论并没有对此做出足够理想的区分。经过几十年的努力，新古典经济增长理论致力于理论的形式化并不断取得突破，对经济增长的核心要素从最初强调资本积累到技术进步，再到人力资本，经济增长模型不断丰富，计量工具日益复杂。但是，总体上人们对经济增长的真实过程仍然不甚了解，当前理论既无法对不同

---

① 这也是历史唯物主义基本方法的必然要求。历史唯物主义的要义在于揭示并切中当下的社会现实，这里的"现实"并非简单的"事实"。按照黑格尔的说法，现实是实存与本质的统一，是在展开过程中表现为必然性的东西。因此，如果无法深入社会－历史的本质之中并把握展开过程中的必然性，那么"现实"就根本不可能被揭示着前来向我们照面。因此，任何经济体都绝不依循所谓"一般发展道路"的历史哲学公式，即"一切民族，不管它们所处的历史环境如何，都注定要走这条道路，以便最后都达到在保证社会劳动力高度发展的同时又保证每个生产者个人最全面的发展这样一种经济形态"。基于此，本书不得不重点强调历史情境的分析视角，历史唯物主义的纲领在将来也必然被人文社会科学越来越多地加以消化和吸收，这也正是马克思主义的当代意义（吴晓明，2011）。

经济体也无法对不同时间的经济增长事实给出统一的解释，在本质上市场的运作仍然是一个从投入到产出的"黑匣子"，传统理论充其量只能算是关于市场如何运作的理论，而不是市场如何发展的理论。原因在于新古典经济增长理论中存在的两个错误假设：①制度不起作用；②时间（历史）不起作用（诺斯，1995）。

随着新制度经济学者将制度和交易成本引入经济增长模型，这个"黑匣子"逐渐被打开。新制度经济增长理论的问题在于，制度逐渐被作为一个新的要素引入生产函数，最终得出"制度是重要的"这样一个重要的结论。但是制度从哪里产生？又将向何处演化？对于该问题理论界仍然没有形成完全一致的意见。本书认为问题的关键在于人们仍然只局限于在经济体系内看待经济增长现象，而忽略了经济体系与政治体系都是有机地共存于社会大系统这一点，从而陷入循环论证的怪圈。

因此，本书尝试在真实的历史情境中融合现有经济增长理论，综合考察政治和社会因素，对先行地区与后发地区的差异化经济增长方式予以区分，并对经济转型提供现实可行的路径选择，而不是先验地将某个发展程度更高的经济体作为后发地区经济转型的方向。同样，对于经济转型而言，不能因为当前经济增长方式存在的种种问题，就否定或者忽略其在特定阶段的合理性。本书在具体的历史情境中重新审视经济增长和转型过程，意在强调以下问题。

（1）历史是重要的[①]。经济增长和转型都发生在特定的历史情境中，时间 $t$ 和时间 $-t$ 是不同的，时间 $t$ 和时间 $t+1$ 也是不同的。过去影响现在和未来，因此同一经济体在不同阶段有不同的增长情节，也就存在不同的转型路径。

（2）过程是重要的。不同的经济体 X 和 Y 即使在同一时间下的

---

①　提到历史，不得不再次引述诺斯的名言：历史总是重要的。它的重要性不仅在于我们可以向过去取经，而且因为现在和未来是通过一个社会制度的连续性与过去连接起来的。今天和明天的选择是由过去决定的。

经济增长方式也可能是不同的，这是由于每个经济体的经济增长都是由独特的、异质性主体主导的，面临不同的制度和环境约束，主体的不同偏好类型和决策组合构成了复杂多样的经济增长和转型过程。

（3）个人主义方法论。前两点决定了本书的方法论是个人主义的①，本书将每个经济主体看作异质性的市场参与者，不仅考察同一性质的主体之间的互动，而且对非同质主体之间的互动进行考察，在此基础上分析市场参与主体的能动性作用。这也决定了本书在大部分场合包含深刻的解构主义倾向，而非建构主义倾向，本书力图通过不同角度的分解来认识事物的本质。

（4）制度是重要的。个体不是独立的存在，而是通过制度相互联系。因此，本书的分析方法并不局限于功能主义思路或者结构主义思路，不仅要考察个体对制度的能动性作用，而且要考察制度对个体的约束和建构性影响；不仅要考察资本、劳动、技术、产业结构等客体在经济增长和转型过程中的变化规律，而且要考察主体如何在经济增长和转型过程中发挥能动性，以及如何具体推动制度与技术变革的发生。

## 四　研究思路

本书的目标是在具体的历史情境中寻找特区未来的转型方向和路径，因此首先需要确定特区当前所处的经济增长阶段，也即转型的初始条件。作为异质性的经济主体，不能假定某个处于更高发展阶段的经济体作为特区未来转型的理想范本，也不能根据某个现有理论为特区构造出一种理想的经济增长方式，这显然是违背历史唯物主义原则的。

在研究思路上，本书采用的是一种探索式的研究思路。为了实现经济转型，就要寻找不同发展阶段最适合的经济增长方式，同时

---

① 本书中的个体主义并非绝对的原子式个体，那样将令我们面临严重的加总难题，一切实证检验都将变得不可能。我们只是在方法论上强调尽可能地突出不同经济体的异质性特征，从而为我们提供新的分析思路和角度。

分析特区当前所处的阶段，以及过去是如何实现经济增长的。在全面梳理当前经济增长理论和国际经济增长经验的基础上，本书首先建立理论分析框架，在统一的框架下看待先行地区与后发地区的差异化经济增长方式。进一步的，本书将理论应用于现实，分析特区所处的具体发展阶段、资源禀赋特征、发展环境等经济增长和转型条件，也即在具体的历史情境中重新认识研究对象。

与此同时，本书在动态的过程中把握研究对象的本质属性，积极借鉴现代实证方法和工具，分析视角从微观向中观、宏观不断递嬗，由增长客体向增长主体转变，经过不同角度的反复印证和比较研究，特区当前经济增长方式形成的原因及其合理性、存在的问题、转型的方向和路径等也会——得到呈现（见图0-1）。

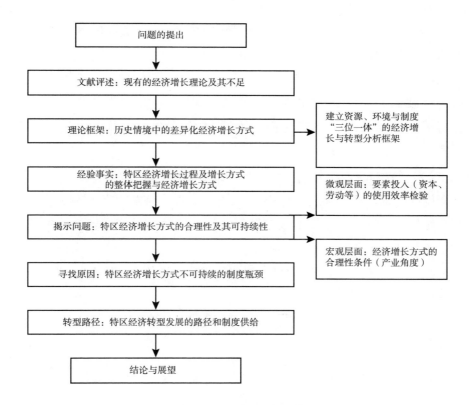

**图 0 - 1　研究的技术路线**

具体的，本书首先在综述当前经济增长理论和总结不同类型区域差异化经济增长方式的基础上构建分析框架，继而将理论应用于现实，对研究对象（中国经济特区）的经济增长事实进行全面把握。

（1）总体回顾。以特区之间的差距为突破口，回溯5个特区的经济增长历程，通过量化分析特区经济在过去30多年的高速增长事实，把握特区经济增长方式的主要特征。

（2）揭示问题。检验特区经济增长方式的合理性、适应性及可持续性，显然，30多年来，特区经济的高速增长趋势并非一成不变。在达到一定的发展程度后，为什么特区经济增长的可持续性开始成为一个问题？沿着特区经济增长方式这一主线，本书继续探究特区要素"过度投入"问题的真相，并从投资效率的角度检验这种经济增长方式的合理性，分析这种经济增长方式的合理性前提和条件。

（3）原因探寻。在历史情境的视角下进一步分析特区经济增长方式不可持续的原因，力图勾勒出关于特区经济增长过程以及增长方式的完整图景，在此基础上归纳总结特区经济增长方式的主要特征、存在的主要问题及出现这些问题的根本原因。结果显示，特区经济可持续增长的关键在于新的有效制度供给，特别是通过二次改革实现制度的适应性变迁。

（4）转型路径。显然，下一个问题就是制度供给的主体是什么，即谁来推动制度变革？又将如何推动实现制度的适应性变迁？本书将把研究视域从经济域扩展至政治域与社会域，从经济增长客体转换到经济增长主体，从非正式制度和正式制度相互作用的角度，继续寻求破除制度瓶颈、实现内生性制度变迁的方法，最终得出经济增长方式转型的路径。

# 五　研究价值

## （一）理论价值

本书在截面上将研究对象置于一个综合经济、社会和政治因素

的环境中，在断面上将研究对象置于一个具体的发展阶段和开放的
国际环境中，综合考察研究对象的经济增长和转型过程。按照这种思
路，以往的研究中仅仅将中国作为一个整体看待显然是不够的，作为
一个有机整体，中国经济并非由许多个同质性个体简单加总而成。当
前大部分研究在实证对象选择上是以中国整体作为样本的，而对区域
构成部分的发展不平衡以及随之产生的结构性问题并未给予足够重
视，这种做法实际上是将不同区域作为同质性个体进行简单加总，从
而不可避免地忽略了经济增长和转型过程中的结构性差异以及其中一
些重要的细节，很容易产生合成谬误问题，结果在全国整体层面提出
的发展策略传达到地方很难得到贯彻，导致中国经济转型步履维艰。

　　由于不同区域的发展起点和发展程度存在很大差别，为了更好
地理解经济增长和转型，有必要对局部的区域经济研究给予更多重
视，也有必要在真实而具体的发展场景中有区别地看待不同区域的
经济增长和转型问题[①]。而且，这种区域经济绝非与宏观经济同质，
区域之间也必然存在许多共性和差异之处。也就是说，本书旨在通
过对区域经济这一宏观经济有机构成部分的研究，重新审视当前经
济增长理论的适应性和局限性，推动理论的本土化研究，在此基础
上深化人们对经济增长与转型的认识。

## （二）应用价值

　　鉴于特区从无到有、从小到大的经济增长特点及其独特的试验

---

[①]　许多文献强调地方政府竞争对中国整体经济增长的正面作用，本书对全国整体和区域的
区别对待也将有助于认识地方政府竞争引致的过度投资行为对经济增长造成的负面影响，
而且这种负面影响随着经济发展程度的提高将日益凸显，中央与地方之间的关系也成为
中国未来经济增长和转型过程中越来越重要的一个问题。另外，越来越多的学者（如张
军，2010）开始认识到，经济学家习惯于从总量上看问题，并从合并的部门与地区的总
量上解释经济发展现象。而对于中国经济而言，这样做会忽略很多重要的东西，难以看
到经济发展的机制是什么。因此他们建议，当我们在总量上看到一些现象的时候，我们
往往需要从地区层面来理解现象生成的原因，因为中国的经济增长和发展主要不是按照
行业而是按照省份这样的行政区划来分解和执行的。经济增长与其说是行业扩张的现象，
不如说是地区崛起的现象，中国的经济发展有清晰可循的地理模式。

田性质，本书认为选取特区作为样本具有很好的研究价值。以 5 个特区为研究对象，通过特区之间的比较研究，辨别先行地区与后发地区的经济增长差异，能够更好地认识特区经济增长的事实。作为中国现代化建设的制度和路径试验区，特区已经为全国的改革和开放做出了重要贡献，以特区这样的先行地区和试验地区为研究对象，能够为全国经济增长和转型提供新的参考，同时也能够为特区在未来继续充当改革先锋、继续承担制度创新和试验功能、率先完成科学发展使命和实现二次创业目标提供理论指导，这是本书的实践价值和应用价值所在。

# 六 相关概念

## （一）可持续发展

1972 年在斯德哥尔摩举行的联合国人类环境研讨会正式讨论了可持续发展的概念，此后各国逐渐界定了可持续发展的内涵①。我国政府也将可持续发展纳入经济和社会发展的长远规划，并将可持续发展上升为国家战略。尽管可持续发展在全球已经取得共识，但全球可持续发展状况依然不容乐观。全球生态环境持续恶化，能源短缺现象时常发生，资源逐渐枯竭，社会争端愈演愈烈，符合人类整体利益的可持续发展在实施过程中却遭遇了"集体行动的困境"。

本书认为现代经济增长与可持续发展是可以统一且并行不悖的。归根结底，可持续发展的核心问题在于短期利益和长远利益的权衡以及局部利益和整体利益的权衡，市场经济中的"经济人"与可持续发展既对立又统一。统一的一面体现在：市场经济体制下的企业

---

① 1987 年，世界环境与发展委员会出版了《我们共同的未来》这一关于人类未来的报告，系统阐述了可持续发展的思想，并将可持续发展定义为"既能满足当代人的需要，又不对后代人满足其需要的能力构成危害的发展"。

根据市场供求状况和价格信号自主决策，能够提高资源的配置效率，实现企业效益与人们生活水平、资源环境的协调统一。对立的一面体现在：自然资源的公共物品属性及其利用过程中外部不经济产生的产权不明晰造成"市场失灵"，结果造成资源的过度使用、过度污染和过度短缺。

因此，本书中的可持续发展不仅仅局限于自然资源的可持续利用，还从生产要素这一更加一般的意义上，讨论如何根据发展环境的变化合理配置各种生产要素，持续且高效地使用资源，最终实现长期的、可持续的经济增长。

### （二）　制度

在各国经济增长过程中，尤其是像中国这样的市场经济还不够完善的国家，制度是非常关键的一个因素。一般认为，制度起源于人类交往及其交往过程中的不确定性，制度通过施加惩罚或奖励限制了参与者的任意行为，逐渐形成合意的秩序，令参与者的行为可以预期，从而使得成本－收益比较成为可能。在另外一些情况下，参与者并不总是对所有行为策略都进行成本－收益比较，各种原因使得这种比较的代价过高而被取消，因而只是本能地遵循惯例和已有规则，现有的制度于是得到维持或强化。

### 1. 制度的分类

制度大致可以从宪政秩序、制度安排、文化禀赋三个层次进行理解。最上层的宪政秩序作为基本规则或母规则制约着具体的制度安排及其运行，文化禀赋则包括日常的经验规则和人们的思维模式，其变迁往往呈现滞后性。此外，诺斯还特别强调了将二者的执行机制作为第三种制度的情况，认为从形态上制度又可以分为正式制度（宪法、产权制度、法律和契约等）和非正式制度（规范、习俗和文化等），在制度变迁上前者一般对应强制性变迁，后者通常以诱致性方式自发变迁。

### 2. 制度的定义

根据制度的不同分类以及研究目的的需要，对制度的定义也呈现多样化特征。第一种制度观认为组织即制度，包括各种行业协会、学校、政府、企业、科研机构等；第二种制度观认为制度等同于规则，这些规则定义并限制了个人的决策集合，也就决定了交易的形式；第三种制度观将制度看作一种博弈均衡，认为制度具有自我实施的特征，强调制度的内生性。制度要么被看作均衡（Schotter，1981；Greif，1998；Calvert，1995），要么被看作促成均衡实现的共同信念（Greif，1994；Aoki，2001），要么被看作博弈规则（North，1990）。

由此可见，制度是一个具有核心内涵和丰富外延的概念，其内涵体现在激励功能上，制度通过形成对他人行为的可预期，降低不确定性，促使交易的达成。其外延表现为不断扩展或收缩的动态过程，这个过程又是与其他技术性条件，包括资源禀赋、偏好等协同变化的。因此，本书对制度的理解也是在社会大多数成员的共享信念这一基础上进行的，制度必须得到大多数成员的认可，制度变迁因而以大多数成员的合作为条件。

### 3. 制度与经济增长

制度对经济增长的重要性已经得到公认，但长久以来得到强调的仅限于正式制度，这与非正式制度难以处理的特点有关。在此逻辑下，发展中国家和地区只要复制发达国家和地区的成型制度，理应能够获得相同的经济绩效，但实际情况并非如此，这一点最鲜明地体现在东欧和拉美国家。起初人们将原因归为没有考虑当地的非正式制度，因而试图在非正式制度的基础上修正正式制度以取得适应性，但收效甚微。

社会学家因此不无讽刺地描述：社会学家眼里只有约束没有选择，而经济学家眼里只有选择没有约束。这句话暗指经济学家忽略了人们被社会环境和社会观念所制约这一事实，只选择自认为正确的行为，结果却常常像哈耶克（1962）所说的那样"在我们竭尽全力依据崇高的理想缔造未来时，却发现实际上不知不觉地创造出了与我们一直为之奋斗的目标截然相反的结果"。与此同时，尽管社会学家忽视了人们的能动性，但社会学家特别强调了非正式制度对经济绩效和社会发展的重要性，并提出了另外一个重要的概念"社会资本"。"社会资本"与非正式制度虽然不能完全等同，却是非正式制度的重要变体。在接下来的研究中，本书也将着重分析制度在经济增长过程中的具体作用机制，讨论不同的经济体在不同的阶段，正式制度和非正式制度是如何具体地促进或阻碍经济增长的。

4. 制度的变迁

如果从长期的过程角度看待经济增长，与其说制度重要，不如说适应性的制度变迁更重要。其中，正式制度的变迁以强制性、自上而下性和短期性为特征，非正式制度的变迁则以自发性、自下而上性和长期演化性为特征。在具体的变迁路径上又存在结构主义和功能主义两种思路，本书认为二者在本质上是一致的、可通约的。其中，结构主义强调制度的系统性和互补性，认为制度的变迁并非取决于单个行为人的意志和行为，而是由行为人之间的互动决定的，制度变迁表现为演化的特点。相反，功能主义认为行为人基于理性计算可以有意识地建构制度，更加突出人的能动作用。但是一旦将时间纳入分析框架，过去的制度存量将不可避免地影响未来的制度变迁路径，也影响人们的认知。在特定的技术和资源禀赋条件下，通过具体的行为人或组织这一主体，制度演化得以发生，制度变迁于是同时具备了结构性和能动性两个方面的特征。

（三）转型

转型是指事物的结构形态、运转模式和人们观念的根本性转变过程。不同转型主体的状态及其与客观环境的适应程度，决定了转型内容和方向的多样性。转型是一个主动求新求变的过程，也是一个创新的过程，还是一个将旧的发展模式转变为符合当前时代要求的新模式的过程。

在现实生活中，人们对"转轨"的概念比较熟悉，很大一部分原因是东欧国家在20世纪90年代初期转轨事件的广泛影响。对比中国、苏联的改革绩效，人们对渐进式和激进式转型方式印象深刻，但很多人忽视了不同国家转型时面临的不同条件，这些条件恰恰可能对随后的转型方式、路径和目标等产生重要影响。在这个意义上，转型绝非仅仅是发展中国家和地区才会面临的挑战，即使是市场经济体制已经非常完善、经济已经发展到相当程度的西方国家和地区，其经济体制和经济结构也绝不可能尽善尽美，也会存在转变经济增长方式、从一种经济结构向另一种经济结构转型的需求。

此外，越来越多的学者对局限于现有的经济学理论体系讨论转型问题提出了质疑，认为无法脱离政治和社会转型而单独地实现经济转型。例如，汪丁丁（2014）指出，任何一个经济现象或经济奇迹（持续高速增长的现象），都不能脱离它嵌入其中的社会。而任何一个社会，总有"物质生活""社会生活""精神生活"三个基本的维度。正是由于现实当中对社会的脱嵌，造就了中国经济单向度地高速增长，同时也带来了我国人文精神的衰微和社会生活的失序，进而产生了可持续增长的困境。这在一定程度上表明，单纯追求经济高速增长并非一个可行的方向，真正值得重视的反而是通过转型实现不同经济增长方式之间的顺利转换和对接，以适应不同阶段、不同环境的发展需求，最终实现可持续的、稳定的经济增长（参考附录1中的附表1），本书也是在这个意义上理解经济增长和转型之间关系的，而非先验地假定某种理想的经济增长方式。

# 第一篇
# 经济增长：迷雾中的探索

# 第一章　历史情境中的经济增长
## 理论及其中的分歧

　　国民财富增进和国家繁荣是每个民族国家竭尽全力所要实现的目标，但现实中有的国家极其富裕，有的国家则极端贫穷。富裕国家之间和贫穷国家之间的差异同样明显，一个国家内部的贫富差距也有很大不同，并且，我们没有看到这种差距呈现绝对缩小的趋势。工业革命和现代民族国家崛起以来世界经济实现了持续的增长，增长开始成为人类共同的核心议题。尽管我们不同意轻率地将经济增长表述为实现人类幸福和国家繁荣的重要手段，并对这种观点持谨慎态度[①]，但不可否认的是，许多经济学家围绕经济增长这一主题进行了长期艰辛的探索并积累了大量有意义的成果。这个问题又是如此宏大而迷人，以至于"一旦一个人开始思考这些问题，他就很难再去思考任何其他问题"。自然而然的，经济增长理论成为经济学的核心内容，这一地位也是由经济学本身承载的历史使命决定的，因为经济学最初便是因研究国民财富如何增进而产生的一门学科。在西方，经历重农主义和重商主义的激烈论战，以亚当·斯密为起点，围绕国民财富和经济增长的理论进展不断深入，但到目前为止，这一工

---

　　① 对该观点持谨慎态度的原因在于我们认为经济现象存在于一定的社会和政治大系统中，经验分析得出的结论可能只是伴随经济增长的现象或表现。相似的，熊彼特指出经济增长不是一个可以仅从经济方面解释的现象，有时经济本身可能没有增长而只是被周围环境的变化拖着走。换言之，经济增长是作为一个结果而发生的，从其他角度表达过类似意见的还有诺斯等学者。

作远未结束，对于经济增长的本质和原因我们依然不能给出确定和绝对的答案。

在中国，随着改革开放进入现代化建设的历史新阶段，围绕经济发展和现代市场经济体制建设，国内经济学界也进行了广泛而深入的探讨。总体而言，中国经济和社会建设取得了举世瞩目的成就，但伴随而来的许多问题，如贫富差距、社会分化、环境污染、资源枯竭等日益严峻，"增长中的贫困"现象凸显，近年来的世界经济危机进一步加剧了这些矛盾。这提示我们要重新审视现有的经济增长理论及其在不同发展阶段的适用性，基于此，本书从历史进程的视角重新回顾现有的经济增长理论，在真实的历史情境中看待经济增长这一现象，找出经济增长的本质以及不同情境下引致经济增长的因素、方式和路径。

# 一 什么是历史情境中的经济增长理论

## （一）主流经济增长理论的困境

主流经济增长理论通常将经济现象从复杂的社会环境中抽象出来，通过一系列的逻辑演绎和经验归纳析出导致经济增长的因素，从物质资本到技术、人力资本和知识不断递嬗，却依然经常面临理论与现实的不一致，新的经验证据不断证伪既有理论，更加无法合理解释导致不同国家和地区经济发展长期存在差异的根本原因，在主流经济增长理论的指引下人们并没有达到预期的结果。如引言部分所说，本书不主张将经济增长狭隘地仅仅看作增进国民财富和幸福的手段，也不主张将经济增长视为终极目的。许多经济学家曾指出经济增长并非人们应该追求的合意目标，最为经典的文献莫过于阿马蒂亚·森（2009）从人的根本幸福和实质性自由角度重新评估了经济增长。Hans Christoph Binswanger（2012）也系统地批判和反思了当前的经济增长理论，认为将经济增长作为核心目标使得人们一方面使用各种手段促进经济增长并最终通过货币为经济增长创造动力，另一方面也导致了所谓的"增长强制"和"增长无法停歇"。在 Binswanger 看来，稳态或零增长在现行的经济体系下是无法实现的，他认为全球的必要经济增长率仅为 1.8%。

实际上，经济增长作为服务于人类集体利益需求的工具，其实现可能有利于大多数人的利益，却不能保证每个人从中获益，一些人，有时甚至是大多数人却因经济增长而遭受损失，这就是所谓的"增长中的贫困"问题。归根结底，在西方经济学个人主义方法的论调下，以个体利益最大化为原则的私人决策构成了一切经济分析的微观基础，经济增长只能在无数个体追求私人利益的行为互动中作为一种结果而实现。将经济增长从社会环境和政治环境中抽象出来进行经验分析往往顾此失彼，得出的许多结论也因此而饱受质疑。更进一步的，这也正是逻辑实证主义哲学观下经验分析的必然结果，对此本书暂不做更具体的分析。

### （二）　现实中的经济增长与经济增长理论

在主流经济增长理论看来，只要具备一定条件，经济增长就自然可以实现。但现实从来没有证实这一点，于是主流经济学家着手为经济增长模型添加更多的约束条件。实际上，"二战"后经济增长率超过 7%、持续增长超过 25 年的经济体只有 13 个，它们分别是博茨瓦纳、巴西、中国内地、中国香港、印度尼西亚、日本、韩国、马来西亚、马耳他、阿曼、新加坡、中国台湾和泰国。其中，博茨瓦纳、马耳他和阿曼的人口规模非常小，另外 10 个国家无一例外地遭受了经济减速、停滞甚至倒退等不同程度的衰退。中国经济持续30 多年的高速增长固然是奇迹，但各省、地区之间的增长并不同步，相当一部分地区处于并将继续处于贫困和落后状态。Barro Robert 和 Xavier Sala-i-Martin（1995）通过严格的计量检验也证明了各个国家之间并不存在收敛的趋势①。

从长时段②的角度看，没有任何一个经济体能够一直持续高速增长，万事万物包括国家和其他类型经济体，其增长总是有高潮有低谷、有快有慢，呈现有机的、循环往复的规则变化，通常是沿着一条 S 形曲线移动，一开始缓慢启动，然后加速，飞速发展一个时期，最后减速（张晓晶，2012），这描述了经济增长真实的路径和过程。线性的经济增长轨迹不仅单调乏味，而且不符合事实。也就是说，无论如何，增长都不会成为经济的单一形态，那么在理论中一味追求经济增长的思路就值得商榷。在一定程度和某种意义上，与其探索经济如何增长，不如探索经济为什么不增长，以及经济低速增长甚至停滞等在某些方面的积极意义③。

综上所述，对经济增长理论的理解必须放在真实的历史情境中，根据特定的生产力水平和生产关系以及当时的资源禀赋认识经济增长现象，否则这种经济增长理论必定是狭隘而不全面的。这首先是由于经济增长发生在特定的历史阶段，之所以如此又是因为经济增长的主

① Barro 和 Sala-i-Martin（1995）在观察世界各国经济增长时间序列数据的基础上区分了两种收敛类型：条件收敛和无条件收敛。无条件收敛是指无论如何，穷国都将获得比富国更快的增长速度，从而收敛于富国的经济表现；条件收敛假设富国和穷国仅仅在资本－劳动比和人均产出上存在差别，其他方面包括储蓄率、人口增长率、技术等都是相同的，最终富国和穷国将达到同一个稳定状态。由于与增长相关的许多其他重要变量不能被控制，条件收敛很难得到验证，威廉·鲍莫尔的分析显示穷国和富国之间也不存在绝对收敛趋势。但 Barro 等人提出的这一点成为经济增长理论复兴中最激动人心的表现，并且成为思考经济增长难以绕开的经典问题。

② 谈到"长时段"必须提起法国年鉴学派的代表人物布罗代尔（Fernand Braudel），他在区分历史短时段、中时段和长时段的基础上指出只有通过长时段才能真正深刻理解人类生活的变迁和社会结构的变化，见《历史与社会科学：长时段》一文。英国经济史学家麦迪森（2003）也表明了相似的观点。同样的，我们也不能忽略长时段下的内部差异，如将工业革命之前的历史一般化地看作一潭死水。目前，西方经济学者已开始注意到不同国家和地区在前工业时代的经济差异化表现，以及个别地区、个别时期曾经出现过的原工业发展和繁荣现象，以此还原真实的增长事实。

③ 赫希曼（Hirschman）曾提出"松弛"在经济和社会中的修复功能，详见〔美〕阿尔伯特·O. 赫希曼《退出、呼吁与忠诚——对企业、组织和国家衰退的回应》，卢昌崇译，经济科学出版社，2001。但该观点像赫希曼本人一样从未得到学术界应有的重视。

体——人，存在于具体的历史情境中；其次是因为经济增长并不是抽象的存在，不能像实验室中那样可以因若干要素的共同作用而发生，而是在真实的社会、政治和文化环境中人的行为和互动引致的结果。但主流经济增长理论并不关注经济增长的真实过程，Jean Tirole (1989) 曾指出当前经济研究中事实与理论的比例非常低。长期以来，主流经济增长理论致力于理论的形式化和模型化并不断取得突破和进展，对经济增长核心要素从最初的强调资本积累到技术进步，再到人力资本投入，增长模型日益复杂，计量工具不断丰富，对现实的拟合程度越来越高，变量也逐渐得到内生化和动态化，但依然不断遭遇新的挑战，对现实的解释力度也很有限。针对经济学研究中过度使用数学和统计学这一现象，历任美国经济学会主席包括弗里德曼、舒尔茨、里昂惕夫等在内都曾竭力呼吁年轻经济学者应该多关心历史研究，以便对经济问题有更深的理解。随后的新制度经济增长理论将制度和交易成本引入增长模型，并对制度与经济增长的逻辑关系进行了广泛而深入的计量验证，在一定程度上揭开了经济增长的真实过程。问题在于制度总体上是作为一个新的要素被引入生产函数的，即制度是重要的。但是更值得人们关注的是经济的持续增长，一旦将静态分析扩展到动态环境，变化的经济环境就要求相应的制度适应性，而制度变迁理论特别是制度如何内生于模型却时常面临循环论证等逻辑自洽的困境。

据此，本书选择历史情境的角度重新考察真实的经济增长情节和经济增长理论，综合结构主义和功能主义思路，不仅考察制度环境等结构性因素对经济增长主体的约束性和建构性，而且考察经济增长主体对环境的能动性作用和适应性改变。

## 二　经济增长理论的开端：源头与分岔

### （一）经济增长理论的源头

从大约一万年前的新石器时代直到 17 世纪工业革命期间，人们的物质生活条件基本没有发生大的变化，在此期间的许多思想家如亚里士多德、色诺芬等人也曾讨论过国家强盛的原因，但真正将财富作为直接研究对象的一般认为是随着海外贸易的兴起和工业革命发生之后，在欧洲涌现了一大批研究国民财富增进的古典经济学家。在资产阶级利益重心尚处于流通环节的背景下，重商主义者认为经济增长的本质在于货币财富的积累，主张通过国家保护主义尽可能地刺激出口以获得更多的黄金和白银。尽管重商主义者对财富的认识是狭隘和短视的，却反映了工业发展初期对幼稚产业保护的诉求，也反映了贸易在经济增长初始阶段的重要意义。值得一提的是，晚期重商主义者托马斯·孟（2006）虽然认为金银货币是社会的主要财富，但他是在对当时生产力状况进行考察的基础上依据比较优势将贸易和商业放在产业发展首位的，这反映了他的认识是符合特定历史阶段特点的。随着资产阶级利益重心从流通环节转向生产环节，被马克思誉为古典政治经济学之父的威廉·配第（2010）强调不应该忽视经济关系赖以存在的生产力基础，系统阐述了经济增长的原因、路径和手段，集中体现在其著作《政治算术》一书中。他在大量统计数据的基础上指出不同发展阶段应该有不同的主导产业，并以此带动关联产业的发展，相应的，劳动力和资本随着产业的演进而发生转移。在政策上他主张首先要保证私有财产不可侵犯，其次要根据本国自然条件制定发展政策，在方法论上则遵循培根唯物主义哲学传统拒斥经院哲学的玄幻主义，主张通过科学和理性的研究来认识和改造自然。可惜的是以魁奈为代表的重农主义者彻底否定了重商主义的财富观，从而走上另一个极端。他们在批判重商主义时强调只有农业生产才是真正的财富创造活动，主张通过解除农民的税收负担来促进生产和增加社会财富。随后，其他古典经济学家扩大了生产的概念和范围，在区分生产性劳动和非生产性劳动的基础上提出，生产性劳动的增加是财富增进的根本。在总结和归纳前人成果的基础上，亚当·斯密（Adam

Smith）写就了《国民财富的性质和原因的研究》，成为现代西方经济学研究的起点。

## （二）经济增长理论的分岔

亚当·斯密强调劳动分工在财富创造和生产中的核心作用，分工程度的加深促进了专业化和交换范围的扩大，从而扩大并繁荣了市场，相应地提高了民众的劳动生产率和收入水平。马克思（Karl Marx）据此指出，"一个民族的生产力发展水平，最明显地体现在该民族分工的发展程度上"。Alwyn Young（1928）在分工基础之上进一步发展了报酬递增理论，认为"不仅劳动分工依赖市场规模，而且市场规模也依赖劳动分工"，这一创造性的观点动态化了市场和分工两者之间的累积性作用。尽管斯密最初强调自由贸易对经济增长的重要意义，但对分工和生产因素的过分强调不经意间将经济因素从社会整体环境中抽象出来，因而遭到猛烈的抨击。德国历史学派的代表人物弗里德里希·李斯特（Friedrich Liszt）认为斯密对生产的理解过于狭隘，他将物质资本、科学技术、文化和精神、政治法律制度、心理因素等全部纳入生产要素范畴，这些因素都将不同程度地影响经济增长。但对于这些因素他并没有进行科学的分类，对于各因素之间的关系也未能给出令人信服的解释，更不能对其进行度量，结果是该理论可以解释一切，却不能告诉人们任何有用的东西。不可否认的是，现代的许多经济增长理论从历史学派那里不断吸取有益的成分，历史学派也得以在西方经济增长理论中独树一帜，长期与主流经济增长理论抗衡。因此，经济增长理论自斯密这一节点开始，就已产生了第一次大的分岔，即对经济增长的分析是否从系统环境中抽象出来。

然而引起分歧的远不止这一点，斯密对自由竞争的强调成为西方经济学的传统，对于国家干预则向来持谨慎态度。但自由竞争的强大力量成就了西方资本主义的辉煌后，垄断随之出现，经济和社会系统开始变得复杂，政治力量不可避免地强大起来，对于政府的作用也就成为日后经济增长理论的第二个分歧。

第三个分歧来自 Malthus，他不认同报酬递增的观点，指出生产的边际报酬递减规律将不可避免地导致人均收入和生育率的反复调整，经济增长最终将会停止并收敛于静态均衡水平。部分历史经验支持了他的结论，然而最终人类还是突破了"马尔萨斯陷阱"，关于报酬递增还是递减的争论以及如何突破边际报酬递减这一悲观结论就成为之后经济增长理论的第三个分歧，该分歧又进一步演化为增长趋同还是趋异的相关争论。

第四个分歧则在于经济增长本身。以李嘉图为代表的古典经济学家进一步将斯密的思想深化，并将对生产的强调转到对分配的强调上来，其中最著名的便是他对地租、工资和利润三者关系及其变化规律的分析。李嘉图将经济增长的原因归纳为资本家将其收入除消费外的剩余追加到生产所形成的资本积累，这一思想后来被新剑桥学派的卡尔多（Nicholas Kaldor）和罗宾逊（Robinson）等人吸收。对生产和分配强调的这次分野再次造成了之后理论界长期的纷争，生产论者注重财富如何扩大，分配论者则认为伴随资源的优化配置增长将自发实现，并逐渐演化为现代微观经济理论的核心。总体而言，古典经济学的思想闪烁着无比耀眼的智慧光芒，固然有其他方面的欠缺，却为后来经济增长理论的发展奠定了坚实基础并提供了理论渊源，同时也播下了长期纷争的种子，这些纷争将在接下来的篇章中一一展现。

## 三　经济增长理论的兴衰：兴起与沉寂

在其他学科特别是物理学科逐渐走上科学主义道路的背景下，自马歇尔以来，出于使经济学科学化的目的，许多经济学家致力于建立一门像物理学一样严谨的学科。经济增长理论逐渐偏向了李嘉图的方向，他将资源配置作为理论模型的核心内容，通过引进供给

和需求曲线，运用边际分析方法以及其他一系列数学工具和方法将
增长问题形式化、规范化和模型化，同时不可避免地将经济事实从
整个社会环境和历史情境中抽象分离了出来。

## （一）对经济增长的早期探索和形式化：外生的资本积累

20 世纪中期，哈罗德（Harrod）和多马（Domar）各自提出了
经济增长模型，一般称为"哈罗德 – 多马模型"，其最终表达式为：

$$g = s/v$$

其中，$g$ 为产出增长率，$s$ 为储蓄率，$v$ 为资本 – 产出比。

哈罗德 – 多马模型的生产函数中资本和劳动的比率是保持不变
的，也即资本和劳动不可相互替代，这样的话，只要资本形成的速
度与劳动供给的增长速度不一致，就无法保证资本和劳动两种要素
都实现充分就业。在资本充分利用的情况下，总产出由资本存量即
决定社会投资水平的储蓄率决定；在劳动充分就业的情况下，总产
出的增长率由劳动增长率决定，设为 $n$。若要保证两种要素都实现
充分就业，$s/v$ 就必须等于 $n$。然而，$s$、$v$ 和 $n$ 都是外生决定的，$s/v =
n$ 只有在非常偶然的情况下才可能成立，因此该模型也被称为"刀
锋"（Knife-edge）上的模型。可知，该模型最根本的一个不合理
假定在于固定的资本和劳动替代率，而在长期这一比率一定是经
常变化的，这就限定了该模型对现实的解释力。但由于哈罗德 –
多马模型首次使用数学模型分析经济增长问题，其影响力非常大，
在模型化的道路上经济增长理论也越走越远。

## （二）经济增长的进一步深化认识：外生的技术进步

针对哈罗德 – 多马模型中资本和劳动的不可替代性，Solow
（1957）放弃了哈罗德 – 多马模型中资本 – 产出比不变这一假设，
其基本表达式为：

$$\Delta Y/Y = \Delta A/A + \alpha \cdot \Delta K/K + \beta \cdot \Delta L/L$$

其中，$\Delta Y/Y$ 代表产出增长率，$\Delta A/A$ 代表技术进步率，$\Delta K/K$ 代表资本增长率，$\Delta L/L$ 代表劳动增长率，$\alpha$、$\beta$ 分别表示资本和劳动的产出弹性。

随着资本存量的增加，由于生产函数中资本的边际生产率递减，当投资增加仅能够弥补人口增长时，人均资本将达到一种稳定状态，此时，长期的人均产出增长率将为 0，产出、资本和消费在稳态水平下都将以劳动增长率的速度增长。根据这个结论，我们可以得到以下推论：①人均资本存量增长时，由于边际报酬递减，经济增长将会放缓，最终走向停滞；②贫困地区比富裕地区有更快的经济增长速度，世界各国的经济增长水平会走向收敛。在具体的实证中，索洛（Solow）发现要素增加仅能够解释经济增长的小部分，约为 12.5%，而技术进步的贡献率达到 87.5%。我们通常将要素贡献之外的因素称为全要素生产率，即"索洛余值"，也就是上式中的 $\Delta A/A$。但是对于技术进步从何而来索洛并未说明，因而是一个外生变量。在某种意义上，与其说索洛余值是对技术的测量，不如说是对无知的测度。因此，在长期如果没有外生性技术进步，经济增长要么停止，要么依赖于外生的人口因素，这显然不是一个令人满意的解释。

哈罗德－多马模型中资本和劳动替代率固定，储蓄率可变；索洛模型中资本和劳动替代率可变，储蓄率则是固定的。如果说资本和劳动的组合关系由技术内生决定，那么决定储蓄率的机制又是如何的呢？为了将储蓄率内生化，Cass（1965）将 Ramsey（1927）的消费者最优化分析引进模型，进一步扩展了索洛模型[①]。简单地说，Ramsey 假定人们有一个主观的最大效用，记为 $B$，消费者一方面从消费中获得正的效用 $U(C)$，另一方面从工作中获得负的效用

---

① 储蓄率的变化表征增长中的"水平效应"，即储蓄率的变化不改变稳态时的增长率，但影响均衡时的产出水平；技术进步则表征"增长效应"，即技术进步率的改变将引起经济增长率的变化。两者又代表了探索经济增长的两种不同思路和方向。

$V(L)$，消费者追求终生效用的最大化，产出函数为 $F(K,L)$，那么关于消费和储蓄的决策就由下式决定：

$$\min U(0) = \int_0^\infty \left[ B - U(C) + V(L) \right] \mathrm{d}t$$
$$\text{s. t.} \quad \mathrm{d}U/\mathrm{d}t + C = F(K,L)$$

通过引入 Ramsey 动态最优技术，同时加上跨期贴现因子，Cass 等人将消费者决策和企业决策结合起来，通过劳动力市场、资本市场和产品市场的竞争均衡就可以内生地解出储蓄率[1]。但是在技术进步的内生化方面新古典经济增长理论迟迟没有取得进展，制约了理论的现实指导意义。由于理论与现实的背离越来越远，经济增长理论在经济学研究中暂时陷入沉寂。

## 四　经济增长理论的继起：纷争与合流

### （一）经济增长：技术进步的内生化和外生的政策干预

由于不能将技术进步内生化，经济增长理论经历了近 20 年的沉寂。直到 Solow（1957）宣称即使资本的边际产出递减，但只要其边际产出不低到一定程度，就算生产率不提高，人均收入的持续增长也是可能实现的。基于这一点，许多经济学家着手建立新的生产函数形式以替代新古典生产函数，新的生产函数足以保证实现报酬递增，他们试图以此内生经济增长。

Arrow（1952）率先提出"干中学"模型，强调企业在投资过程

---

[1] 该模型意味着，在长期的动态增长中，不仅储蓄率影响经济增长，经济增长反过来也会内生地影响储蓄决策。最优的储蓄率将伴随最优的资本存量和消费量，由消费者、厂商的双向决策共同决定，最优消费量 $c^* = f(k^*) - sf(k^*)$，又称黄金分割定律。但该模型假设个人、家庭和厂商完全同质，市场完全竞争，导致模型对现实的解释强度受到很大制约。

中不断积累生产经验等新的知识，同时又从其他企业的经验中不断学习，知识的溢出效应解释了全社会技术进步的发生。但是由于知识的外部性，私人企业将不愿意过多地对知识进行投资，社会最优均衡的达成就需要政府对科学研究加以补贴，从而为政策干预打开了一条通道。但是知识生产中同样存在边际递减效应，最终知识量的决定又将取决于外生的人口变量。沿着 Arrow 的知识外溢思路，Romer（1986）通过修正模型解决了知识的内生性问题，但由于知识的外部性特点，经济增长最终还是要诉诸政策干预，垄断竞争现象加剧了这一点。Barro（1990）论证了政府生产性支出活动的外部性，进一步巩固了政府对经济增长的决定性影响，于是内生增长模型彻底打破了经济学自由竞争的传统信念。

虽然沿袭 Solow 传统，但 Uzawa（1965）、Lucas（1988）等人不再认为知识积累是通过技术进步而间接作用于经济增长的，而是依附在人的身上，以人力资本的形式直接参与生产，传统的资本、劳动两要素增长模型于是扩展为物质资本、人力资本和劳动三要素模型。与知识不同，人力资本因其排他性和独占性而不再具有溢出效应和外部性，也就不需要借助垄断竞争或外生的政府干预实现内生增长，经济增长因而取决于人力资本规模和质量。

此外，Grossman 和 Helpman（1990）、Barro 和 Sala-i-Martin（1995）、Krugman（1994）、Rebelo（1992）也都不同程度地扩展了内生增长模型，虽然做出了一定的贡献，但也使得内生增长模型没有一个绝对统一的公认模型。概括各种思路，内生增长模型认为增长取决于技术进步，技术进步又是知识内生积累的结果，因而增长得以在经济系统内部产生，而不像新古典经济增长理论那样是外生的。但新的问题随之出现，技术的外部性造成企业的私人收益率低于社会收益率，最终的均衡必然是非帕累托最优的，此时就不可避免地需要通过政府干预和适当的政策来促进和鼓励企业投资于技术创新。但关于政府在经济增长中是否应当发挥作用以及能否发挥正面作用，不同经济学者之间产生了很大的分歧。另外，内生增长模型的自身特征①令增长不可避免地出现了规模效应，即更大的人口规模意味着更高的知识和人力资本水平，从而将引致更高的增长水平，但世界各国的经验并不支持这一点。Jones（1995）通过对 OECD 国家的时间序列分析否定了规模效应的存在，随后 Jones（1999）试图通过修正模型参数来解决这一问题，他保留了内生增长理论中最终产出部门和"知识"生产部门的两部门模型框架，但放弃了内生可积累要素具有不变规模收益的假定，知识存量的产出弹性不再是 Romer 设定的 1，而是一个比 1 小的数，均衡的经济增长率从而取决于知识生产部门内生要素的产出弹性而不是人口或人力资本规模。Eicher 和 Turnovsky（1999）进一步假定全部内生要素在知识生产部门和最终产出部门的产出弹性不同，经济长期增长率将遵循"短边"原则由总产出弹性最小的那个部门决定，而与经济规模无关。但他们未能说明变量的弹性系数如此设定的理由，因此只能囿于数学意义而没能在理论意义上令人信服地解释增长中的规模效应问题。

## （二）经济增长：知识的内生化和创造性破坏

在消除增长的规模效应问题上，另外一个重要的分支是由新熊彼特主义者创立的新增长理论（New Growth Theory），Romer、Lucas 等人在后期的工作也可以归到该框架下，他们致力于在经济系统内部寻找经济增长的根本原因。新熊彼特主义者试图扩展知识和产品的内涵以将创新引进模型。Alwyn Young（1991）认为产品之间具有异质性，有的企业致力于在垂直方向上创造新产品，有的企业则在水平方向上通过产品模仿来分割现有利益，两种活动的综合作用决定了规模效应是否存在。这种理论的政策导向是政府要倾向性地支

---

① 这种特征是由模型中使用的生产函数形式决定的，如 Romer 的增长模型就是利用 Dixit-Stiglitz 函数得出产品之间没有替代性这一结论的，知识存量从而具有不变的规模收益，那么外生的人口规模将会导致增长中的规模效应出现。

持重大创新和研究活动。Jovanovie（1996）通过加入学习成本进一步深化了 Alwyn Young 的认识，他认为在生产知识时存在学习成本和消化成本，这就消除或减弱了知识的规模效应。

与新熊彼特主义者不同，在消除增长的规模效应问题上的另一种思路不是回避外生的人口变量，而是设法将人口问题内生化。Lucas（2003）认为人口变迁和经济增长是同时发生的现象，不能在研究一个问题时假定另一个问题不变，他通过一个量质权衡思路将人口问题统一于增长模型。Becker、Murphy、Tamura（1990）用经济学方法分析了人口生育率的决策问题，当人力资本和人均收入很低时，生育的替代效应大于工作的收入效应，生育率较高，经济增长率较低，此种情况类似于马尔萨斯低水平均衡陷阱。一旦人力资本水平提升到一定程度，生育率就会下降，从而跳出低水平均衡陷阱。Galor 和 Weil（2000）在前人分析的基础上提出了综合人力资本和技术进步的统一增长模型，认为技术和人力资本在经济发展到一定阶段时的继续积累对经济的持续增长至关重要。

随着理论的深入和变量的内生化，人们开始关注自变量本身的决定机制以及经济决策的制定过程。在熊彼特强调创新和企业家精神对经济增长的决定性作用的影响下，新熊彼特主义者在内生增长理论的框架下将"创造性破坏"思想加以体现，大大丰富了内生增长理论。Aghion 和 Howitt（1998）通过研发者、中间品和劳动者三方的最优化模型确定了劳动力在研发和中间品制造领域的配置，并以此得出均衡下的经济增长路径。在他们的模型中，每一次创新都以前一次创新的损失为代价，但每一次创新又会创造出更大的利润来弥补之前的损失。Pissarides（1990）在此框架下讨论了增长和失业的关系，创造性破坏过程一方面提高了自然失业率，但另一方面创新带来的生产力提高又会创造新的岗位从而引致就业的长期增长。针对该模型中只有技术的全面更替而没有技术的逐步更新这一问题，Mortensen 和 Pissarides（1998）加入了创新的资本化效应，企业将在技术全面创新和逐步更新之间权衡取舍。Helpman 和 Trajtenberg（2004）进一步区分了一般通用性技术（General Purpose Technology，GPT）和专用性技术。所谓一般通用性技术，指的是与先前技术全面决裂的重大发明创造，而它的出现需要更多微小和细节的创新进行匹配，从而诱导资源从生产部门向创新部门转移，造成第一阶段的产出和生产率下降，利润下滑；进入第二阶段，在充分的互补性投入开发出来之后，产出和利润上升。经济增长从而取决于 GPT 的进步，然而由于 GPT 的公共产品性质，静态均衡结果将低于社会最优的均衡，这就依赖那些可以促进合作的制度设计。可见，在异质性技术和知识的背景下，实施有效政策就更加困难。Mortensen（2005）在综合搜寻匹配模型和 Aghion-Howitt 模型的基础上考察了就业政策和经济增长的关系，适当的政策必须全面考虑不同的发展阶段、市场结构以及技术创新特点，对政府部门人员的素质和适当的政策干预都提出了更高的要求，正确的干预也变得更加困难。

### （三）经济增长：增长的微观基础

内生增长理论和新增长理论在形式化模型的处理上日臻复杂，但在理论的逻辑自洽方面依然存在巨大漏洞。在这些模型中，报酬递增源自不同类型和方式的知识的溢出，但在完全理性和交易费用为零的假定前提下外部性是不可能存在的，这是内生增长理论在逻辑上面临的致命缺陷（潘士远、史晋川，2002）。而这一点在很大程度上是由总量生产函数的分析方法造成的，异质性的存在导致资本、劳动和产出各自面临加总的可行性难题。Scott（1989）指出运用总量生产函数的主要困难在于资本总量不可加且不可测，英国剑桥学派严厉地批评了主流增长理论的总量分析方法，索洛、萨缪尔森、曼昆等主流经济学家也承认了这一点。内生增长理论中的人力资本与物质资本相比更加模糊，对其测度也就更加困难。因此，经济增长的微观基础就需要并且正被逐步加入分析框架，新熊彼特主义对企业家创新的强调开始了对增长微观主体的讨论，但真正开启经济增长内部"黑匣子"还是在正的交易费用引入之后。

Alwyn Young（1928）首先修正了斯密的分工理论。斯密认为分工水平决定生产率，进而决定经济增长，分工水平又受市场容量制约。Alwyn Young 认为不仅市场容量决定分工水平，而且分工水平也决定市场容量，二者是一个循环累积的因果关系，增长因此而持续发生，这就是著名的"杨格定理"。之后 Rosen（1978）证明了分散的市场与专业化规模经济的相容性，开启了从分工和专业化角度寻找递增规模报酬原因的另一扇门。Xiaokai 和 Borland（1991）在正的交易费用框架下发展了分工与专业化经济理论，为递增规模报酬的微观机制提供了解释。他们的逻辑是这样的：分工的不断演进是经济长期增长的基础，分工和专业化经济引起劳动生产率提高，并且形成了人们相互依赖的内生比较优势，市场容量从而得以扩大。市场规模的扩大进一步刺激了分工的深化，生产率进一步提高，经济长期增长得以实现。整个过程中影响分工深化和交易扩大的因素在于交易费用，在专业化范围扩大的同时造成总的交易费用不断增加。可见，在这些理论的框架下，规模报酬递增不再绝对地取决于人口规模，一个国家的经济增长速度与人口规模不再具有必然的联系。此外，分工如果发生在企业之间，企业的平均规模就会缩小；分工如果发生在企业内部，企业的平均规模就会扩大。张永生（2003）对此进行了证实。那么，引致经济增长的关键就在于如何降低交易费用，接下来的问题是决定交易费用大小的因素又是什么？答案是制度。制度通过影响要素的私人边际收益率决定了要素所有者对要素的利用程度和投资程度，也决定了要素的使用方式和使用方向，当然也决定了外部效应的大小。

## （四）经济增长：制度的本源效应

制度对经济增长的重要性其实很早就被人们所认识，尽管没有正式提出制度这一概念。大卫·休谟（2001）认为至少有三项制度对人类进步和文明社会来讲是具有根本性的，即法治、产权和自由契约精神。斯密在《国富论》中通篇强调的主题便是自由市场经济体制对经济增长巨大的促进作用。马克斯·韦伯（2010）更是强调以加尔文教义为主旨的新教伦理对资本主义精神形成的关键作用，因而促进了资本主义世界的兴起和繁荣。马克思（1975）在深刻理解和分析资本主义生产方式的基础上指出生产关系即制度对生产力的制约作用，因此也被认为是提出制度怎样影响生产，并将制度因素纳入经济分析框架的第一人。

新制度经济学的兴起意味着现代经济增长理论正式将制度因素纳入严格的分析框架。由于新古典经济学存在的种种缺陷，许多富有远见的经济学家致力于弥补这些缺陷，他们首先在外延上放宽了新古典经济学的假设条件，直到 Williamson（1994）引进有限理性、资产专用性和不完全合同等概念，交易成本开始成为联系制度和主流经济学框架的纽带，制度因素因而得以纳入经济增长模型。尽管新制度经济学体系内部还存在许多分歧，但制度对经济发展的重要性得到极大强调，对于制度是重要的这一点已达成共识。科斯、阿尔钦、诺斯等（1994）从不同角度解释了制度的作用机制，包括产权理论、委托－代理理论、团队理论、不完全契约理论等，深化了人们对制度的认识。

诺斯和托马斯（2009）在对西方经济史的分析中强有力地证明了制度和制度变迁在西方市场经济体制的建立及完善过程中发挥了至关重要的作用，他们认为只有当制度安排使得生产性努力有利可图时，人们才会积极投入生产，技术进步才能实现，经济持续增长才成为可能。除此之外，许多制度经济学家从不同方面论证了制度对经济增长的决定性作用，对制度作用机制和内涵的理解也越来越深刻。奥斯特罗姆、菲尼、皮希特（1992）强调制度对于协调复杂经济生活的重要性。柯武刚、史漫飞（2000）指出制度在促进人类交往时的作用，离开制度形成的共识和稳定预期，人类交往所必需的值得信赖的行为模式就无法存在。而一旦离开完善的产权保护制度，市场交易就将面临过多的摩擦和不确定性，分工、社会化大生产也就无从谈起。值得一提的是芝加哥学派的代表人物舒尔茨（1990）和贝克尔（2007）也提出了人力资本理论，他们认为人力资本对经济增长的作用至少和物质资本同样重要，并且人力资本质量的改进是劳动生产率提高的根本原因。但他们的人力资本理论与内生增长理论存在一些差别，在他们的模型中，人力资本的改进和投资的增加以人的自身价值的提高为前提，而在这里人的价值是由制度决定的并随制度的变迁而相应变化。在根本的意义上，制度通过作用于资本和劳动等要素间接对生产率进而对经济增长发挥作用，那么一个鼓励发明和保护创新成果的制度，如完善的专利和知识产权保护体系将会推动技术进步和经济增长。

总体而言，新制度经济增长理论可视为对古典经济增长理论的重新回归，并且在形式化和分析工具、分析方法上融合了新古典经济增长理论的有益成果，因而属于现代经济增长理论的进一步深化和发展。但新制度经济增长理论内部各分支存在的分歧很大，一些固有的矛盾和缺陷也有进一步修正和进行理论深化的余地。其中最主要的一点在于制度变迁，当人们已经认识到制度对经济增长的作用如此之大时，那么制度从何而来，又如何变迁？Hayami 和 Ruttan（1970）在研究农业发展问题的基础上提出了"诱致性制度变迁"假说，认为制度变迁本质上是一个价格现象，要素相对价格的变化改变了预期收入的现值，进一步诱发了最大化个人收益原则下的行为调整和制度变迁，政策制定和产业选择也必须适应当地资源禀赋变化才可能取得经济增长。但布罗姆利（2007）认为该假说有同义反复的嫌疑，理由在于资源禀赋本身是由制度安排如产权体系界定的。因此，诱致性制度变迁理论最多解释了制度变迁的需求方面，对于制度变迁的供给方面仍然有待深化。国家和政府在制度供给中无疑扮演着重要角色，Buchanan（1962）在构建公共经济学框架时考察了宪政规则对经济体系的影响，着重从个体行为、决策及其互动中分析政治活动和经济过程。Acemoglu 等（2001）分析了民主制度与经济发展的真实影响机制，认为产权和政治权力等因素决定市场均衡，进而决定经济增长。但在解释制度供给时人们经常陷入无穷的循环，即制度从何而来，以诺斯为代表的制度经济学者转向文化和传统因素寻找答案，研究特点也越来越偏向于旧制度经济学。Knack 和 Keefer（1996）的实证显示社会信任度越高，人们的收入水平就越高。Durlauf 和 Fafchamps（2004）得出社会资本与经济绩效呈正相关的结论：一个鼓励合作与协调的文化价值观和信仰体系可以通过强化契约责任来提高经济绩效。Greif（1998）、青木昌彦（2001）认为对制度的不同定义是造成逻辑混乱的根源，他们指出将制度看作规则只是将制度起源问题推后了一步，借助现代博弈论，他们将制度视为博弈均衡或关于均衡的共有信念，并在历史主义范式下实现了制度的自我实施，制度变迁因而内生于系统并受制于过去，这意味着路径依赖影响制度变迁过程，也就是说过去和历史是重要的。

### （五）经济增长：增长主体和过程

归根结底，经济增长的主体是人，之前的增长理论尽管已逐渐开始考虑增长的主体，但对人的异质性和能动性的认识程度显然是不够的。在众多的学术流派中，奥地利学派无疑最为另类，但也是对市场认识最为深刻和彻底的学派之一，它尤其强调人的主观能动性和创造性（科兹纳、罗斯巴德，2008）。与新古典经济增长理论沿着李嘉图的要素边际收益递减规律发展增长理论不同，奥地利学派在增长根源上追随斯密"分工受市场范围限制"的思想，强调企业家精神在经济增长中的核心作用。与熊彼特主义有所区别的是，奥地利学派否定经验主义范式和均衡分析的有效性及科学性。首先，奥地利学派强调方法论的主观主义和个人主义，无论是门格尔的主观价值，还是米塞斯的主观先验主义，抑或是哈耶克的主观知识，奥地利学派都主张分析的起点应该是单个的行为个体，以此为整体的宏观经济构建微观基础；其次，奥地利学派对均衡分析范式持高度怀疑态度，认为在不确定性环境下，经济的常态是非均衡，主张对经济过程进行分析，并从知识、时间、竞争和自发秩序四个方面为市场过程理论和动态竞争过程构建了完整的逻辑；最后，在这些前提下，奥地利学派必然得出秩序自发演化的结论，反对政府进行人为的干预，因为行为主体的异质性和知识的主观性使得这种干预必然具有局限性和盲目性。在自然状态和演化秩序的基础上，经济发展因而是一件自然而然的事情，经济增长过程的扭曲和危机往往是由政府的不恰当干预造成的，甚至会进一步加剧经济的扭曲和动荡。但随着经济的发展和社会复杂程度的提高，政府能够在经济生活中发挥重要作用已成为不争的事实，公共治理更是关系到经济体系的正常运转，因此绝对地排斥所有政府干预无疑是不恰当和不切实际的。

## 五　经济增长理论的未来：政府内生化

### （一）经济增长中外生的政府变量

#### 1. "看不见的手"和对政府的拒斥

根据前文分析，政府在经济增长过程中必然发挥某种作用。在本质上，经济增长意味着经济、社会、文化和政治体系的协调发展，经济与政治因素共同存在于一个更大的系统内，并且相互依存。但在斯密传统的经济学体系中，由于公共利益是作为非预期的结果而出现的，尽管人们只关注自身的经济利益，但社会利益在一种神秘的被称为"看不见的手"的力量下实现①。按照这种说法，集体利

---

① 用亚当·斯密的话来说：我们得到晚餐并不是因为屠夫、酿酒商或面包师的仁慈，而是因为他们对自身利益的关心……我们不是向他们乞求仁慈，而是诉诸他们的自利之心，从来不向他们谈自己的需要，而只是谈对他们的好处。除了乞丐之外，没有人完全依靠自己的同胞的仁慈来生活……每个人都试图应用他的资本，来使其生产品得到最大的价值。一般来说，他并不企图增进公共福利，也不清楚增进的公共福利有多少，他所追求的仅仅是个人的安乐、个人的利益，但当他这样做的时候，就会有一双"看不见的手"引导他去达到另一个目标，而这个目标绝不是他所追求的东西。由于追逐个人利益常常促进了社会利益，其效果比他真正想促进社会利益时所得到的效果更大。

益的实现并不需要借助政府"仁慈的手"来实现。与斯密同时期的大多数政治经济学家①对人们追求经济利益也表达了赞许之意，认为这将提供一种持久的可预见性，也将更有利于社会秩序的形成。

值得一提的是，"看不见的手"一词在《国富论》中仅出现过一次，这一思想显然被后人过分夸大了，人们因此对那些有计划的企图持怀疑态度，这一态度在门格尔、哈耶克等人的思想体系里体现得尤其明显。但是在现实中，特别是在存在交易费用的世界里，人们借以判断自身现实存在的并非像完全竞争理论描绘得那样简单。现实中的人们深知公共利益与自身利益密切相关，他们努力建构两者之间的相关性并形成稳定的预期。

考虑特定的历史背景，本书更愿意相信斯密等古典政治哲学家的论述重点在于强调商业活动对社会秩序所形成的重要作用，他们反对的是君主独裁和权力滥用，而不是将政府本身从经济增长中剔除出去，他们认为经济扩张是对抗专制政府的愚蠢行为的最有效手段。但随后发生了一些微妙而重要的变化，重农主义者和斯密本人都不再愿意依靠经济扩张来消除政治家的这种刚愎自用。相反，他们主张通过直接的方式来消除这些罪恶：他们赞成一种新的秩序，这种政治秩序将确保他们所界定的经济政策能够正确执行。

随后斯密更是断言：经济可以独立运行，在可以容忍的宽泛限度内，政治进步并不是经济增长的必要前提，可能也不是经济增长的必然结果，至少就政府最高机构的层次而言是如此（赫希曼，2003）。进一步的，斯密将愚蠢的政府政策描述为难以忍受的、不得不改变的现实，而不是坚持为它们会自动消亡寻找根据。于是政府变量越来越成为一个外

---

① 赫希曼认为，如果人们能够领悟到某人正在付诸实施的计划的利益所在，就可确知自己何去何从，就可确知如何判断其他人的意图。斯图尔特也用相同的理由为自利的个人辩护：如果奇迹每天都会发生，自然法则将不再成为其法则；如果每个人都先人后己，政治家将会不知所措……每个人都可能会以不同的眼光来看待自己国家的利益，而许多人力图提高国家的利益却可能会加入毁灭这个国家的行列。

生要素游离在经济增长体系之外，没有人考虑在统一的框架内分析政府的变化机制，自然也就不能更加深刻地理解经济究竟如何才能持续增长。

### 2. 动态演化的市场竞争和对政府的诉求

拒斥政府变量的另外一个原因在于对竞争概念的狭隘理解，竞争不仅仅是价格竞争，以价格机制为中心的竞争理论完全忽略了竞争的其他维度。传统经济增长理论通过对竞争概念的抽象，确定了经济体系中各个部分之间相互联系的机制（价格机制）。但是随着交易费用概念的引进，人们逐渐认识到完全竞争实质上意味着没有竞争。由于忽视了竞争过程中时间、不确定性和交易费用的重要性，忽视了资本主义分散化经济体制发挥作用的法律和政治背景，因而也就无法完整描述竞争的内涵和本质，更加无法给出经济增长的动态含义[①]。

因此，与其说完全竞争理论是一套关于竞争的理论，不如说它是一种理解价格机制的理论。在价格竞争的理论体系中，强有力的中央政府被个人的私人行动所替代，社会秩序依赖于分散化的个人行动而不是政策，这种抽象的理论尽管极具吸引力，在现实中却很难成立。现实中市场主体之间总是相互影响，人们不仅被动适应分散化的市场，而且经常主动尝试改变市场。为了追逐更多的经济利益，人们在各个领域展开广泛的竞争（斗争），除了经济渠道，人们也会诉诸立法机关和政府保护。特别是随着分散化的私人竞争演变为高度社会化、集团化的竞争之后，经济体系越来越复杂，竞争变得更加激烈，竞争形式也更加多样化，垄断再也无法避免，各个利

---

① 约瑟夫·熊彼特（Schumpeter）关于"创造性的毁灭"过程的论述对于我们更深刻地理解竞争是有益的：有价值的不是这种竞争，而是关于新商品、新技术、新供给来源、新组织类型……的竞争，也就是占有成本上或质量上决定性的有利地位的竞争，这种竞争打击的不是现存企业的利润和产量，而是这些企业生存的基础，并危及它们的生命。这种竞争和其他竞争在效率上的差别，犹如炮击和徒手攻门间的差别。哈耶克（Hayek）同样认为人们通常理解的竞争概念存在致命的缺陷：如果完全竞争理论所假定的态势真的存在的话，它不仅会使所有被称为"竞争"的活动失去活动余地，而且会使它们实际上成为不可能。

益集团逐渐产生在政府机构寻求代言人的强烈需求，政府愈加成为动态经济增长过程中不可或缺的一部分。

## （二）经济增长引致的政府扩张

就像不能期望一个完全竞争的经济市场一样，同样没有理由期待存在一个完全民主的政治市场。随着经济的增长，更多组织结构精密的利益集团不断出现，其政治影响力逐渐提升，它们要求更多的政府干预而不是更少，不完全信息的现实环境使得它们这样做更容易将政府干预造成的社会成本转嫁给他人。当然，没有任何一个利益集团可以无限地攫取公共利益，达到均衡点之后的任何边际增加都会引起其他利益集团的强烈反抗。可见，在追求总量增长之外，人们还不断要求政府实施收入再分配政策，这种需求体现为政府规模的扩大和政府权力的扩张。沿着该思路，德姆塞茨（1992）认为有充分的理由相信：经济活动的日益专业化将不可避免地导致政府部门的普遍扩张，世界上主要国家的经验事实支持了这一论点（见表1-1和表1-2）。

### 表1-1 世界主要国家政府消费支出占GDP的比重

单位：%

| 国家 | 1961~1969年 | 1970~1979年 | 1980~1989年 | 1990~1999年 | 2000~2011年 |
|---|---|---|---|---|---|
| 美　　国 | 17.39 | 17.25 | 17.29 | 15.68 | 16.12 |
| 中　　国 | 7.58 | 8.99 | 14.55 | 14.80 | 14.27 |
| 日　　本 | 11.20 | 12.93 | 13.99 | 14.79 | 18.58 |
| 德　　国 | — | 19.37 | 20.83 | 19.27 | 18.96 |
| 法　　国 | 16.98 | 19.07 | 22.44 | 23.21 | 23.70 |
| 英　　国 | 17.57 | 20.10 | 21.10 | 19.32 | 21.07 |
| 意 大 利 | 15.75 | 16.36 | 18.59 | 18.92 | 19.82 |
| 印　　度 | 8.62 | 9.75 | 11.29 | 11.63 | 11.38 |
| 韩　　国 | 11.34 | 10.30 | 11.54 | 11.83 | 14.05 |
| 瑞　　典 | 18.48 | 24.85 | 27.68 | 27.42 | 26.44 |

注：衡量政府规模最常用的指标是政府消费支出占GDP的比重，为保持与前人研究的连贯性和可比性，本书仍然沿用这一指标。国家排名按2011年各国GDP规模依次排列，按算术平均法计算，下同。

资料来源：世界银行WDI数据库。

表 1-2 世界主要国家政府消费支出与 GDP 年均增长率对比

单位：%

| 国家 | 1961~1969 年 | 1970~1979 年 | 1980~1989 年 | 1990~1999 年 | 2000~2011 年 |
|---|---|---|---|---|---|
| 美 国 | —(4.66) | 0.82(3.32) | 3.00(3.04) | 0.89(3.21) | 1.95(1.79) |
| 中 国 | 3.95(3.01) | 9.46(7.44) | 6.37(9.75) | 9.99(9.99) | 9.27(10.22) |
| 日 本 | 5.77(10.44) | 4.99(4.11) | 3.78(4.37) | 2.98(1.47) | 1.91(0.78) |
| 德 国 | — | 4.34(2.91) | 0.85(2.34) | 2.13(1.95) | 1.74(1.15) |
| 法 国 | 4.11(5.55) | 4.91(4.11) | 2.85(2.29) | 1.74(1.87) | 1.61(1.42) |
| 英 国 | 2.41(2.90) | 3.04(2.88) | 0.76(2.44) | 1.31(2.20) | 2.03(1.93) |
| 意大利 | 4.12(5.77) | 3.72(4.02) | 2.87(2.55) | 0.17(1.44) | 1.38(0.66) |
| 印 度 | 9.38(3.91) | 5.06(2.93) | 6.93(5.69) | 6.17(5.77) | 5.94(7.15) |
| 韩 国 | 5.16(8.25) | 5.52(8.29) | 5.94(7.68) | 5.58(6.25) | 4.25(4.49) |
| 瑞 典 | 5.36(4.45) | 3.74(2.40) | 1.67(2.27) | 1.22(1.78) | 0.93(2.51) |

注：括号外数据为各国政府消费支出年均增长率，括号内数据为各国 GDP 年均增长率。

资料来源：世界银行 WDI 数据库。

因此，不能仅仅关注政府对经济增长的促进作用或抑制作用，为了更好地理解经济增长，政府因素必须作为内生变量引入现代经济增长理论体系。德姆塞茨（1992）首先归纳了政府规模扩张的几种可能原因：①棘轮效应（Ratchet Effect），即在战时或经济衰退时，为克服特殊困难，政府规模会扩张，且这一态势可上不可下，无法逆转；②个人特殊权力和思想的巨大力量，如美国前总统富兰克林·罗斯福以及凯恩斯的学说；③官僚主义行为论，是指官僚主义者试图通过政府增长实现个人私利，而这种利益是在正常情况以及别的渠道下所无法获得的；④收入再分配论。

随后德姆塞茨又一一指出这些理论成立的基础并不牢固，如瑞典等未经历战争的国家以及非战时国家的政府部门同样经历了迅速增长，假说②解释不了这些人诞生之前的政府规模为何扩张，假说③将政府扩张的原因归为贪婪的官僚，这实际上也为大多数经济学者所认可，但不能提供任何避免政府损害经济的内在建议。此外，如果政府被赋予收入再分配的角色，那么政府同样也是产生大量不当分配的原因，于是就需要一个更大规模的政府来矫正上一轮的不当分配。可见，以上几种假说都有其合理性，对于政府规模扩张具有一定的解释性，但是显然不能解释更长时期以来的政府规模扩张。

### （三）　政府规模扩张的边界及其扩张机制

政府规模扩张的边界是什么？决定政府规模的原因又是什么？由于政府在本质上代表分散化的利益，如果政府规模过于庞大，个人将缺乏动力支持任何一项公共政策，因为人们几乎或者根本没有收益。如果政府规模过小，人们也没有任何兴趣参与公共活动，因为政府规模如此之小，以至于无法满足财富再分配的政治需求。当然，政府规模也不会随税负的提高而成比例地扩张，因为政府同样具有逃避责任的倾向。因此，适度的政府规模在某种程度上具有类似竞争性市场理论的一些特征，不同利益集团的竞争决定了政府规模的均衡点，该均衡点反映了利益集团的相对竞争优势。不同的市场环境则决定了政府规模的变动范围，根据德姆塞茨（1992）的测算，这一指标范围大致为官方 GNP 的 10%～40%，通常大部分工业化国家的政府规模不会超过 GNP 的 30%。

回顾西方近代经济增长史可以看到，自 1700 年小资产阶级开始兴起之后的很长一段时间以来，西方国家缔造了一种保护私有财产的小政府环境，由于经济处于蓬勃发展的起飞期，新兴产业不断涌现，大量劳动力得到雇用，新的获利机会不断被发现，此时对政府的需求便不再那么强烈。但是即使在这一时期，政府的绝对规模也随着经济的扩张而不断扩张，小政府更多的是指政府的相对规模变化趋势平稳。可见，对于这个问题，也有必要将其放在具体且整体的世界环境中加以认识和理解，在不同的地区，政府规模及其在不同的经济增长阶段能够发挥多大作用、发挥正面作用还是负面作用都是有差异的。

# 六　小结

## （一）经济增长理论的主要缺陷

经济活动作为人类生存和发展的基础，在根本上决定并制约着人们的其他社会活动和政治活动。纷繁复杂的社会活动和政治活动所围绕的核心正是经济利益的生产与分配，无论如何，经济活动都无法脱离社会环境和政治环境而独立存在。可是随着资本主义生产方式，尤其是市场经济体制显示出的巨大能量，经济活动似乎主导了人们日常生活的方方面面，经济学也以一种"帝国主义"姿态不断向周围学科扩张。人们逐渐沉浸于这种状态，好像经济问题，如金钱和物质文明就是生活的全部，甚至可以主导一切。

在这种现实背景下，主流经济增长理论对其他学科的研究主题和分析方法不屑一顾，但现有的经济增长理论至少对以下几个问题无法在统一的框架内给出完整的解释，而这几个问题恰恰是揭开经济增长面纱的关键。①经济增长的根源和动力问题；②不同地区经济增长的趋同和趋异问题；③外部性的产生和消除问题；④制度和技术的关系问题；⑤制度如何变迁的问题；⑥政府在经济增长中能够发挥什么作用的问题。

归纳经济增长理论的发展脉络可以看到，经济增长理论在其源头就已播下了分歧的种子，之后经过不断地分流和融合，在经验数据的证伪或证实下理论模型和假设不断得到修正。以新制度经济学派为代表的经济增长理论也积极与社会学、政治学展开对话，试图修正狭隘的经济增长理论。与此同时，一些社会学家和政治学家，如涂尔干（Durkheim）、普特曼（Louis Putterman）、吉登斯（Anthony Giddens）、格兰诺维特（Mark Granovetter）、迪玛奇奥（Paul DiMaggio）、迈耶（John Meyer）、伯恩斯（Tom Burns）、米格代尔（Joel Migdal）等也积极和经济学家展开对话（周长城，2003），相邻学科和交叉领域的互相融合推动了对经济增长的认识①。不过归纳各个学科之间的对话之后本书发现，关于经济增长和社会因素、政治因素的关系，人们的关注点往往在于社会环境与政治环境对经济活动所产生的结构性影响，尽管这种对话大大拓展了人们对于经济增长过程的理解，但对于经济活动如何作用于政治环境和社会环境，人们仍然知之甚少。

### （二）经济增长理论面临的困境

主流经济学家试图效仿物理学的精巧框架，使经济学在形式化上不断取得新的突破。姑且不论这一倾向对错与否，但该倾向使得我们在对经济增长的理解上遗漏了许多重要的思想，经济增长的真正含义逐渐丧失，剩下的只是空洞的"新奇"。

以经济增长理论中的资本要素为例。在现实中，当我们质疑投资过度的同时却不得不面对这样一个事实：一个有活力的经济体必然能够创造更多的投资机会，鼓励人们进行长期投资。在这个意义上投资反而成为增长的结果而出现，这启示我们从动态的循环累积因果的过程中看待投资和增长，认真区分目标、结果和表现的差异。再以技术要素为例，经济增长理论强调技术的重要性，但是事实上，技术从来都不是经济增长的瓶颈，技术当然重要，但更重要的是对技术的应用，也就是通过在更宽广领域的技术深化所能实现的强度，而不仅仅是技术研发所能达到的高度，这一点在后发地区尤其明显。

此外，在现有的许多研究和规范分析中，人们往往关注政府行为对经济增长的影响，或者什么样的政府是符合正义和道德需求的，这就意味着，政府是作为一个外生变量进入我们的分析框架中的。

---

① 在这些人的努力下，一个新的学科——经济社会学逐渐形成，这一学科在批判经济学功利主义等传统思想的基础上着重关注人在社会网络之下的行为规律，在与经济学的竞争和对话中不断推动经济和社会理论的融合，尝试在统一的框架中认识经济和社会现象。

既然是外生变量，当然可以随意构建和形塑，结果构造出来的政府仍然是饱受诟病。其根源就在于，无论是经济学还是政治学，我们都忽视了政府的内生性，它无法超越特定的历史阶段而存在，它根植于特定的发展场景中。

对于政府角色而言，大多数经济学人都非常警惕这只"看得见的手"，不过真实的历史却是这样的：伴随着经济发展程度的提高，政府规模也不断扩张。这是一个事实与否的问题，而不仅仅是一个价值判断问题，因此讨论经济增长绝对避不开政府这一要素。但时至今日，大多数人关注的仍然是有质量的经济增长需要一个什么样的政府，政府在根本上仍然是一个外生变量，很少有人关注经济增长的结果带来了什么样的政府，也就是政府这一变量是如何内生变化的。

问题的关键就在于：人们仍然只局限在经济体系内看待经济增长现象，而忽略了经济体系与政治体系都是有机地共存于社会大系统这一点，从而常常陷入循环论证的怪圈。经济增长并非抽象的存在，不像实验室中那样可以由若干要素的相互作用而必然发生，而是在复杂的社会、政治和文化环境中不断演化生成的。基于这两点，任何一个经济体的增长过程必然是存在于具体的历史情境中的，也就意味着不同发展阶段和不同发展环境下的经济体所适用的增长方式也有所不同。实际上，许多貌似正确的观点却预设了一些不合理的前提条件和转型目标，忽略了要素在不同发展环境中对经济增长的差异化作用机制，结果导致现实中的转型常常举步维艰。也就是说，现有的研究大多忽略了理论在本土化应用时的特殊性，真实发展场景中的要素作用并不像实验室或经典理论所描述的那样一成不变。

### （三）完善经济增长理论的方向

引致经济增长的因素很多，不同流派之间也是众说纷纭、纷争不断。各流派不断为自己的增长观辩护，并且寻找各自的经验支撑。但是现实是残酷的，贫穷和落后依然存在，增长停滞不断出现，这就有力地证明了当前经济增长理论的固有缺陷，或者毋宁说人们对经济增长理论的理解存在误区。同时又不得不承认众多经济学者在这一问题上做出了杰出贡献，经济增长理论在对话与交锋中获得了长足的进步。其实这也正是所有学科取得进步所经历的过程，它们在对话、争论和扬弃过程中不断获得发展。

进一步的，从科学的发展角度，甚至可以这样认为，没有任何一种经济增长理论是绝对正确的，任何理论的成立都以特定的假设条件为前提，其适用程度也就存在特定的阶段性。因此，与其说是追求经济增长，毋宁说是追求长期的、持续的经济增长。首先，增长必须是一个过程，而且是一个不断转型的过程。其次，增长是有成本的，不同阶段适宜不同的增长方式，转型则是实现不同增长方式转换的手段。

所有的争论都提示本书应当在具体的历史情境中看待经济增长现象，在具体的发展场景中梳理不同类型经济体增长的具体过程和内在机制，重新认识资本、劳动、技术、制度、政府等要素在经济增长过程中究竟怎样发挥作用、发挥何种作用，从而为寻找适合的经济增长方式提供更加丰富的经验支持。

接下来本书所要做的便是揭开经济增长过程的面纱，沿着本章梳理出来的理论脉络展开递进式讨论，总结归纳经济增长的国际经验，在此基础上建立分析框架，一方面在具体的历史情境中客观地认识特区经济增长方式，另一方面也在经验现实的对照下反思现有经济增长理论的适用性，为特区经济增长方式转型提供理论依据。

# 第二篇
# 他山之石：经济增长的
# 国际经验

# 第二章　先行地区与后发地区的经济
# 增长过程及其差异

在主流的经济增长理论看来，只要具备一定条件，经济增长就自然可以实现。但现实从来没有证实这一点，主流经济学家只好为经济增长模型添加更多的约束条件。可见，主流的经济增长理论并不关注经济增长的真实过程，忽视了经济增长的本土化特征和理论的适用性，Richard Schmalensee 等（1989）就曾指出当前经济研究中事实与理论的比例非常低。针对经济学研究中过度使用数学和统计学这一现象，历任美国经济学会主席包括弗里德曼、舒尔茨、里昂惕夫等在内都曾竭力呼吁年轻经济学者应该多关心历史研究。因此，本章在具体的历史情境中重新考察世界经济真实的增长现象，根据特定的生产力水平和生产关系，以及特定的国内外环境来认识不同区域的经济增长方式，特别是先行地区与后发地区的差异。

## 一　历史情境中的世界经济增长过程回溯

### （一）世界经济增长的整体图景

从长远的历史角度观察经济现象，可以使经济增长的因果关系更加清晰。在过去上千年的绝大部分时间里，世界始终处于贫困状态，各国经济基本上以农业为主，人均国内生产总值和人均收入水平长期落后于人口增长。马尔萨斯（2008）认为随着人口数量的不断增长，人们的消费模式随之发生变化，人均消费水平不断提高，自然资源的数量却在不断减少。既有的技术条件越来越无法承载人类的消费需求，人口扩张与资源约束之间的紧张关系日益明显，最终不可避免地限制经济发展和导致人口无限膨胀，经济就此陷入一个低水平的恶性循环。

事实也的确如此，全球经济总量在19世纪以前相当长时期内的增长速度都是极其缓慢的。麦迪森（2003）的估计表明，在公元1000年以前的一千年当中，世界人均收入一直在450MYM（1990年国际元，下同）左右徘徊，增长率几乎为零。公元1000～1820年，世界人均收入的年均水平一直低于670MYM，平均增长率仅为0.05%。与此同时，世界人口也呈现缓慢增长的趋势，这表明在这一时期经济增长与人口增长密不可分，经济增长在很大程度依靠人口增长推动，最终又被人口增长所抵消①。但是对于这种依靠人口增长推动的经济增长，许多学者并不承认。诺斯、托马斯（2009）曾经指出，经济增长必须是：

> 人均收入的长期增长，真正的经济增长意味着社会总收入必然比人均消费增长得更快。另外，经济停滞意味着人均收入非持续地增长，虽然平均收入在相当长的时间周期中可能表现为有升有降。

直到1820年之后，也就是工业革命以来，世界经济才开始呈现强劲的增长态势，人均国内生产总值年均增速从之前的0.05%逐渐提高至2%，人均收入增长速度开始超过人口增长率。但世界各国的经济增长并非同步发生，各国的经济增长情况存在巨大差

---

① 在这种情况下，报酬递减不可避免，供不应求也是一个必然的经济规律，人们的日常生活几乎是一成不变的，人口过剩与农业内卷造成了"马尔萨斯循环"的永久轮回（S. R. 爱泼斯坦，2011）。

异。经济增长较快的国家和地区主要包括西欧、美国、加拿大、澳大利亚、新西兰和亚洲的日本等，这些地区与其他地区的人均收入差距由初始的相近水平拉大到 7∶1，最富有地区和最贫困地区的人均收入差距甚至达到了 19∶1（1998 年麦迪逊数据）。

此外，欠发达地区内部的经济增长也存在很大差异，拉丁美洲国家的人均收入增速相对快于东欧、亚洲和非洲国家，然而拉丁美洲的许多国家却在 20 世纪末陷入了诸如债务危机等各种困境，经济形势急剧恶化，东欧的许多国家在效仿和复制西方经济增长方式后也没有达到预期的效果。

进入 21 世纪以来，经历长期高速增长的东南亚发达经济体逐渐面临转型困境，经济增长开始乏力，欧美发达国家则深陷债务与金融危机不能自拔，世界经济前景持续阴霾，收入不平等、地区发展不平衡、人口老龄化、环境污染、技术创新瓶颈等各种问题都制约了经济和社会的长远发展。

### （二）世界经济增长的主要阶段

综合考察世界各国的经济增长经验，一个经济体的经济增长过程通常类似于一个 S 形曲线（Hui Ying Sng，2010），这种增长包括缓慢增长、快速增长和低速增长三个阶段[①]。每一个富裕国家都是通过这三个阶段之间的转型逐渐实现经济增长的，当前世界上各个国家也相应地对应于某一特定阶段。

在第一阶段，人均收入水平很低，经济增长速度非常缓慢，年均增长率不超过 4%，处于这一阶段的国家与发达国家以及世界平均水平之间的收入差距也越来越大。而且，从第一阶段向第二阶段的转型并不容易，世界上只有少数国家和地区成功地上升到

---

① 与此相类似，"世界经济论坛"每年发布的"The Global Competitiveness Report"将经济发展也划分为三个阶段：要素驱动阶段（人均 GDP 低于 3000 美元）、效率驱动阶段（人均 GDP 为 3000~9000 美元）、创新驱动阶段（人均 GDP 高于 17000 美元）。

第二阶段，绝大多数国家仍然徘徊在低水平均衡陷阱边缘，这些国家的基础设施长期得不到改善，政府治理能力极差，腐败问题极其严重。

成功跨越第一阶段进入第二阶段的国家，通常具有很高的储蓄率和很强的资本积累能力，这些国家不断强化投资和引进更为先进的技术，以获得更高的产出。它们长期维持较快的经济增长速度，年均增长率通常在5%以上，与发达国家的收入差距也在不断缩小。

相比之下，能够成功转型进入第三阶段的国家就更少了。许多国家即使进入了快速增长的第二阶段，但由于不能维持足够长时间的经济增长，不可持续地增长使其迟迟无法跨越到更高的发展阶段，甚至可能滑落到第一阶段。当然，一旦进入第三阶段，经济增长速度也会迅速下降，更高的年均增长率对于这些国家来说几乎是不可能的。

几千年以来，人类社会长期处于第一阶段的停滞阶段。只有极少数国家能够仅凭自身力量积累足够的剩余，实现第一阶段向第二阶段的转型，能够从第二阶段成功跨入第三阶段的国家非常少。"二战"后世界上200多个发展中经济体中，能够从低收入行列进入中等收入行列，并且成功跨入高收入行列的经济体只有两个，即韩国和中国台湾。中国持续30多年的高速增长固然是奇迹，但各省、地区之间的增长并不同步，相当一部分地区处于并将继续处于贫困和落后状态。Barro Rober 和 Xavier Sala-i-Martin（1995）通过严格的计量检验也证明了各个国家之间并不存在收敛的趋势。

## 二  先行地区与后发地区经济增长方式的差异

既然不同经济体在不同阶段具有不同的经济增长方式，就不存在某个绝对理想的经济增长方式提供给后发地区进行直接复制或简单模仿。那么不同地区在不同阶段的经济增长方式究竟存在哪些不同，各自又存在哪些问题，这是本部分需要回答的主要问题。

## （一）先行地区的经济增长经验

### 1. 先行地区如何实现最初的经济起飞

这里的先行地区主要是指发展初期就采用了英美宪政体制的欧美发达国家，也即"盎格鲁－撒克逊"传统文化映照下的发达地区。在一定程度上，当前主流经济增长理论刻画的正是先行地区经济增长的故事。1750 年前后，英国开始了工业革命，人类近代史上首次出现了持续的经济增长。随后，现代经济增长迅速向欧洲大陆其他国家扩展，又进一步扩展到了美国、加拿大、澳大利亚等新大陆国家。当然，这些国家的经济增长方式并不完全相同，相比英国而言，德国、美国等后发国家的经济增长具有各自独有的特征，但本书仍然倾向于认为这些国家可以统一归为先行地区。

工业革命之前，人均收入千百年来几乎维持不变，劳动生产率的提升极为有限，经济增长的主要特征只能表现为人口规模扩张，庞大的人口规模在一定程度上体现了一个国家科技、文化、军事和经济等方面的发达程度。当然，这种增长无法摆脱马尔萨斯式的低水平循环，因而是一种内卷式的增长。以现在的标准衡量，这种增长显得微不足道。

随着新大陆的发现，欧洲面临的传统资源约束得到改善，资源禀赋状况发生了极大变化，经济增长模式随之发生变化，尽管这种变化依然缓慢。新大陆的发现令英国等国家获得了意外的资源暴利，得以从新大陆进口土地密集型和资源密集型的产品，包括粮食、棉麻、燃料等生产资料，同时将本国的纺织品大量输出。在这个过程中，农业劳动力得以从土地束缚中被逐渐释放出来，为英国工业革命在全社会的全面展开创造了条件，以蒸汽机为代表的技术进步不断发生，促使欧洲走上了劳动节约型、资源密集型的经济增长道路。与此相反，亚洲的资源禀赋特征决定了其在当时只能沿着节约土地和吸纳劳动力的农业发展道路继续缓慢前行，历史大分流就此形成，西欧国家开始将中国等东亚国家远远地抛在身后（郭金兴，2009；文贯中，2005）。

2. 先行地区经济增长中的要素作用机制

当人们提到经济增长的时候，实际上指的是人均收入水平的提高，这一点在根本上依赖于人均产出的提高，也即劳动生产率的提高。伴随经济增长发生的还有资本的不断积累，因为对于现代经济增长而言，生产不能继续单纯依靠劳动力和土地来完成，更多和更先进的机器设备也是提高劳动生产率的必要条件。各种要素的重新组合共同推动经济增长的发生，决定要素组合方式的是特定的技术条件。在一定的技术条件下，不同要素之间存在一定程度的替代可能。例如，大量富余的劳动力可以部分替代稀缺的机器，先进的技术设备也可以部分替代人力劳动。在劳动力稀缺的美国，道路建设通常会使用较多的手提钻和较少的工人，但在劳动力稀缺的印度和中国，则会使用大量的工人和镐头来凿石头。另外一个更具影响力的例子莫过于"福特模式"对美国经济的冲击，每个工人站在机器旁边不动，通过传送带将产品送到工人手中，而不是让工人走到产品旁边，这种技术创新同样大大节省了稀缺的劳动力资源。

因此，对于一个刚刚经历经济起步的国家而言，增加投资、提高机器设备的利用率能够促进经济增长。但是在劳动等其他要素固定不变的条件下，随着资本存量的逐渐增加，资本的边际收益递减规律必然导致经济增长率下降。不过在欧美国家，资本的边际收益递减规律发挥作用的时间被大大延迟，经济增长得以继续下去，原因在于技术进步改变了这一走向，资本积累对此做出了不同的反应，资本回报率转而上升，更多的资本积累得以实现。从长期来看，人均资本、劳动节约型的技术进步和人均产出都会（以相同的速度）不断增长。进一步的，技术进步的来源又是什么？显然，这就回到了上一章的脉络，沿着该脉络将展现欧美等先行地区的整体经济增长路径。

### 3. 先行地区经济增长的具体路径

在了解了先行地区经济增长的整体过程之后，其中的一个细节仍然有待说明，即技术进步的方向，这一点决定了不同地区的具体经济增长路径，尽管这些路径最后都将导向共同的一点：以劳动生产率提高为核心的经济持续增长。那么，决定技术选择路径的因素又是什么？答案是资源禀赋的变化，先行地区工业革命启动的经历在一定程度上已经说明了这一点。无论使用何种生产要素，都是具有成本的，资源禀赋则是在长期决定要素价格的根本因素，资源禀赋变化相应地产生了对新的生产方式的需求，也即技术进步的方向。

在短期（资源禀赋固定不变的条件下），经济主体受到各种利润刺激而进行技术开发和创新，一方面，经济主体为了节约成本，通过一定的成本－收益比较，朝着节约稀缺要素的方向开发新技术，稀缺要素的生产率得到提高；另一方面，经济主体为了获得更大的收益，在判断市场规模潜力后决定扩大对丰裕要素的使用，并朝着这一方向进行技术创新，丰裕要素的生产率因此也可能得到提高。技术进步最终偏向何种要素则取决于以上两个过程的合力。

在长期（资源禀赋可变的条件下），技术进步的偏向性取决于多种因素，包括要素的稀缺程度、要素相对生产率的变化、技术进步的收益率、规模效率等。但是无论如何，要素的稀缺程度在长期都是决定技术进步偏向性的根本因素。要素相对生产率的变化体现为要素之间的配置效率，由价格变化等市场因素反映。技术进步的收益率是指技术效率，在实际生产过程中，一种技术发明出来并不能确保技术潜力能够完全释放，由于制度、环境等非市场性因素，实际产出往往会低于技术可能性边界。另外，不同规模和类型的组织对技术体系的要求也是不同的，因此随着组织规模的扩大，相应地也会要求特定的技术进步来适应。以上几种要素的相互作用共同决定了一个国家的技术选择路径。

由于各个国家的资源禀赋不同，因此在实际的经济增长过程中，不同国家的经济增长路径经常表现出一定的差异性。技术进步往往表现出一定的要素偏向性，节约某种稀缺要素的技术发明和创新则表现出某种"有偏性"，如资本偏向型技术进步中各种新的机器设备对劳动的替代，技能偏向型技术进步中高技能工人对低技能或非技能工人的替代。此外，资本偏向型和技能偏向型技术进步往往相伴而生，原因在于技术进步并不是凭空的理论发明，而是嵌入在特定的机器设备等物化性资本中，物化性资本设备的升级要求高技能的工人来操作，这种技术互补性决定了两种类型的技术进步伴随发生。可见，技术体系的协同演化进一步强化了一个国家的经济增长路径，使得经济转型无法轻易实现，通常只能在既有路径上发生渐进式的演化。

总体而言，欧美先行地区的经济增长过程是极其缓慢的，年均经济增长率只有1%~2%，但这种增长持续了惊人的一到两个世纪，与其他国家的收入差距也越拉越大。那么，接下来的问题就是：导致先行地区经济增长如此缓慢却又如此持久的原因究竟是什么？

4. 先行地区经济增长速度缓慢而持久的原因

本书认为，先行地区经济增长速度较为缓慢的根本原因在于制度，一套完善并且可信的产权体系和市场交易规则对于欧美先行国家的经济持续增长必不可少。但是这一制度体系的形成不可能在短时间内完成，它是一个逐渐生成和完善的过程。特定的资源禀赋和经济条件决定了什么样的制度体系最具适应性，但是先行地区并无现成的制度规则可供直接模仿，只能在长期的探索过程中不断试错，通过经济主体之间的互动博弈，最终才有可能形成一套全社会都认可的制度体系。

对于欧美先行国家，特别是像英国这样的先行者而言，由于无法直接模仿和学习，一套全新的适应性制度体系的建立，只能依靠自身文化的反思，推动传统意识形态和道德准则的演变，适应现代市场经济体制的制度规则，最终才得以孕育，这是一个极其缓慢的过程。事实上，英国工业革命的成功并非一个纯粹的经济现象，经历了文艺复兴和宗教改革，直至1688年光荣革命建立了宪政体制，工业革命才得以发生。思想意识和文化认知模式的改变要比技术和经济结构的变化缓慢得多，导致先行地区的经济增长不能实现迅速的跃升，只能通过缓慢的积累实现动态的循环累积①。正是由于这个原因，先行地区的制度体系无论在适应性还是在稳定性方面都要比后发地区强健得多，因而在经济和社会转型方面也更为彻底。这也正是许多学者在追溯经济增长本源时，基于西方语境而逐渐将焦点转向信仰体系和文化认知模式的原因（诺斯、托马斯，2009）。

当然，在先行地区内部，不同国家的制度演化路径也存在差异。

---

① 麦肯锡的数据显示，从工业革命开始，英国的人均GDP翻一番花费了超过150年的时间，从1300美元增加到2600美元。而120年后的美国，实现同样的倍增所花费的时间只有英国的1/3（约为53年）。而中国从1300美元的人均收入水平上升至2600美元的水平，仅用了12年，不到英国的1/10。而且，类似的趋势仍然在延续，根据国际货币基金组织的人均GDP增速预测，中国仅需7年就能将人均GDP从目前的8400美元翻倍（按购买力平价换算），从而跨入高收入国家行列，其他较为发达的经济体要想实现人均GDP翻倍，所需花费的时间明显要更长（见附录1附表2）。

对于后发地区而言，既可以选择全盘复制英国的制度模式，也可以选择不模仿。例如，德国和美国就没有选择完全复制英国的个人资本主义模式，而是在其基础上逐渐摸索出了管理资本主义的经济体制，最终实现了对英国的全面超越。可见，后发地区如果能够根据自身的资源禀赋特征，包括生态、地理、技术、人口、经济、文化和政治等因素，实现相应的制度创新，就有可能完成对先行地区的超越。如果只是一味地进行制度模仿，不仅可能遭遇水土不服的适应性困境，而且可能长期陷入追赶陷阱。

### （二）后发地区的经济增长经验

#### 1. 大赶超战略的失败

在寻求经济起飞和经济持续增长的道路上，后发地区往往具有更加强烈的赶超意愿。"二战"之后，许多现代民族国家尝试将国内重心转向经济建设，由于缺乏完善的现代市场经济体制，以资源型产业和农业等基础产业为主导的产业结构导致生产力水平长期落后，城乡和工农之间的二元经济结构极大地限制了经济增长。因此，后发地区的人们认为先行地区经济增长经验的适用性非常有限，无益于快速的经济赶超，客观上促成了欠发达地区在追求经济增长时另起炉灶，导致经济发展理论与经济增长理论逐渐分道扬镳。于是，许多欠发达国家开始通过积极的国家力量动员朝着发达国家的主导产业结构转型。

在这场轰轰烈烈的追求从发展中国家向发达国家收敛甚至全面转型的运动中，刘易斯（1997）通过一个二元结构模型描述了发展中国家如何通过资本积累消化吸收"无限的劳动力供给"和"边际生产率为零的传统部门"来推动经济起飞。Prebisch（1959）和Singer（1950）认为欠发达国家在与发达国家进行贸易时因其落后的产品结构而遭受发达国家盘剥，贸易条件长期恶化，因此必须通过进口替代政策快速实现工业化。Rosenstein-Rodan（1943）进一步在其"大推进"理论中强调分散的个人投资无法达到最佳的资源配置和合意的规模经济，尤其是不完善的市场将不能正确地利用价格机制解决外部性等问题，因此必须依靠国家力量实现"大推进"式的投资和工业化。Nurkse（1954）认为要消除不发达国家的"贫困恶性循环"，就必须通过国民经济各部门的平衡增长为其他行业提供市场①。

显然，以上各种赶超战略均秉承结构主义思路，基本上强调通过国家力量迅速改变欠发达国家的经济和产业结构，实现向发达国家经济结构的迅速转变。但是在这些思潮的影响下，欠发达国家和地区往往通过国家的大规模投资实现了短暂的经济增长，随后却是经济停滞和持续的社会、政治危机。

### 2. 简单复制西方经济增长模式的失败

由于忽视市场体制建设、歧视农业和闭关自守的保守倾向，各种"大战略"思潮下的后发地区并没有达到预期的目标，反而遭遇了各种各样的转型困境。与此同时，以东南亚许多国家为代表的、建立了以市场经济体制为主导的经济增长方式却取得了非凡的成就。在这种背景下，新古典主义思潮再次全面复兴，其标志便是华盛顿共识的形成，主要内容包括私有化、市场化和自由化。在世界银行和国际货币基金组织等国际机构的主导和帮助下，更多的发展中国家开始了私有化、市场化和自由化的经济转型，但结果非常糟糕，一些国家（如苏联）的现状甚至还不如转型之前。事实证明，仅仅

---

① 与 Nurkse 相反，Hirschman（1968）依据联系效应提出了不平衡增长理论。此外，Chenery（1969）就欠发达国家的储蓄约束和外汇约束提出了"两缺口"理论，缪尔达尔（2001）就不平等问题提出了"循环累积因果关系"理论，Leibenstein（1966）提出了"临界最小努力"理论，等等。实际上，结构主义思路从一开始就饱受诟病。例如，瓦伊纳反驳了发展中国家贸易条件长期恶化和进口替代的主张，指出不应当忽略贸易的正向效应，包括降低产品成本和减弱技术扩散作用等（马颖，2001）。

通过复制自由的市场经济体制并不能从根本上修正结构主义思潮下扭曲的价格体系，这种转型路径并不能使发展中国家复制西方发达国家自由市场经济的神话。

在后发地区追赶先行地区的过程中，面临的首要问题是资本短缺和劳动力过剩的矛盾，许多学者认为后发地区经济发展的核心问题在于资本积累，资本甚至成为制约后发地区经济增长的唯一因素。例如，Lewis（1955）认为经济增长与投资存在一定的比例关系，一旦估计出这个比例，就可以计算出达到目标增长率所需要的投资水平。考虑到发展中国家广泛存在的人口问题，投资必须快于人口增长速度。资本投入在东亚国家的经济赶超过程中发挥了重要作用，进一步强化了这种观点。

不过结果依然不尽如人意：接受了西方国家大量援助的撒哈拉非洲地区几乎没有实现经济增长；拉丁美洲和中东一度出现经济增长，但在 20 世纪 80 ~ 90 年代重新陷入了经济增长陷阱；南亚的贫困人口与日俱增；一度令人鼓舞的东亚尽管取得了非凡的经济增长成就，但近年来也纷纷陷入经济持续增长的泥潭，只有少数国家出现了复苏迹象。可见，后发地区的经济转型并不顺利。从长期的经济增长结果来看，资本的确在经济增长过程中扮演了重要角色，但越来越多的研究表明，国家之间的人均经济增长率差异中只有极少部分能够由人均资本的增长率差异来解释。Domar（1957）甚至推翻了自己关于生产能力和资本存量保持固定比例的理论假设，宣称其研究的最初目的只在于就经济周期发表一些看法，而非解释现实中的经济增长现象。

实际上，尼日利亚和中国香港在 1960 ~ 1985 年的人均物质资本存量都增长了 250% 以上，但是在这 25 年间，尼日利亚的人均产出增长了 12%，中国香港则增长了 328%；同样的，在这 25 年间，冈比亚和日本的人均物质资本存量都增长了 500% 以上，但冈比亚的人均产出仅增长了 2%，日本则增长了 260%（伊斯特利，2004）。可见，资本要素绝非后发地区实现转型的充分条件①。那么又应当如何解释那些看起来比较成功的后发地区，如日本、新加坡等东亚国家经济持续增长过程中不断出现的资本积累事实？是什么因素扭转了这些国家资本回报率递减的趋势？

先行地区经济增长的经验表明经济增长的关键因素在于技术进步以及知识、人力资本的积累，然而东亚经济体的经济增长经验并不支持这一点，技术进步等全要素生产率对增长的贡献率并不高（克鲁格曼，2012）。相反，1960～1987年，非洲一些国家的人力资本增长极为迅速，如安哥拉、莫桑比克、加纳、赞比亚、马达加斯加、苏丹等国家的人力资本增长速度显著高于新加坡、韩国、中国和印度尼西亚等国家，但前者的经济增长速度又显著低于后者。可见，即使存在显著的技术进步和人力资本，但如果不能正确地运用它们，这些技术也是没有用的。因此，对于后发地区而言，具有一套适应性的制度来激励技术进步和对技术的应用也是必要的。

### 3. 后发地区经济持续增长的制度瓶颈

接下来的问题是，后发地区的经济增长一旦启动，其追赶速度为何通常总是显著快于先行地区。一个当然的解释是先行者为后发者提供了模仿的机会，避免了漫长的演化和积累时间。本书认为后发地区另外一个重要的起飞条件在于是否成功利用了先行者提供的市场，并且在此基础上转化形成自我发展的内在动力。融入世界市

---

① 一些论文甚至指出，是经济增长促进了投资率的上升而不是下降，也不是相反（Vanek，Studenmund，1968）。Leibenstein（1966）、Boserup（1969）更是指出，如果经济增长和投资之间存在微弱的、短期的联系的话，那么是经济增长促进了投资而非相反。不过大多数学者仍然认为投资对经济增长具有重要作用，只是不应当考虑将投资作为一个目标来维持特定的经济增长率，应当强化的只是对未来投资的激励，促使各种投资形式发挥应有的作用（赫尔南多·德·索托，2000）。本书认为，在循环累积的因果机制中看待两者之间的关系更为准确，这一点在本书接下来的分析中还将得到体现。

场是后发地区迅速实现经济起飞的关键因素，全球化日益深入，以及开放的世界和日益紧密的国际联系，包括产品和服务的贸易不断扩大、资本的大量流动、知识和科技的快速传播，都为后发地区经济的高速增长提供了条件。这种高速增长体现为投资的快速增长甚至局部地区（行业）的过度投资，以及资本存量的迅速提高。但是，在根本上决定经济增长质量和可持续的不是投资的增长率，而是投资的效率，是劳动生产率的提高。因此，要打破资本的边际收益递减规律，至少要将这一递减过程尽量延迟。根据伍晓鹰（2013）的测算，一个经济体从经济增长初期到基本完成工业化，其资本－产出比大致会从 1 上升到 3 左右或更高的水平，也即生产同样一个单位的产出，需要越来越多的资本投入。对于后发地区而言，在高速追赶的同时还必须注意经济增长的效率，通过不断的技术和制度创新尽量延迟资本－产出比的上升速度。

不过一个显著的事实是，并非每一个后发地区都实现了成功的模仿和追赶，能够完成超越的地区就更少了。后发地区在寻求经济增长时，既可以选择单纯复制发达国家的先进技术和管理模式，也可以选择学习发达国家的先进制度经验，甚至在此基础上加以改良，以更好地适应本国资源禀赋。做出何种选择取决于特定的环境条件，甚至一些偶然性因素也会发挥重要作用。

例如，苏联通过模仿发达国家的工业化模式和技术迅速实现了对发达国家的赶超，但落后的政治和法制基础导致这种经济增长只能是短暂而不稳定的，甚至会损害长期的可持续发展；南美国家基于优越的资源条件，通过引进发达国家先进的技术和管理模式，其经济也实现了大幅增长，但无法通过经济的持续增长跨越中等收入陷阱；东亚的许多国家同样如此，尽管实现了成功的追赶，但要进一步超越欧美发达国家则遭遇了制度瓶颈，进一步提升劳动生产率和技术水平变得非常困难，经济高速增长很难持续下去，这也是许多后发地区在赶超过程中不得不面临的困境。

## 三 不同地区差异化经济增长方式的原因

归纳不同国家和地区的经济发展历程，经济增长通常是沿着一条 S 形曲线移动，一开始缓慢启动，然后加速，飞速发展一个时期，最后减速，这描述了经济增长真实的路径和过程。无论如何，增长都不会成为经济的单一形态，那么在理论中一味追求经济增长的思路就值得商榷。在某种意义上，与其探索经济如何增长，不如探索经济为什么不增长，以及经济低速增长甚至停滞对经济转型的积极意义。这样的经济增长历史至少为我们带来以下两点启示。

（1）并不存在一个固定的经济增长方式，不同国家和地区经济增长的动力和决定因素因时、因地而异。因此，转型问题并非只在落后国家和地区才会出现，发达国家和地区同样需要根据发展阶段以及环境变化情况不断寻求转型，转型是实现经济持续增长的必要条件。

（2）经济长期的、可持续的稳定增长优于短期的、不可持续的高速增长，这也正是转型的目标。Binswanger（2009）就曾认为全球的必要经济增长率是 1.8%，而只要这一稳态增长能够得到长期维持，其作用和效果便是惊人的。但在现实中人们常常陷入对经济增长的疯狂迷信，结果反而导致各种可持续难题。

那么接下来的问题就是：第一，是什么因素导致大多数发展中国家无法迅速走上经济增长的快车道？发展中国家能否独立地获得经济增长要素？第二，支撑中等收入国家经济持续增长的要素又是什么？为什么只有少数国家能够成功跨越中等收入陷阱？实现经济转型的根本原因是什么？Hui Ying Sng（2010）认为并不存在单一的决定性要素，而是由企业家精神、政府治理能力、普通劳动力、投资和自然资源等多种要素综合决定的。一个具有更多富有创造力的企业家、更开明的政治制度以及更好的资源禀赋的经济体，也将具有更加充足的动力来推动经济高速和持续增长。

当然，很少有国家能够同时具备各种经济增长要素，获取经济增长动力同样需要花费成本，从而导致多样化的经济增长形态。对于这一点显然有进一步讨论的余地，现有理论也没有就不同经济增长要素之间的关系及其作用机制给出合理的解释，有充分的理由可以相信，不同的要素组合形式决定了不同的经济增长方式，其成本是不同的，能够获得的收益也是不同的。这些相互影响的要素的适当作用是实现经济可持续增长的关键，适合不同形态的经济体，特别是先行地区与后发地区的经济增长方式也必然存在差别。

## 四　小结

后发地区往往具有与先行地区完全不同的经济增长方式，而不是像人们通常认为的那样：后发地区的经济扩张道路将遵循先进的工业化地区的历史轨迹。尽管本书并不否认"工业较发达的国家向工业欠发达的国家展示了后者未来的图景"的广义有效性，但这一点并不绝对。事实上，后发地区面临与先行地区完全不同的发展环境，恰恰因为其落后，后发地区的经济增长可能在许多方面显示出与先行地区根本不同的倾向①。

更为重要的是，任何经济体的扩张都发生在真实的历史情境中，先行地区与后发地区同属世界经济体系的一部分，那么先行地区将

---

① 格申克龙（2012）曾指出，并不存在一种统一不变的工业化发展模式。从这个角度来看，先前的一些学者以英国的工业革命为原型所做的一般理论概括（包括有关工业化发展前提的所谓原始资本积累的概念）并不具有普遍意义，而罗斯托关于经济发展一律遵循类似于五音阶的五个阶段（其实包括六个阶段——传统社会阶段、起飞准备阶段、起飞进入自我持续增长阶段、成熟阶段、高额群众消费阶段和追求生活质量阶段，本书注）的模式也是难以成立的。我们不能根据不同地区的落后程度依次排列，并认为这些地区将依次通过一条共同的道路，最终到达一个完全的终点，历史和现实的多样性也已不止一次地印证了这一点。当然，落后地区的问题也绝不仅仅是它们自己的问题，这些问题同样是发达地区的问题。

构成后发地区经济扩张的重要前提和背景。其结果是后发地区的经济增长过程也将呈现与先行地区非常不同的特征，这种不同不仅体现在经济增长的速度上，而且体现在经济增长过程中产生的生产结构和组织结构等技术体系上，还体现在经济扩张过程中直接模仿或借鉴的各种制度性手段上，而以上这些工具在已经实现工业化的先行地区则很少或者根本就没有类似的存在（格申克龙，2012）。

那么后发地区完全没有必要重新尝试走先行地区的旧的经济增长道路，政府一方面可以尽快扫除增长过程中的制度性障碍，依据自身资源禀赋制定相应的经济增长战略；另一方面可以积极引导鼓励从发达国家引进吸收新的技术，迅速实现经济起飞。当然，这在很大程度上导致后发地区政府强力干预经济增长的特征，同时也为部分后发地区经济的可持续增长埋下了隐患。

# 第三章 欧洲先行地区的城市化路径及其内部差异

　　城市对于一个国家现代化的重要作用毋庸讳言，与传统、落后的农耕文化束缚不同，城市通过割断与农村的文化关联，获得了独立的人格身份，进而推动城市工商产业和现代化的发展。与此同时，不同地区的城市化路径存在广泛的差异性，如西欧城市的自治程度和市民的人格独立性在世界城市中绝无仅有。西欧城市居民在文化和情感上对农村的依恋程度显著低于其他地区，这当然与城市居民的构成、出身密切相关。总体而言，任何一个国家的城市化都有其特殊性，特殊的城市化路径造就了显著差异的现代社会。那么，决定一个国家城市化路径的具体因素是什么？又该如何选择适宜的城市化道路？本章通过比较近代英国、法国和德国三个西欧国家城市化路径的差异，进而得出一些对我国新型城市化有益的借鉴。值得注意的一点是，我们必须谨慎对待"欧洲中心主义"[①]的立场。换言之，我们认为必须重视一个国家所处的特定历史阶段和发展场景，避免先验地认为先行地区的今天就是我们的明天，避免简单地将西方国家作为我们可以直接复制或模仿的对象。相应的，对西欧城市

---

① 贡德·弗兰克（1998）对欧洲中心主义立场进行了深刻的批判，主张在世界经济的大结构中看资本主义的发展，即全球视野。他认为无论对"先进"的欧洲或"落后"的亚洲还是其他地区的历史解释，都不应只从它们各自的"内部"去寻找根据，而应从它们各自在世界经济整体结构中所处的位置，以及这些位置的变动关系中求得答案。

化的解释必须在历史视域中重新考察，才有可能为后发地区提供真实的借鉴。

## 一　关于西欧城市化路径的几种代表性观点

回顾西欧发展历程，城市化、工业化与西欧社会转型相互交织、伴随发生，由此产生了这样一个问题：究竟是工业化和城市化推动了西欧社会转型，还是社会转型带动了工业化和城市化的发生？对该问题的不同回答，预设了欧洲国家城市化的差异路径，以及迥异的发展道路。

第一种思路认为西欧城市化源自手工业的兴起。例如，Dobb（1954）认为，资本主义生产方式源自手工工场，手工工场的发展是资本主义生产方式形成的基础条件。通过手工工场，商业资本进一步演变成工业资本，从而成为以雇佣劳动为基础的资本主义生产方式的先驱。从手工工场到工厂，再到机器大工业，西欧的资本主义社会转型在这个过程中逐渐演变形成。

第二种思路认为贸易在西欧城市化过程中发挥了决定性作用。这一思路强调西欧城市化的大发展依赖贸易，特别是远距离贸易的兴起。例如，一些学者认为中世纪的商业复苏是地中海贸易区、波罗的海贸易区以及北海贸易区之间相互打通导致的，在长途贸易集中的商业沿线逐渐兴起了大批城市。由于对自由贸易的特别强调和钟爱，该思路也被贴上了自由主义的标签。

第三种思路坚持西欧城市化的"内部根源"论。一些学者认为封建社会自身的生产力进步和生产关系的变化才是西欧城市发展的根本原因，同时也是资本主义兴起的前提条件，其代表人物是广大的马克思主义学者。另外，盎格鲁－撒克逊学派也指出了生产关系变革和生产力的进步与之后的欧洲工业革命以及城市化之间的联系。显然，内部因素是解释西欧城市化的关键，从生产力和生产关系的相对视角出发，抓住了城市化进程中的根本矛盾，但是其中涵盖的具体内容和影响因素还有待厘清。

第四种思路是"农业基础"论。一些学者从工业和农业的辩证关系角度考察城市化的路径，坚持这种思路的学者认为西欧的工业革命以农业革命为前提，在西欧城市化转型过程中，农业的缓慢积累发挥了决定性作用。其中，中世纪英国著名史学者 Hilton（1980）严格论证了西欧农产品总量的增长早于国际贸易量的增长，因此提高农业生产力水平既是国内外贸易的基础，也是工业发展的基础，当然还是城市化的基础。Kriedte（1981）指出，近代资本主义社会的发展以剩余的农业资源为基础，并且受到以农业为主的财富积累的制约。例如，在 16 世纪和 17 世纪，欧洲修道院的土地世俗化为土地逐渐摆脱教会和封建领主的束缚创造了条件，带来了农业技术的最初进步，继而发生了农业革命。在这种情况下，资本主义工业的幼芽才开始遍布农村。总之，对于欧洲的城市化而言，无论在时间顺序上还是在逻辑关系上，农业发展的优先地位都是非常明显并且关键的。

显然，前两种思路虽然存在一些差异，但本质上都认为城市化无法经由农村内部的缓慢积累而形成，必须借助工业化或者贸易以及其他要素。由于支撑城市发展的工商业都需要特定规模的场域，农村这一狭小的空间无法满足这一条件，也无法满足深度分工和专业化的条件。然而，后两种思路认为西欧城市化在本质上是农业内部的积累，包括农业技术进步和农业生产力水平的提高导致的，也只有当社会生产力达到一定程度，且具备适应性的生产关系时，欧洲的城市化才能得到根本的、持续的发展。

从经验数据来看，欧洲农业在工业革命之前就有了大幅提高，农业技术不断进步，农民收入水平逐渐提高，但欧洲在工业革命之前仍然处于传统的农业社会，其城市化的范围是很小的，城市化的深度也非常有限。事实上，根据马尔萨斯循环规律，一定范围内的农业发展是存在的，但始终未能突破马尔萨斯陷阱。例如，在 13 ～ 14 世纪英国东南部等比较发达的农村地区，领主自用地和农民持有地都持续高产，但此时的农业技术与 17 世纪末相比，只是在细节上有所不同，本质上并无太大差别（Campbell，1983）。

根据克拉潘（1980）的描述，14 世纪的英格兰土地肥沃，农民精耕细作，与原始的耕作形态大不相同。但是随着农业技术的进步与粮食产量的增加，人口也获得了快速增长。为了增加耕地面积，只有不断开拓新垦区，但与快速增长的人口相比，谷物的增加远远不足，谷物的价格因此上升，进而制约了工业的深度发展。可见，在工业化发展之前，欧洲社会的发展只能依靠拓展荒地、扩大土地种植面积。这也就意味着，农业的实质性发展在根本上依赖工业化和城市化，与此同时，农村资源，包括农村人口、土地、环境等要素的变化特征又赋予了工业化和城市化发展的条件。这也是许多学者（North，1989）不认可欧洲在 18 世纪之前存在真正的经济和社会发展这一说法的原因，如果没有工业革命和城市化的发生，西欧的发展充其量只能算是一种过密型增长——单位面积产量提高、人均产出减少，这与其他传统农业国家并无实质性不同。

进一步的，城市和农村之间、工业和农业之间是否只存在一种单向度关系，即城市化和工业化在为农村的发展提供动力的同时，农村又能为城市提供些什么？布罗代尔（1998）指出，城市和农村恰好为兴办实业的商人和国家提供了一种交替机制，使工业在城市与农村这两个活动领域之间来回转换，并根据经济情况进行灵活的调整，这既为城市的持续发展提供了弹性空间，又将农村日益纳入城市的发展轨道中，从而实现了一种相互促进的良性循环①。可见，农业的深度发展在本质上依赖城市工商业的发展，以及市场与专业

---

① 斯宾格勒（1988）指出，如果我们不能理解逐渐从农村的最终破产中脱颖而出的城市，其实质是高级历史所普遍遵循的历程和意义，我们便根本不可能了解人类的政治史和经济史。故而，世界历史即城市的历史。

化程度的深入。农业革命可以为工业革命提供一部分物质和人力基础，却无法取代城市的工业革命。城市若不能发展，农业也不可能获得持续性进步。至少西欧的经验证实了这一点，西欧社会之所以能够实现深度转型与西方城市林立具有密切关系①。

## 二 城市化进程中的主体互动及其路径差异

历史上的英国大致存在三种类型的土地所有者：贵族大地主、非贵族大地主（通常称为乡绅）、自耕农（小块土地所有者）（恩格斯，1951）。显然，这三种类型的土地所有者分别代表了上、中、下三个社会阶层。虽然在称谓和一些细节上有所差异，但法国和德国的情形与此大致相似。因此可以这样认为，西欧城市化的过程即这三个阶层之间的利益博弈过程，差异化的策略选择造就了不同的城市化路径和城市化后果。

### （一）英国城市化：市民阶层和资产阶级对国家力量的制衡

在西欧，英国的城市化最为成功也最为彻底，对农业的推动作用也最大，这与英国城市市民阶层自身的定位密切相关。通常认为，一个强大的政府和国家控制是经济与社会发展的前提，也是城市化顺利推进的关键，同时又是人为经济衰退的根源（诺斯，1992）。因此，城市化过程中既要保持城市和市民的独立性，又要与社会其他群体结成联盟，共同抵御来自国家权力的压迫与外部力量的竞争。

---

① 地中海城市林立是个老生常谈的事实，这并不是我们的新发现。但是，我们应该把这个事实同它的后果联系起来。道路纵横和城市林立是地中海典型的人文现象，这个现象统治了一切。农业即使不发达，也以城市为归宿，并且受到城市的支配，更不用说城市成就了农业。由于有了城市，人们的生活节奏变得比自然条件要求得更加急促。由于有了城市，交换活动比其他活动更受重视，地中海的历史和文明都是城市的业绩。一切都以城市为终点，地中海的命运往往取决于一条道路或一个城市对另一条道路或另一个城市的胜利，甚至在 16 世纪也是如此（布罗代尔，1998）。

　　与西欧其他国家相比，中世纪的英国王权仍然非常强大，"除了达勒姆和切斯特的领地以及边境地区的领主权外，英国各地的领主并不能像欧洲大陆享有豁免权的领主那样拥有独立的司法权、军事权和财政权"。各地领主的势力有限，导致当时的"英国不存在可以控制小城市以及周边农村地区的城市，英国城市在城市以外的地方权力很小，不能在贸易和制造方面行使垄断权"，以至于"在13世纪以前，很少有城市能够实现财政独立"（克里斯托弗·戴尔，2010）。这种王权独大的局面造成了王权与市民阶层、农村地主以及贵族之间的政治隔阂，并在王权压迫下逐渐促进了市民阶层与农村地主、贵族之间的政治联盟，最终形成了英国城市资产阶级、农村地主、贵族与王权之间的权力制衡格局①（马克垚，2009）。

　　在此之后，无论是市民阶层还是新兴的资产阶级，都成功抵挡住了王权的各种诱惑和胁迫，逐渐谋求并得以支配自身的权力，保持了独立的主体地位，甚至开始引领社会发展。在这个过程中，农业的市场化、规模化和专业化经营方式得到建立，也为英国城市扩张和持续的城市化奠定了坚实基础。

---

　①　这种权力制衡的标志是《大宪章》的订立。13世纪初，英格兰国王约翰连年发动对外战争，为了维持战事，约翰国王加紧了对市民和贵族的盘剥，甚至违反封建惯例，征取过多的继承金、协助金、盾牌钱等，并借故没收了地方领主的地产，贵族们的继承税上涨了100倍，兵役免除税提高了16倍，与此同时，牛、羊、小麦的价格也都成倍上涨。这种勒索行为很快引起了各个阶层的广泛不满，1215年5月17日，封建贵族得到伦敦市民支持，占领了伦敦。同年6月10日，英格兰的封建贵族在伦敦集会，并挟持英格兰国王约翰，约翰国王被迫赞成了贵族提出的"男爵法案"（Articles of the Barons）。在强大的压力之下，约翰国王于1215年6月15日在兰尼米德（Runny Mede）签署了《大宪章》。《大宪章》强调国王只是贵族"同等中的第一个"，没有更多的权力。其中最重要的条文是第六十一条，即所谓的"安全法"。根据该条规定，由二十五名贵族组成的委员会有权随时召开会议，具有否决国王命令的权力；并且可以使用武力，占领国王的城堡和财产。这种权力出自中古时期的一种法律程序，但加之于国王是史无前例的。《大宪章》中除了保障封建贵族的权益之外，还对骑士及自由农民的利益和市民的利益加强了保障。尽管在后来的几个世纪中，《大宪章》的颁布前前后后超过了40次，《大宪章》的内容多次得到修改，但其基本原则已经在英国被牢牢地确立了下来，对王权的约束已经成为英国社会的基本共识（Palliser，1983）。

### （二） 法国城市化：中央集权下对资产阶级和农村贵族的压制

法国的城市化则面临与英国完全不同的历史背景。在资产阶级兴起之前的卡佩王朝，由于王权软弱，一些地方诸侯在领土、财富等综合实力上都远远超过国王。国王的领地集中在塞纳河和卢瓦尔河中游，位于以巴黎和奥尔良为中心的狭长地带。地方诸侯中则有强大的诺曼底公爵、勃艮第公爵、阿奎丹公爵，伯爵中有弗兰德尔伯爵、安茹伯爵、香槟伯爵，这些贵族长期割据一方，与国王分庭抗礼。在这样的背景下，法国的城市同样获得了很大发展。当然，这些城市主要位于地方领主的土地上，接受封建领主的管辖。随着地方势力的日渐壮大，一些城市也开始获得自治权，如博韦于1099年、马赛于1100年、亚眠于1113年先后获得了自治权（波斯坦，2004）。

可见，与英国城市相比，法国的许多城市拥有较高的自治权，能够行使初级司法权、行政权和任命市政官员。这一重要差异并未如所想的那样继续促进法国城市的发展，反而过早地给法国城市注入了分裂因子。许多法国城市在获得自治权之后，城市内部继而分裂出了两个新的对立阶级：一个是掌握城市政权的市民上层阶级，另一个是不掌握城市政权的城市平民阶级。在充分自治的城市内部，两个阶级的利益斗争也日趋尖锐，有时甚至表现为暴力冲突，城市秩序开始混乱，城市活力不断丧失，城市的存续都成为问题，更不要说持续的城市化了。与此同时，法国王权借机插手地方城市事务，扩张自身权力。

事实上，从菲利普四世开始，法国王权还试图在城市中规范度量衡，甚至试图进入司法、金融等领域，委任自己的亲信为市长，不断确立王家城市。在王权同地方领主的权力角逐中，一些平民阶级，特别是长期被地方领主压制的新兴资产阶级也倾向于支持王权，到了路易十一时期，法国已发展成为君主专制的集权国家。作为回报，原先地方领主的特权逐渐转移到资产阶级手中①。结果是法国中央权力过度膨胀，城市逐渐置于国家力量的监护之下，城市的财政税收、债务、公共管理等事务都处于国家力量的严密监督中，到了路易十四时期，法国已经建立起了当时在欧洲最强大的中央集权制度，但法国的城市化已开始僵化。

### （三）德国城市化：容克贵族对资产阶级的裹挟

德国的城市化过程面临另外一种特殊情况，由于德意志联邦历史上便是一个民族分合无定的国家，长期处于四分五裂的混乱状态①。除了由七大诸侯选举产生的一个徒具虚名的皇帝外，德国还有成百上千个大大小小的邦国，它们都拥有独立自主的权力，长期割据一方，互相混战。直到 1871 年，普鲁士通过铁血战争统一德国，国王才正式加冕德意志皇帝。但是即便如此，新成立的德意志帝国仍然包括 4 个王国、6 个大公国、5 个公爵领地、7 个侯爵领地、3 个自由市和 1 个直辖地，本质上仍是"一个以议会形式粉饰门面、混杂着封建残余、同时已经受到资产阶级影响、按官僚制度组成、以警察来保护的军事专制国家"（马克思、恩格斯，1995）。

同时期的英国资本主义制度已经建立，法国也已经清理了封建制度残余，开始向资本主义制度转型，并且初步建立了以资产阶级为主体的中央集权政府，这两个国家在经济、政治、文化、军事等领域都全面领先德国。在这种压力下，德国实施了赶超战略，全力推进城市发展。按照刘易斯的测算，1880～1910 年的 30 年间，德国

---

① 所有这一切活动，不管是简单的土地购置，还是越来越流行的土地投机，都造成了同样的后果，把贵族的土地特别是把农民的土地转移到资产阶级手中。资产者用这种手段增加了财富，直到后来拥有大片地产，从而实现了其梦想，进入贵族阶层（佩尔努，1999）。16 世纪初，从古老的法兰克王国分离出来的德意志是一个拥戴着神圣罗马帝国的头衔，实际上却是一个非常松散的诸侯联盟。经过 1618～1648 年这一场旷日持久的"三十年战争"，德意志境内共产生了 360 个独立邦国和 1500 个半独立的封建领地。

农村人口年均增长率为 - 0.1%，城市则为 2.5%，以至于德国
"1870 年以后，在现代工业都市化方面已经堪与英国相匹敌"。在居
民为 1 万人以上的德国城市里居住的人口比例从 1871 年的 12.5% 迅
速增长到 1910 年的 34.7%，1881～1912 年，德国大城市之间的人
口流动数量增长了 50%，到了 1900 年，德国城市人口已经占到全国
人口的 54.4%。与此同时，工业与服务业在德国国民生产总值中的
份额也急剧上升，19 世纪 70 年代，工业和服务性行业的产值已占到
国民生产总值的 68%。

可以看到，德国城市化的真正推动者是政府。与英国的贵族和
城市资产阶级联合对抗王权所形成的均衡政治不同，也与法国王权
通过中央集权压制城市资产阶级与农村贵族阶级不同，德国的城市
化则是农村容克贵族把持政治，通过军事力量与民族主义裹挟城市
资产阶级，王权的强大建立在容克贵族的支持之上。与同期的英、
法等国相比，德国各个邦国依然保守，工业发展水平都很低，手工
工场数量有限且机械设备十分原始。城市发展极为缓慢，规模也很
小，中世纪行会制度、等级制度的影响依然深远，由此造成德国城
市资产阶级的产生较晚，城市化的深度较浅①。

因此，德国的城市化只是经济和社会表层的城市化，并没有在
本质上实现社会的城市化。也就是说，资产阶级并没有取得与容克
贵族相制衡的权力，而是屈服于容克贵族与王权之下。因此，德国
的城市化本质上带有一种逆城市化的特色，最突出的表现就在于农
村状况的不断恶化。德国城市的发展不仅没有起到对农村社会的拉
动与改造作用，反而造成农村的农奴化运动再次出现。德国的城市
化虽然也推动了农业技术革命和农业改革，但并没有推动农业发生
根本性的改变。

---

① 恩格斯曾指出，在英国从 17 世纪起，在法国从 18 世纪起，富有的、强大的资产阶级就已
形成，而在德国则只是从 19 世纪初才有了所谓的资产阶级。结果是德国在产业与经济上
实现了城市化，但在政治上没有实现相应的城市化，仍然保留了大量的封建残余。

# 三　城市化进程中的贵族地主
## 及其偏好差异

　　城市化的深入必须克服传统农业体制的种种束缚。农业的革命性转变离不开工业化和城市化的深度发展，但农业领域的变化又为城市化提供了真实的发展条件和孕育土壤。农业领域的变化涉及制度和技术两个层面，归根结底是农村各个阶层共同行动和互动的结果，特别是土地所有者的态度对西欧城市化的影响举足轻重。毫无疑问，城市化意味着农村生活方式的巨大变迁，也意味着传统农业向现代农业的巨大变迁，那么推动现代农业转型和城市化的人群数量和质量如何得到保证？城市化和农业转型过程中的各种社会矛盾和利益冲突如何得到化解？

　　我们认为，由于西欧城市化主要发生在封建主义向资本主义过渡的阶段，因此贵族地主这一主要的土地所有者在西欧城市化过程中发挥着主要的引领作用，也是决定城市化和农村社会转型过程中矛盾尖锐程度的根源。贵族地主在当时的欧洲通常享有较高的政治特权，社会地位居于权力顶端，往往具有主导城市化价值体系的能力。但在不同的地区，贵族地主参与农业的热情、方式等都有很大不同。

### （一）英国贵族地主的衰落及其对土地经营的偏好

　　根据 Dewald（1996）的《对伊丽莎白时代贵族的剖析》（*The Anatomy of the Elizabethan Aristocracy*）和《贵族的危机：1558 ~ 1641》（*The Crisis of the Aristocracy, 1558 - 1641*），英国贵族在 16 世纪开始出现衰落趋势，这一点鲜明地体现在贵族拥有的庄园数量上。例如，1558 年英国的 63 户大贵族共占有庄园 3390 个，户均 54 个；1602 年，57 户大贵族共占有庄园 2220 个，户均 39 个；到了斯图亚特王朝早期，121 户上院贵族共占有庄园 3080 个，户均减少到 25 个（阎照祥，2006）。这一点与英国土地的租用惯例密切相关，根据英国惯例法，土地的租期大多长达一个世纪，而土地租金却长期不变，这就导致贵族的土地收入无法长期维系支出的增加。在这种情况下，要么继续衰落，要么调整或改变土地经营模式。英国的贵族选择了后者，贵族阶层开始积极经营土地，主动谋求转变农业生产方式。

于是我们看到，进入 18 世纪以来，英国贵族大多亲自参与土地经营，他们通过圈地运动将土地集中，以便实行规模化经营，同时积极提高农业技术水平，开垦荒地，改良土壤，构筑防洪和排水安全屏障，转变农业经营方式。一些地主甚至被盛赞为"土地开发新制度的领袖"，他们热情并且精力充沛。农业改良成为当时一种狂热的时尚（Mingay，1963）。

除了对农业技术的改进之外，英国贵族还积极对农业经营体制进行革新，大力推动农业经营方式转变，促进农业转型。通过这种农业革命，英国劳动生产率大幅提高，大量剩余劳动力得以释放，土地也得到了有效的集中和整备，这在客观上为英国的城市化和工业化提供了充分的孕育土壤。

### （二）法国贵族地主的强势及其对奢靡生活的偏好

与英国贵族的衰落趋势不同，法国贵族在中世纪时依然十分强大，直到卡佩王朝时期，王权力量才得到巩固，贵族权力在一定程度上被剥夺。但是作为补偿，法国贵族获得了免税特权，其经济压力要远小于同时期的英国贵族。因此，直接投入土地经营的法国贵族是很少的，土地仍然租给小农经营，他们仍然沉浸于奢靡的上流社会生活。这就导致法国贵族无法主动引领农村社会转型，作为传统农业的寄生虫和受益者，他们更加缺乏推动城市化的动力。

### （三）德国容克贵族的狂妄及其对农民的压榨

德国贵族像英国贵族一样，积极投身土地经营。大量容克贵族在莱茵河两岸圈占土地，面向市场经营土地。与英国贵族不一样的是，容克贵族拥有巨大的权力，因此他们在圈占土地时并未考虑传统农村社会的既有秩序和利益，强制性的农村社会转型和城市化带来了农奴制的逆转，农民被驱逐出土地，在经济和政治上不断被排挤（马克思、恩格斯，1995）。易北河以东的自由农民，在不到一百年的时间里，起初是在事实上，很快又在法律上变成了农奴……地主的田庄越来越大，农民的徭役劳动自然也越来越重。农奴制现在成为普遍的制度，自由农民正如白色的乌鸦那样少见（恩格斯，1965）。

因此，德国的城市化过程在本质上是逆市场化的，结果是德国虽然不像法国那样长期面临小农经营的困扰，但受到了容克贵族的困扰，反映在政治上更是容克贵族在近代政治中的狂妄自大和军国主义的崛起。

## 四　城市化的结果差异及其成功的主要因素

开明的上层贵族在英国近代城市化进程中发挥了重要的引领作用，这是英国城市化优于法国和德国的重要原因。除此之外，另外两个阶层——中间的乡绅和下层社会的自耕农，同样为英国城市化做出了贡献。在上层贵族地主的引领下，英国社会形成了城市化的合力，这是当时的法国和德国所缺乏的。

### （一）乡绅对英国农村转型和城市化的促进作用

（1）通过大量购买教会地产，带动了农村土地产权的制度变革。1558～1640年，英国王室共处置了价值超过400万英镑的教会地产，其中大部分是由地方乡绅购买的。到了1640年，英国3000多个庄园中，乡绅占有其中的80%，乡绅俨然已经成为英国农村的"脊梁"（王晋新，1991）。与王室不同，乡绅占有土地的目的在于获得更高的收益。由于固定租金的收益偏低，新时期的乡绅普遍转向了资本主义生产方式：要么自己经营地产并雇用劳动力，为市场进行大规模的农产品生产；要么将土地出租给农场主，收取资本主义地租。为了明晰产权，乡绅不仅控制土地所有权，而且严格控制土地使用权，客观上为英国农村的城镇化奠定了基础，而法国和德国并不具备这一条件。

（2）乡绅作为基层权力的代表，能够更灵活地圈占土地，实现土地规模效益。乡绅通常生活在农村，对农村比较熟悉，且在当地大多具有一定的社会地位，他们当中有许多人出任治安法官，或者通过婚姻、亲属等关系与治安法官有着千丝万缕的联系。而治安法官一直是都铎王朝时期地方上调查违法圈地和执行反圈地法令的主要官员。因此，乡绅可以借助治安法官手中的权力推进圈地或躲避政府的调查，从而助推英国农村转型，扫除城市化进程中的各种障碍。

### （二）富裕农民（约曼）对英国农村转型和城市化的促进作用

在普通的自耕农阶层中，又可以进一步细分为以下三个阶层：富裕农民（约曼）①、小农和雇工。其中，富裕农民对英国农村转型的推动作用最大。尽管约曼的来源不同，但其共同的特点是擅长农业经营。约曼的形成和发展主要通过以下三种形式：购买邻居的全部或部分土地；在村庄周围未被占有的土地上拓殖开垦；把曾经被领主占有的小块土地增加到自己的土地持有中。除此之外，他们还大量租佃领主土地。在生产方面，他们改革耕作，与乡绅一样也是

---

① 在13~14世纪，约曼主要是指扈从（Retainer）、侍从（Attendant）或者随员（Servitor），从事一些颇具荣誉感的劳动。"约曼"是指介于乡绅与一般农夫、茅舍农、雇工等主要以出卖劳动力为生的村民之间的阶层，包括经营良好的自由持有农、公簿持有农和租期在一年以上的契约租地农（Mingay，1976）。

农业改革家，一心追逐利润（Alfred Leslie Rowse，1950）。

相对于贵族阶层，约曼和乡绅是农村变革的真正主力，是基层社会活力的象征，对农村基层社会发挥了直接的带动作用。在人们眼中，"所有的农事改良都由这些人精心做成，他们排干了所有的水浸地，他们的篱笆总是修整得令人羡叹，他们的土地得到精耕细作。更重要的是，在任何时候他们都有足够的财力，买得起高效率的牲畜"。不仅如此，约曼与贵族的一个重要区别是他们与雇农一起参加劳动，他们的主要角色是从领主那里租赁土地并雇用劳动力进行生产的租地农场主（马克思、恩格斯，1972）。1615年，马克思、恩格斯（1972）指出，虽然他（约曼）是一个农场主，但是他不会命令他的仆农"去地里干活"，他会说"让我们一起去干活"；他不仅关注羊群如何更加肥硕，而且关心农牧业方式如何更加进步。

因此，约曼在农村中有着良好的社会声誉。威廉·哈里森在1577年写作的《英国志》中提到，约曼"比劳工和工匠都更加超群和令人尊敬，这些人住着良好的房屋，经过不懈的努力获得了财富"。同时，由于约曼在农村的人数众多，对于各种微观变革的意义也更为重大。威廉·马歇尔认为，"正是从约曼的上层和少数主要的佃农那里我们肯定能获得农村最好的实验"（Mingay，1963）。约曼的出现不仅改变了农业生产方式，而且改变了农村基层的阶层力量对比。富农家庭，现在是畜牧业者和领主自用地上的农场主，多半按定期租地保有权持有土地，他们不再是领主与习惯佃户的农村公社之间的中介人，也不再是抵抗运动的领导人。最终结果是农村社会的阶层分化，以及面向现代农业的人群开始占据主流位置。

## 五 中国城市化的主体特殊性及其合理路径

根据英、法、德三个西欧国家近代城市化的路径差异比较，在特定的历史场景中，推动城市化的主体在不同国家和地区存在广泛的差异，进而决定了差异化的城市化路径和后果。显然，在当时的背景下，英国城市化过程中的阻力要远远小于法国和德国，这与英国城市化主体之间的利益互动方式密切相关。通过一种参与式的城市化，英国不同阶层的主体在某种程度上就城市化达成了一致，积极推动城市边界扩张，积极创新现代农业经营方式和发展农业生产技术，农村和城市之间、农业和工业之间都形成了良性互动和循环，类似的互动机制在法国和德国却并不存在。考虑到中国当前城市化过程中面临的各种问题，以及特定的发展场景，政府主导的城市化越来越无法有效应对新的发展阶段下的各种社会矛盾，城乡之间的二元分化现象反而日趋严重，这种主体之间的分裂与零和博弈正在成为我国经济新常态下制约城市化深入的关键因素。因此，参考以上三个国家的经验和教训，我国城市化路径面临深刻的转型。具体的，我们认为中国城市化的合理路径体现在以下三个方面。

### （一） 由强制性资源整合方式向参与式转变

在城乡统筹发展的要求下，我国未来的城市化必须高效整合农村资源，实现土地、农民、城市居民、企业等各种生产要素在新型城市平台上的有序组合。强制性的要素整合方式不仅削弱了城市化的作用，而且造成了生产性资源的极大浪费。因此，我国未来的城市化必须摒弃传统的要素整合方式，避免将几个村落简单地合并在一起，避免强制实现农民统一上楼居住。新型城市化必须以尊重居民，特别是农民的个人意愿为基本原则，在此前提下加以合理引导，逐步实现农民在新型社区的集聚和搬迁上楼，逐步改变传统的农民组织和生活方式，最终实现人与物的有机结合，把各种生产要素有机地结合在一起，推动新型城市化健康发展。

## （二） 由政府主导向市民（农民）主动参与转变

在新型城市化过程中，政府与市民（农民）作为两个主要的参与主体，在根本上影响着城市化的方向与方式。在过去的城市化过程中，外来力量，特别是政府在其中发挥了主导作用，政府主导能够快速、有效地动员社会关心并参与到城市化中，实现各种资源要素的快速集聚。但是，作为一个长期的过程，城市化在不同的发展阶段具有不同的特点，面临不同的发展问题和约束条件。随着我国经济和社会发展程度的提高，人们的认知能力逐渐提高，对政府的公共服务供给也提出了更高的要求。在新的发展阶段，我国城市化建设和城市治理的理念、方式也有必要适时转变，从政府主导的、自上而下的治理方式转向市民（农民）的主动参与。这就意味着在合理发挥政府作用的同时，更重要的是尊重市民（农民）在城市化建设中的主体地位，实现政府与市民（农民）之间、市民与农民之间、农民与农民之间的良性互动。

## （三） 由单向治理向多元参与转变

新型城市化的主体是广大市民和农民，激发人们主动参与其中，凝聚人民的建设动力，是新型城市化成功的关键。首先，需要以人们最关心的直接利益，如增加收入、改善居住条件、公开集体资产等为切入点，推动完善新型城市化的治理体系；其次，新型城市化的治理是一个全方位的、系统的社会工程，需要全社会的广泛参与和支持，因此还要充分挖掘和综合利用社会各界力量，调动一切积极因素参与到新型城市化建设中来，实现政府主导与多方有序参与的有机结合，通过新闻媒体、工作简报、会议交流等形式，构建工作平台，实现综合治理（肖建华，2012）。

健康的城市化不是新时期的农民上楼运动，在新型城市化建设过程中，无论是政府推动还是社区自我发展，必须保证公平，推动实现城乡共赢，维护农村既有秩序，节约农村土地资源，保护农民合法权益。总之，健康的城市化必然是一个梯级推进的过程，不同地区具有广泛的差异性和特殊性，合理的城市化必须因地制宜，稳步实现城乡一体化和互利共赢的目标。

# 六 小结

差异化的主体互动类型和差异化的城市化路径，造就了西欧三个国家城市化的差异化结果。这不仅体现在城市化的程度与方式上，而且体现在对传统农村和农业造成的后果上。其中，英国的城市化最为彻底，城市资产阶级与农村贵族阶级的联盟，使得农村在现代化变革中成功抵御住了来自小农的逆市场行为，农村完全摆脱了小农经济，普遍实现了农场化经营，最早步入现代农业行列，持续的城市化也就成为可能。法国则由于城市的不独立与中央集权制度的根深蒂固，农村贵族不断腐朽、衰落，小农经济持续困扰城市化的深入发展。德国因容克地主的过分强大而造成了另一种不彻底和不充分的城市化，农业发展在短期内具有现代农业的某些特征，但在本质上缺乏现代制度的支持，城市化因而缺乏可持续性。

在整体上，由于市场化推进的结果，英国的圈地运动并非在一夜之间全面展开。因此，大量的英国失地农民并没有完全失业。由于当时农业领域发生了技术革命，而且开展了大规模的农业基础设施和农村基础设施建设，而这些革新和建设都需要投入大量的劳动力，因此农民的失业问题并没有想象得那么严重，这对于我国城市化在当前如何合理地促进土地集中也是一个非常有益的启示。

# 第四章　亚洲后发地区的经济
## 增长过程与转型启示

在后发地区中，本书选择了亚洲的韩国作为比较。中韩两国经济起步时同为贫穷的农业国，经济水平极其落后。随后两国先后步入经济高速增长通道，经过几十年的发展，两国都创造了世界经济增长史上的奇迹。如今，韩国已成功进入 OECD 高收入国家群体，而我国尚处在经济转型发展的关键阶段。回顾总结韩国 50 多年来的发展经验将为中国经济转型和深化改革提供有益的现实借鉴。

在此之前，多数文献认为外国投资和对外开放对后发国家的经济起步至关重要，其中外资不仅带来了新的生产技术、管理经验以及市场技巧，而且有助于内资企业提高生产率，即外国投资存在正向溢出效应。但是近年来一些文献开始关注对外开放的真实作用机制及其动态影响①。

---

① 2012 年由《经济研究》杂志社等机构共同主办的首届"宏观经济政策与微观企业行为"研讨会上，田利辉和刘廷华发现外资参股能够显著提高参股企业的生产效率水平，溢出效应为正。但是，外资企业对内资企业产生了挤出效应，行业内的水平溢出显著为负。外资进入对内资企业的前向关联效应显著为正，但是后向关联并不显著。他们进一步发现，在当前的市场化进程中，外国投资前向关联的正向溢出效应逐渐弱化。蒋殿春和于国才的研究进一步表明，以加工贸易为主体的出口平台型外国投资的技术溢出效应明显弱于市场型外国投资，而目前中国的税收优惠政策弱化了两种类型的外国投资技术溢出效应。刘海洋、刘玉海和袁鹏发现集群地区的企业初建生产率较高，淘汰率也较高，但增长速度不快，因而使低效率企业无法生存。他们认为，我国产生集群效应的县市生产率相对较高，其真正原因是竞争淘汰机制而非集群时的外部经济效应。以上观点共同印证了一点，即外资对经济增长的正向作用并不显著，至少不像人们之前想象得那样简单。因此，我国许多地区大肆招商引资的做法值得商榷。研究进一步发现，韩国经济起步时（1961 年）该国政府尽管同样竭力引进外资，但外资的真正作用机制是以东南亚诸国之间激烈的市场竞争为背景和条件的，而且韩国所引外资中很大比例是以外债形式存在的，这与我国 20 世纪 80 年代改革开放时的状况形成鲜明对比。而这一点对日后两国经济增长和转型路径形成差异至关重要。

也正是基于这一点，我们重新审视并比较了中韩两国经济起步时不同的历史情境、不同的国际分工环境和不同的外资作用方式下导致的两国随后的经济增长路径差异。通过国别之间的经济增长比较分析，我们发现对外开放背景下市场竞争和优胜劣汰的压力才是经济持续增长的根本，经济（企业）效率则是一国成功转型的保证，从而为宏观的经济增长与微观的企业治理两种视角对接提供了新的经验依据，这也是本书的理论价值所在。

# 一　韩国样本的选取依据

作为"汉江奇迹"的缔造者，韩国曾被称为"亚洲四小龙"中最大的一条龙（金承权，1994）。韩国在社会文化和习俗等方面与我国儒家传统同宗同源（唐任伍、余维国，1999），经济增长历程和发展特征也与我国颇为相似。战后两国均百废待举，但在20世纪50年代，韩国政党和派系斗争频繁，学潮和市民骚乱不断，无法为经济发展提供一个稳定的环境。直到1961年朴正熙军事政变之后，韩国政府才将国内重心转向经济，奉行经济至上主义原则。无独有偶，我国也是在新中国成立30年后改革开放时才将目光转移至经济建设上。在发展特征上，两国都没有遵从全盘西化的自由主义路线，而是在威权政治和强势政府主导下走上了经济增长的快车道。20世纪60～80年代，韩国国内生产总值年均增长8.9%，创造了世界经济增长史上的奇迹，其发展经验更是被誉为"东亚模式"。我国自1979年以来同样取得了举世瞩目的经济成就，国内生产总值年均增长9.9%，"中国模式"论一时甚嚣尘上。对这两种模式最具代表性的反思不得不提及克鲁格曼的批评意见，克鲁格曼（2012）认为东南亚过度依赖高投入换取经济增长，同时忽视技术创新和效率提升，缺乏核心竞争力和创新精神的经济模式带来了大量建立在浮沙之上的GDP，大规模调整不可避免。根据Alwyn Young（2003）的估算，1978～1998年中国工业和服务业全要素生产率增速为1.4%（低于此前的2.7%），意味着中国沿袭了亚洲的低效率增长模式，当资本和劳动积累停止时，中国经济也将跌下神坛。无论他们的观点是否过于悲观，两种经济增长模式粗放、低效的特征都是两国所共同关注的重要方面。

从长时段的角度来看，目前世界上还没有任何一个经济体能够持续地高速增长。经历高速经济增长的国家和地区，大多无法长期持续下去，高速增长一段时间后往往陷入减速，许多地区甚至突然出现"急刹车"或"负增长"现象。韩国也不例外，自1989年之后，随着世界市场的萎缩，韩国进出口增速大幅下降，贸易赤字迅速攀升。与此同时，国际贸易保护主义抬头，韩国经济开始步入衰退期。尽管韩国经济增长自20世纪90年代步入下行区间，但其依靠教育和科学技术推动经济转型，成功化解了历次经济危机，人均收入继续稳步提升，成功跨越中等收入陷阱成为高收入国家，2012年人均GDP达到23021美元。我国当前也已逐渐开始告别高速增长时代，但我国人均GDP仍然处于相对较低的水平，2012年仅为6094美元，落后于世界主要国家，在思考如何推动经济下一步转型向高收入国家群体迈进时，韩国的经济增长与转型轨迹将为我们提供宝贵经验与启示。根据图4-1和图4-2，如果按照历史时间来看，中

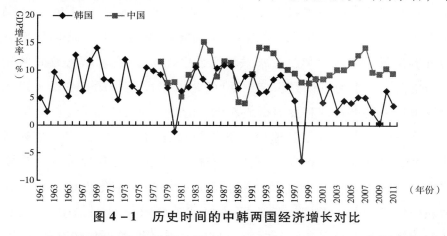

**图4-1　历史时间的中韩两国经济增长对比**

注：中韩两国数据选取时间段分别为1978~2011年、1961~2011年。中国数据从1978年开始选取的原因在于，与韩国1961年开始实现经济起飞相同，中国经济的起飞始于1978年。

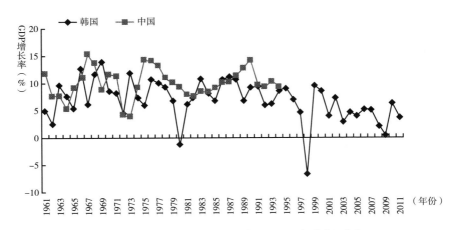

**图 4 - 2  发展时间的中韩两国经济增长对比**

注：中韩两国数据选取时间段分别为 1978～2011 年、1961～2011 年。为便于比较，将中韩两国数据放在同一时间起点（1961 年）。

国的经济增长速度显著高于韩国；但若按照发展时间（将两国经济起步时间作为同一时间起点，下同）来看，两国的差异则没有那么大，反而高度相似。而韩国的经济增长历程已逾 50 年，其后 20 年的经济增长经验自然能为中国提供一定参考。当然我们也不赞成简单认为韩国的今天就是我们的明天，不主张简单复制韩国的经济转型模式。相反，我们主张在特定的历史情境和国际背景下看待各国的经济发展轨迹。事实上，东亚国家的崛起与国际分工格局转变背景下积极利用全球化契机，加快融入世界经济体系密不可分。基于这个视角，本书对韩国经济增长 50 年来的经验进行深入分析，以期为中国未来经济转型和发展提供新的借鉴。

接下来，我们首先对韩国经济增长过程进行回顾，结合前人对韩国经济增长模式的研究，在数量分析基础上形成对韩国发展事实的直观认识。第三部分给出分析框架；第四部分量化分解各个要素对韩国经济增长的贡献；第五部分估计拟合效果最好的生产函数，进而计算出各个要素的增长贡献，分析韩国经济增长与转型的实质，最后得出对我国的启示。

# 二 经济增长与结构调整

## （一）韩国经济起飞的动因

朝鲜战争刚结束时，韩国是世界上最贫穷的国家之一，没有人会想到这样的一个国家可以迅速成长为现代化工业国家，且能持续高速增长 30 余年。事实上，在韩国现代史上，国内政治局势持续动荡，军事政变不断，民主化进程看似遥不可及。20 世纪 50 年代，韩国奉行进口替代战略，试图振兴民族工业，以此打破高失业、高通胀、生产落后、经济结构扭曲的崩溃格局。但是由于工业基础薄弱，资源匮乏，居民可支配收入低，进口替代产业很快面临国内市场饱和、国际竞争力低下的局面，随即引发产品积压滞销、企业开工不足和生产闲置，国际收支进一步恶化，整个经济陷入恶性循环（朱灏，2007）。随着朴正熙军事集团对张勉政权的取代，从 20 世纪 60 年代开始，韩国进入长达 16 年的军事独裁阶段。政治高压反而为韩国带来了难得的稳定环境，客观上为经济发展提供了条件，韩国就此拉开腾飞的序幕。

在这一时期韩国政府开始将国内重心转向经济增长，一切为了经济增长，同时转变发展策略，大力发展出口导向型产业，相继提出了"出口第一""输出立国""经济至上"等政策主张，不断强化出口导向型经济。在这样的政策背景下，韩国国内市场狭小、资源短缺、劳动力相对丰富的比较优势得到充分利用。是时恰逢世界第一次产业转移，韩国的纤维、轻纺、塑胶、服装、鞋帽、日用品、玩具等劳动密集型产业迅速发展，从而完成了资本的原始积累。进入 20 世纪 70 年代后，世界分工体系进一步深化，西方发达国家开始将产业重心转移到技术密集型行业，钢铁、机械、电子、金属、化学、水泥等资本密集型产业再次向海外转移，韩国适时承接这类产业，产业梯度再创新高。到20世纪80年代末和90年代初，随着新兴民族国家的崛起，韩国也逐渐淘汰本国落后产业至其他国家，一方面通过研发投入提高本国传统优势产业的竞争力；另一方面开始将产业重点放在精密电子、精细化工、新材料和新能源等技术密集型产业上（刘永波，2003）。1998年东南亚金融危机进一步加快了这一进程，危机过后韩国经济依然保持了强劲增长和较强的国际竞争力（彭金荣，2000）。

根据以上描述，我们初步勾勒了韩国经济起飞的两个动因。

（1）主动而积极地承接欧美等西方发达国家的产业转移，抓住了两次难得的历史机遇。如果不是20世纪60年代和70年代的两次世界分工格局演变，就韩国狭小的国内市场、初始资源禀赋和政治环境而言，韩国要想依靠自身发展几乎是不可能的，20世纪50年代失败的进口替代策略已经证实了这一点。而积极融入世界分工体系，广阔的海外市场立即释放了包括韩国劳动力在内的各种要素的生产潜能，市场规模扩大、分工深化令韩国生产效率大幅提升，经济增长也就成为自然而然的事情。

（2）积极干预型政府的强力主导，以及正确的产业政策选择。尽管没有依靠国有化来强制实施政府的产业发展策略，韩国政府在本国经济发展过程中的主导地位也是毋庸置疑的，这一点导致韩国经济增长过程中不可避免地出现了腐败和寻租现象。尽管如此，韩国政府通过一套垂直的组织体系，以经济企划院下辖各经济部门的决策体制仍然高效，其制定的5年计划已连续实施数十年，在连续性、一致性和灵活性方面都堪称典范（孙振峰，2001）。总体而言，韩国政府以实用性为原则，灵活地根据世界经济形势变化适时调整经济发展策略，同时对教育和技术研发给予特别的重视，保证了韩国经济的持久竞争力。

此外，许多学者还强调韩国的国民个性对经济高速增长的重要作用，本书并不否定这一点，实际上民族特点和情感因素对于塑造经济发展主体进而影响经济行为极其重要，但是这一点显然无法解释韩国在经济起飞前落后的原因，因而我们并不刻意强调这一特殊因素，而是致力于在共性特征上寻找对其他新兴工业化国家具有启示意义的因素。

### （二）韩国经济增长的表现及其变化趋势

韩国土地面积约为 9.87 万平方公里，与我国浙江省面积（10.2万平方公里）相当，我国有 25 个省的土地面积大于韩国，韩国人口约 4978 万人（2011 年）。1961 年韩国国内生产总值仅为 23.6 亿美元，1991 年已扩大至 3081.9 亿美元，2011 年进一步跃升至 11162.5 亿美元，前 30 年增长了 130 倍，50 年来共增长了 472 倍，年均增长 13.1%，增速之快，持续之久，变化之大，足以使韩国从落后的农业国一跃成为发达的工业化国家。从人均水平来看，韩国 1961 年的人均 GDP 仅为 92美元，20 世纪 90 年代初达到 6153 美元的中上等国家收入水平，21 世纪初进一步提高到 11347 美元，迈入高收入国家群体（见表 4-1）。

**表 4-1　韩国经济总量及人均经济水平变化趋势**

| 指标 | 1961~1969 年 | 1970~1979 年 | 1980~1989 年 | 1990~1999 年 | 2000~2011 年 |
|---|---|---|---|---|---|
| GDP(均值,亿美元) | 41.42 | 268.03 | 1155.09 | 4069.29 | 8101.76 |
| GDP 年均增长率(%) | 15.52 | 24.84 | 15.33 | 5.99 | 6.94 |
| 人均 GDP(均值,美元) | 142.87 | 746.68 | 2822.44 | 9054.54 | 16695.29 |
| 人均 GDP 年均增长率(%) | 12.75 | 22.62 | 13.98 | 5.01 | 6.39 |

资料来源：根据世界银行 WDI 数据库计算，按当年汇率。

根据表 4-1，韩国经济在 20 世纪 90 年代之前高速增长，特别是在 70 年代期间 GDP 年均增长 24.84%，进入 90 年代后逐渐开始减速，年均增长率较 70 年代降低了近 20 个百分点，但是仍然保持年均5.99% 的增长率，远高于欧美发达国家，从而保证了韩国人均收入达到中等收入国家水平后能够继续提高，避免了像拉美国家一样陷入中等收入陷阱，这与金泳三政府在 20 世纪 90 年代实施的经济改革不无关系。

要素投入方面，在韩国政府的大力支持和引导下，自 20 世纪 60 年代开始，韩国固定资产投资率迅速提高，从 10% 左右逐渐上升至 1978 年的 30% 以上（见图 4-3）。快速的资本形成成为韩国经济起步和持续增长的保证。与之形成鲜明对比的是，中国经济起步时的固定资产投资率高于韩国 1 倍多，此后各年仍然保持了非常高的固定资产投资水平，这表明中国经济起步时对资本的依赖程度远高于韩国。资本要素的类型方面，尽管韩国对引进外资不遗余力，但与中国相比，其所获得的外商直接投资比重仍然很低，这表明韩国的资本投入对外资的依赖程度并没有想象得那么高（见图 4-4）。同时，在经济增长过程中，韩国总是不断寻求海外资本扩张，参与国际市场竞争。相比之下，中国资本走出国门的意愿就小很多（见图 4-5）。此外，为了拓展市场，韩国政府向来重视外贸，造成韩国经济的外向依存度很高，20 世纪 60~70 年代，韩国进出口贸易占 GDP 比重迅速上升，从 20% 上升到 80%。80 年代末期贸易形势恶化，进出口贸易占 GDP 比重从 80% 下降到 60%，但是经过短暂调整，韩国出口产品重获竞争力，进出口贸易再次繁荣，2011 年进出口贸易占 GDP 比重大幅提高到 110%（见图 4-6）。

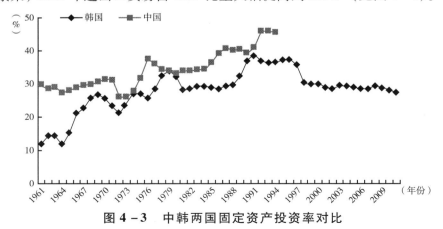

**图 4-3　中韩两国固定资产投资率对比**

注：中韩两国数据选取时间段分别为 1978~2011 年、1961~2011 年。为便于比较，将中韩两国数据放在同一时间起点（1961 年）。

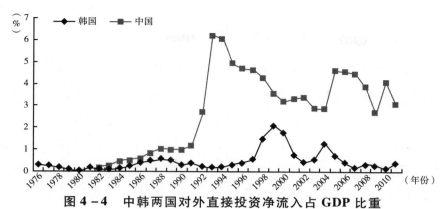

图 4－4　中韩两国对外直接投资净流入占 GDP 比重

注：中韩两国数据选取时间段分别为 1982～2011 年、1976～2011 年。

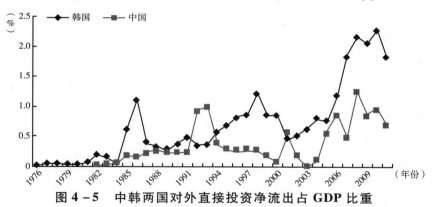

图 4－5　中韩两国对外直接投资净流出占 GDP 比重

注：中韩两国数据选取时间段分别为 1982～2011 年、1976～2011 年。

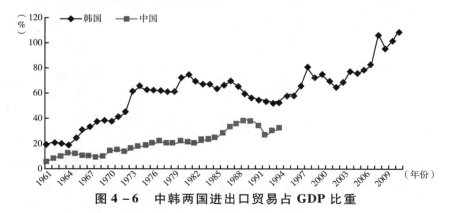

图 4－6　中韩两国进出口贸易占 GDP 比重

注：中韩两国数据选取时间段分别为 1978～2011 年、1961～2011 年。为便于比较，将中韩两国数据放在同一时间起点（1961 年）。

### （三）韩国经济结构调整进程

除经济总量迅速增加之外，韩国政府同样注重保持经济结构的适应性和灵活性。50 年来，韩国积极改变落后农业国的面貌，农业增加值比重已缩减至非常低的水平，农业劳动力迅速向第二、第三产业转移。第二产业增加值比重稳步上升，所容纳的劳动力比重却明显低于增加值比重，这表明韩国工业的资本密集度较高。第三产业无论是在增加值还是承载就业方面都几乎占到一半的比重，这表明韩国产业化程度较高，而且仍在稳步提升（见图 4-7 和图 4-8）。此外，韩国的城市化进程在 20 世纪 90 年代就已基本完成，城市人口比重逐渐稳定在 80% 左右的水平（见图 4-9）。可以推测，没有了城市化和工业化这两个重要引擎，韩国经济在 20 世纪 90 年代的增长就缺少了重要支撑，因而经济增长率迅速下降。但近 20 年来韩国经济年均增长率始终维持在 5% 左右的水平，所凭借的只能是不断转型升级以释放增长潜能。

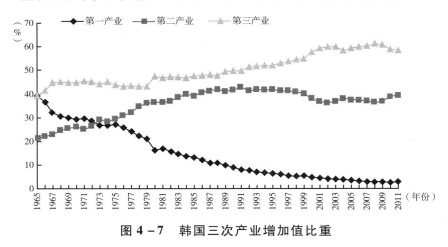

图 4-7　韩国三次产业增加值比重

根据以上讨论，20 世纪 80 年代末和 90 年代成为韩国经济的一个分水岭。我们初步识别了韩国经济增长过程，并将其大致划分为两个阶段。第一阶段为增长期，即 1961～1990 年。这一阶段又可以进一步划分为三个子阶段：60 年代以劳动密集型产业为主导的经济

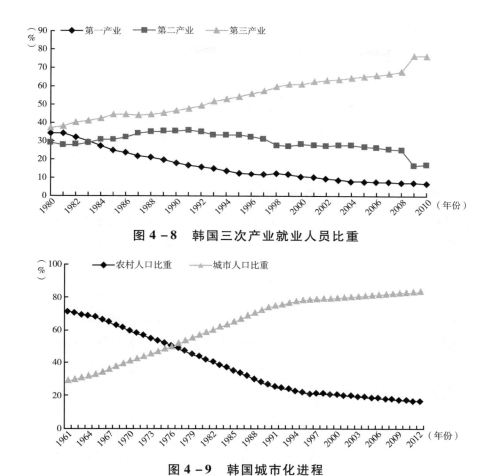

图 4 - 8　韩国三次产业就业人员比重

图 4 - 9　韩国城市化进程

高速增长期、70 年代以资本密集型产业为主导的经济高速增长期和
80 年代的稳定增长期。第二阶段为转型调整期，即 1991～2011 年。
在这个阶段韩国政府一方面致力于提高本国产业的技术水平和国际
竞争力，以重振出口；另一方面大规模增加海外投资，向海外市场
进行扩张，以寻求新的增长点。与此同时，韩国政府还将改革视角
转向大型企业集团，反思规模式增长和集团化扩张策略，试图通过
微观领域的深化改革实现转型目标，进一步提升企业在国际市场上
的竞争力（丁溪，2001）。这也使得韩国经济在经历两次经济危机后
依然保持稳定增长。但是为了更深入地理解韩国经济 50 年来的增长

实质，以及转型前后的差异和转型效果，简单的数量分析显然是不够的，有必要借助更为严谨的计量手段进一步测算。

# 三　分析框架与变量数据

## （一）分析框架

为准确度量资本、劳动和全要素生产率等要素在韩国经济增长过程中的实际影响，需要估计各个要素对经济增长的贡献，为此，我们首先建立最符合韩国经济增长情形的生产函数模型。柯布 – 道格拉斯（Cobb-Douglas）函数在这类问题中的应用最广泛，函数形式为：$Y_{it} = A(t) L_{it}^{\alpha_L} K_{it}^{\alpha_K}$。其中，$A(t)$ 代表第 $t$ 期的技术水平，$Y_{it}$ 代表 $i$ 地区第 $t$ 期的经济产出，$L_{it}$ 代表 $i$ 地区第 $t$ 期的劳动力数量，$K_{it}$ 代表 $i$ 地区第 $t$ 期的资本数量，$\alpha_L$、$\alpha_K$ 分别代表劳动和资本的弹性系数。考虑到本书使用韩国 50 年的时间序列数据，我们以时间趋势项代表技术进步，对数化后的柯布 – 道格拉斯函数形式如下：

$$\ln(Y_{it}) = a_0 + \alpha_{it}t + \alpha_L \ln(L_{it}) + \alpha_K \ln(K_{it}) \qquad (4-1)$$

当产出具有规模报酬不变性质时，$\alpha_L + \alpha_K = 1$，函数（4 – 1）可以转化为规模报酬不变的柯布 – 道格拉斯函数：

$$\ln(Y/L)_{it} = a_0 + \alpha_{it}t + \alpha_K \ln(K/L)_{it} \qquad (4-2)$$

更一般的，为了体现变量之间的互动，我们使用超越对数函数表征生产函数，超越对数函数为：

$$\ln(Y_z it) = a_0 + \alpha_{it}t + \alpha_L \ln(L_{it}) + \alpha_K \ln(K_{it}) + \frac{1}{2}\alpha_{LL}\ln^2(L_{it})$$
$$+ \frac{1}{2}\alpha_{KK}\ln^2(K_{it}) + \alpha_{LK}\ln(L_{it})\ln(K_{it}) \qquad (4-3)$$

此时，劳动和资本的产出弹性分别为：$a_L = \alpha_L + \alpha_{LL}\ln(L_{it}) + \alpha_{LK}\ln(K_{it})$；$b_K = \alpha_K + \alpha_{KK}\ln(K_{it}) + \alpha_{LK}\ln(L_{it})$。正规化处理后有：$A_L =$

$a_L/(a_L + b_K)$；$B_K = b_K/(a_L + b_K)$。

函数（4-1）和函数（4-2）均隐含技术进步中性假定，现实中技术进步常常嵌入资本或劳动中，称为体现式技术进步。函数（4-3）通常对数据量有严格要求，因此对函数（4-3）的形式加以放松，选择有限超越对数函数：

$$\ln(Y_{it}) = a_0 + \alpha_{it}t + \alpha_L\ln(L_{it}) + \alpha_K\ln(K_{it})$$
$$+ \alpha_{tL}t\ln(L_{it}) + \alpha_{tK}t\ln(K_{it}) + \alpha_{tt}t^2 \qquad (4-4)$$

函数（4-1）和函数（4-2）实际上是函数（4-3）的二次项系数为0时的一种特殊形式，尽管不能体现偏向性技术进步，但也避免了函数（4-3）和函数（4-4）中多重共线性的可能。因此，最终选择哪种函数形式要根据模型的拟合效果及其经济意义综合判定。

另外，以上函数均隐含技术效率水平为100%，即给定技术和投入水平，产出达到最大化，也就是说经济体系中每个企业都在技术前沿面上进行生产，这一假定显然与现实不符。在技术效率不完全时，全要素生产率可继续分解为技术进步和技术效率，估计技术效率的随机前沿生产函数（SFA模型）如下：

$$\ln(Y_{it}) = \ln f(X_{it},b) + u_{it} + v_{it}\text{[①]} \qquad (4-5)$$

这里的 $X_{it}$ 为 $i \times t$ 行投入变量，$f(X_{it},b)$ 为潜在产量，$f$ 的具体形

---

① 关于技术效率的测算最早是由剑桥大学经济学家 Farrell(1957) 提出来的,他致力于估计企业在等量投入条件下,实际产出与最大产出的距离,距离越大,技术效率就越低。但是该方法存在很多缺陷,其对边界生产函数的估计是建立在小范围样本资料和少数观察值之上的,那么结果就将因数据质量而受到严重影响,该方法估计出来的参数也就不具备统计性质,无法进行统计检验。随后 Leibenstein(1966) 从产出角度重新定义了技术效率,认为技术效率是实际产出水平在市场价格不变、要素投入规模及比例不变的情况下所能达到的最大产出的百分比；Afriat(1972) 根据最大似然法建立了具有统计性质的随机生产函数。目前,估计技术效率通常包括两大类方法:一类是非参数方法；另一类是参数方法。非参数方法无须估计生产函数,因而避免了由错误函数形式带来的错误,但是需要大量数据以及严格的计算方法。参数方法则是首先估计生产函数的各个参数,以此描述整个生产过程,随机前沿生产函数(SFA) 在其中得到了最广泛的应用。在国内,姚洋(1998),刘小玄、郑京海(1998) 等运用 SFA 方法研究了中国国有企业和非公有经济的技术效率；何枫、陈荣和何炼成(2004) 使用 SFA 方法比较了我国不同地区的技术效率水平。

式要根据生产函数的估计结果确定。$v_{it}$ 为随机变量，表示生产过程中不可控制的随机因素的影响，服从均值为 0、方差为 $\sigma_v^2$ 的正态分布。$u_{it} \leq 0$ 服从半正态分布，代表企业的技术非效率水平。当 $u_{it} = 0$ 时，企业处于生产可能性前沿上，那么技术效率将被定义为：$TE(t) = e^{u_{it}}$ = 实际产出/最大可能产出。

鉴于 SFA 模型已较为成熟并且得到广泛使用，我们不再详细介绍技术效率的测算原理，这里直接给出 SFA 方法测算技术效率的过程，即如何计算 $u_{it}$。

由于 $v_{it}$ 无法直接观测，也就不能通过回归得到 $u_{it}$ 的值。但是 $v_{it}$ 仅仅是一个白噪声，通过多次观测，技术效率就可以用产出期望和随机前沿期望的比值来确定。具体的，$\varepsilon = u_{it} + v_{it}$ 的分布由函数模型直接给定，技术效率从而可以进一步定义为 $TE_{it} = E(u_{it}|\varepsilon)$，即给定 $\varepsilon$ 条件下 $u_{it}$ 的期望。$\varepsilon$ 的估计值为：$\hat{\varepsilon} = \ln(Y_{it}) - a_0 + \alpha_{it}t + \alpha_L\ln(L_{it}) + \alpha_K\ln(K_{it})$。假定 $u_{it}$ 和 $v_{it}$ 之间不存在相关性，即 $E(u_{it}, v_{it}) = 0$，其中 $u_{it}$ 服从半正态分布，均值为 0，方差为 $\sigma_u^2$。$v_{it}$ 服从正态分布，均值为 0，方差为 $\sigma_v^2$。假设 $\varepsilon$ 的方差为 $\sigma^2$，$\lambda = \sigma_u^2/\sigma^2$，$f(\cdot)$ 和 $F(\cdot)$ 分别为标准正态密度函数和标准正态分布函数的值，取值点为 $\varepsilon_{it}\sqrt{\lambda}/\sigma(1-\lambda)$，那么有：$TE_{it} = E(u_{it}|\varepsilon) = \exp\left\{-\left(\frac{\sigma_u\sigma_v}{\sigma}\right)\left[\frac{f(\cdot)}{1-F(\cdot)}\right] - \frac{\varepsilon_{it}\sqrt{\lambda}}{\sigma(1-\lambda)}\right\}$，技术效率值因而得以计算。

### （二）变量定义与数据来源

为了统计口径的一致性，如无特别说明，本书所使用数据均来源于世界银行的世界发展指数在线（World Development Indicators Online，WDI Online）数据库。WDI Online 数据库是关于世界银行发展数据的综合数据库，覆盖了 800 多个指数、209 个经济体，同时区分了 18 个地区和不同收入群体，时间跨度为 1961～2011 年。以上模型中各个函数变量的定义及计算方法如下。

$Y_{it}$：$i$ 地区 $t$ 时期的经济产出，用按可比价格计算的国内生产总值来衡量。WDI Online 数据库提供了本币和美元两种货币计价的总产出，由于没有提供历年价格指数，我们以 2000 年不变价格美元计算的国内生产总值数据作为产出数据。

$K_{it}$：$i$ 地区 $t$ 时期生产所使用的资本总量。WDI Online 数据库提供了各个国家历年的资本形成总额，鉴于产出数据的选取标准，我们同样采用 2000 年不变价格计算的资本形成总额数据。但这个数据并不能直接表示资本存量，仍然需要考虑前年资本形成折旧后的存量。我们根据永续盘存法（Perpetual Inventory）估算韩国每年的资本存量数据。估算方程如下：$K_{it} = K_{i(t-1)}(1 - \delta_{it}) + I_{it}$，其中 $i$ 代表地区，$t$ 代表年度，$\delta$ 代表资本折旧率，$I_{it}$ 代表当年的资本形成总额，基年资本存量数据就成为估算的关键。Jun Zhang（2008）使用 1952 年中国各省份固定资本形成额除以 10% 得到了 1952 年各省份的资本存量。显然，对韩国基年（1961 年）资本存量的估算也按照 Jun Zhang（2008）计算中国 1952 年资本存量的方法是不合适的，借鉴 Kohli（1982）和樊胜根、张晓波（2002）的做法，假定 1961～2011 年投资的实际增长率与实际 GDP 的增长率相同，以稳定的速度 $r$ 增长，那么 1961 年韩国的资本存量数据就可以根据以下公式计算：$K_{1961} = I_{1961}/(\delta + r)$。由于经济增长较快的地区通常具有较高的折旧率，故本书将资本折旧率设定为 10%。

$L_{it}$：$i$ 地区 $t$ 时期的劳动投入。这里的劳动投入实际上应为整个经济的劳动投入总量，并且为实际的投入，但是劳动者是最富异质性特征的个体，知识、素质、技能和劳动强度的差异都会造成劳动效率的差异。因此，理想的劳动投入指标应该综合以上因素，但限于统计数据，每年的劳动投入使用每年末劳动力总数代替。此外，WDI Online 数据库并没有提供 1961～1989 年的劳动力数据，考虑到韩国人口增长率与劳动力增长率接近，我们将 1961～1989 年的人口增长率近似代替劳动力增长率，以此估算这一时期的劳动力数据。

$t$：时间项，单位为年，用来代表技术进步变量。本书的时间序列为 1961～2011 年，因此将 1961 年设定为 $t=1$，……2011 年设定为 $t=51$。

$\ln^2(L)$：劳动要素之间的互动，表示劳动要素随时间变化而出现的互补性或替代性。

$\ln^2(K)$：资本要素之间的互动，表示资本要素随时间变化而出现的互补性或替代性。

$\ln(L)\ln(K)$：资本与劳动要素之间的互动，表示随着时间的变化，资本和劳动两种要素之间的互补性或替代性。

$t\ln(K)$：技术与资本的互动，表示资本质量因技术进步而得以改进，此时的技术进步为资本体现式（Capital Embodied Technological Change）。

$t\ln(L)$：技术与劳动的互动，表示劳动技能因技术进步而得以提高，此时的技术进步为劳动体现式（Labor Embodied Technological Change）。

$t^2$：技术体系之间的互动，表示技术进步过程中的溢出和学习效应。

$a_0$、$\alpha_L$、$\alpha_K$、$\alpha_{KK}$、$\alpha_{LL}$、$\alpha_{LK}$、$\alpha_{tL}$、$\alpha_{tK}$、$\alpha_{tt}$ 分别为常数和相应变量的参数。

## 四 生产函数估计和结果

根据以上方法，我们分别对函数（4-1）至函数（4-4）进行拟合，估计结果见表 4-2。为避免在以国内生产总值为因变量的线性回归中经常出现的自回归现象，我们根据 DW 值选择 Cochrane-Orcutt 方法进行相应的一阶和二阶迭代处理。在选择最优生产函数时，函数（4-1）中劳动的参数为负，与韩国经济增长过程中曾广泛利用本国丰富而廉价劳动力资源的现实不符。函数（4-3）中技术进步与劳动的交互项系数为负有两层含义：第一，过去的50年当中，由技术进步推动的劳动质量改善不利于经济增长；第二，劳动的质量在下降。这两种含义均与韩国现实不符。函数（4-4）中劳动以及资本与劳动的交互项系数为负同样表示劳动要素对韩国经济增长的反向作用，较小的DW值表明此模型中较大的自相关可能，而且无法通过一阶迭代和二阶迭代消除自相关现象。综合考虑，规模报酬不变的函数形式较好地拟合了韩国经济增长过程，方程参数都通过了显著性检验，所表达的经济含义也符合韩国经济现实。为了进一步区分不同阶段各项要素对韩国经济增长的贡献差异，我们分别对1961～1990年和1991～2011年两个阶段进行了回归（见表4-2）[1]。

### 表4-2　韩国经济生产函数估计

| 回归变量 | 函数（4-1）：$\ln(Y)$ 1961～2011年 | 函数（4-2）：$\ln(Y/L)$ 1961～2011年 | | 1991～2011年 | 函数（4-3）：$\ln(Y)$ 1961～2011年 | 函数（4-4）：$\ln(Y)$ 1961～2011年 |
|---|---|---|---|---|---|---|
| | | 1961～2011年 | 1961～1990年 | 1991～2011年 | | |
| 常数项 | 12.88 (3.11)*** | -0.51 (-4.23)*** | | | -19.52 (-1.89) | 266.03 (2.42)** |
| $\ln K$ | 0.56 (6.24)*** | | | | 0.04 (0.19) | 24.89 (3.74)*** |
| $\ln L$ | -1.42 (-2.41)** | | | | 3.52 (2.42)** | -95.76 (-2.63)** |
| $t$ | 0.034 (3.88)*** | 0.015 (2.51)** | -0.011 (-5.92)*** | 0.018 (7.77)*** | 0.94 (3.49)** | 0.04 (7.77)*** |
| $\ln(K/L)$ | | 0.50 (6.09)*** | 0.78 (12.73)*** | 0.42 (22.31)*** | | |

----

[1] 根据经济运行现实分阶段进行回归和估计是避免滥用计量工具的有效方法，技术手段必须在深入了解经济运行的基础上进行，否则极有可能得出似是而非的结论。吴敬琏教授（2003）曾指出1990年前后中国经济运行机制发生了很大变化，因而增长分析也应当分为两个阶段。据此，傅晓霞和吴利学（2002）重新测算了不同区间中国经济运行效率，得出了更为准确的结论。

续表

| 回归变量 | 函数(4-1):<br>ln($Y$)<br>1961~<br>2011年 | 函数(4-2):<br>ln($Y/L$)<br>1961~<br>2011年 | 1961~<br>1990年 | 1991~<br>2011年 | 函数(4-3):<br>ln($Y$)<br>1961~<br>2011年 | 函数(4-4):<br>ln($Y$)<br>1961~<br>2011年 |
|---|---|---|---|---|---|---|
| $\ln^2(K)$ | | | | | | 0.45<br>(4.35)*** |
| $\ln^2(L)$ | | | | | | 8.61<br>(2.85)*** |
| $\ln(K)\ln(L)$ | | | | | | -4.22<br>(-3.81)*** |
| $t\ln(K)$ | | | | | 0.02<br>(2.93)*** | |
| $t\ln(L)$ | | | | | -0.14<br>(-3.25)*** | |
| $tt$ | | | | | 0.00<br>(0.93) | |
| AR(1) | 0.85<br>(18.27)*** | 0.80<br>(11.43)*** | 1.24<br>(7.04)*** | 0.36<br>(1.67)* | 0.59<br>(5.23)*** | |
| AR(2) | | | -0.40<br>(-2.58)** | | | |
| 观察值 | 50 | 50 | 28 | 20 | 50 | 51 |
| 调整后 $R^2$ | 0.999 | 0.998 | 0.997 | 0.979 | 0.999 | 0.999 |
| F 检验 | 18611.70 | 12399.52 | | | 10804.44 | 9780.79 |
| DW 检验 | 1.58 | 1.79 | 2.08 | 1.92 | 1.49 | 0.86 |

注：括号内的值为 t 检验值；*** 表示在1%的水平上显著，** 表示在5%的水平上显著，* 表示在10%的水平上显著。

回归结果表明，资本、劳动和技术都显著影响韩国的经济增长。就整个阶段而言，资本和劳动要素对韩国经济的重要程度是相同的，其弹性系数均为0.5。我们推测劳动项之所以有如此大的弹性系数与人力资本在后期对韩国经济的重要贡献有关，而人力资本是包含在模型中劳动项的，对此我们并未加以区分。果然，在对韩国经济增长进行分阶段回归时，前30年当中，资本的弹性系数（0.78）远大于劳动的弹性系数（0.22），而在后20年当中，劳动的弹性系数（0.58）又显著大于资本的弹性系数（0.42），从而证实了我们的推测。这表明随着韩国经济发展水平的提高，经济增长对物质资本的依赖程度逐渐下降，而对人力资本和劳动技能提升的依赖有所加强。此外，后20年来技术进步因素对韩国经济增长的重要程度也高于整个阶段技术进步对韩国经济增长的重要程度，但在前30年当中，技术进步并不能显著提高韩国经济增长水平，反而因技术投资而产生了挤出效应。

## 五　经济效率与要素贡献

### （一）经济运行的技术效率

由于函数（4-1）至函数（4-4）都没有考虑经济运行的技术效率损失这一现实情况，第四部分又已估计出拟合程度最好的函数形式，根据函数（4-5），我们首先测算韩国50年来经济运行的技术效率（见图4-10）。

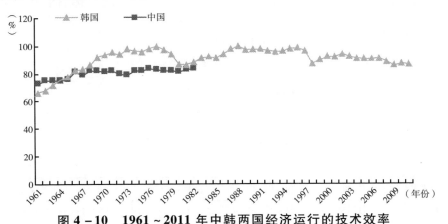

**图4-10　1961~2011年中韩两国经济运行的技术效率**

注：中韩两国数据选取时间段分别为1978~1999年、1961~2011年。为便于比较，将中韩两国数据放在同一时间起点（1961年）。

资料来源：袁易明：《中国所有制改革对效率改进的贡献》，《中国经济特区研究》2008年第1期。

自韩国政府将重心转移至经济增长以后，韩国经济运行的技术效率开始迅速上升，到20世纪70年代中期就已提升到100%的水平，之后有所下降，但总体保持在 80% 的效率水平线以上。而中国自改革开放以来，随着经济的高速增长，经济运行的技术效率并没有相应地提高，这与中国经济在很大程度上依赖投入的粗放特征是吻合的。1961~2011年，韩国经济运行效率均值为 91%，其中 1961~1990 年经济运行的技术效率均值为 90%，1991~2011 年经济运行的技术效率均值为 92%，两者相差不大，可见韩国经济转型前后的关键因素并不在于经济运行的技术效率。

### （二） 对韩国经济增长与转型的解释

为进一步计算资本、劳动、全要素生产率（技术效率 + 技术进步）对韩国经济增长的具体贡献，经济增长因素分解的基本模型可以进一步改进为：

$$\ln(Y_{it}) = a_0 + \alpha_{it}t + \alpha_L\ln(L_{it}) + \alpha_K\ln(K_{it}) + \ln(e^{u_{it}+v_{it}}) \quad (4-6)$$

方程两边同时对时间 $t$ 求偏导，得到经济增长的具体解释模型：

$$\ln(Y_{it})/\partial t = \partial(a_0 + \alpha_{it}t + v_{it})/\partial t + \alpha_K\partial\ln(K_{it})/\partial t + \alpha_L\partial\ln(L_{it})/\partial t + \partial\ln(e^{u_{it}})/\partial t$$
$$(4-7)$$

产出及各个要素的增长率和贡献率列于表 4 - 3。

**表 4 - 3　不同时期韩国经济增长与转型的解释**

单位：%

| 年份 | 产出 | 资本 | 劳动 | 全要素生产率 | 技术进步 | 技术效率 |
|---|---|---|---|---|---|---|
| 1961~1969 | 8.7(100) | 4.5(13.3) | 2.6(20.7) | 5.1(66.0) | 1.1(18.7) | 4.1(47.3) |
| 1970~1979 | 8.3(100) | 12.2(77.2) | 1.9(12.6) | 1.2(10.2) | 0.9(12.1) | 0.3(-1.9) |
| 1980~1989 | 7.7(100) | 9.8(22.1) | 1.3(1.8) | 2.1(76.1) | 1.8(11.1) | 0.4(65.0) |
| 1990~1999 | 6.3(100) | 9.7(63.7) | 1.6(9.0) | 0.6(27.3) | 1.3(14.1) | -0.7(13.2) |
| 2000~2011 | 4.5(100) | 3.7(60.4) | 1.0(18.4) | 2.1(21.2) | 2.4(110.0) | -0.3(-89.8) |
| 1961~1990 | 8.2(100) | 9.3(40.6) | 1.8(10.9) | 2.6(48.5) | 1.3(13.6) | 1.4(34.9) |
| 1991~2011 | 5.1(100) | 6.1(61.1) | 1.3(14.6) | 1.4(24.3) | 1.9(69.5) | -0.5(-45.2) |
| 1961~2011 | 6.9(100) | 8.0(49.2) | 1.6(12.4) | 2.1(38.3) | 1.5(37.1) | 0.6(1.2) |

注：括号外数据为各要素的增长率，括号内数据为各要素对经济增长的贡献率。

结果表明，韩国在经济增长阶段（1961～1990年）年均增长8.2%，经济增长率显著高于转型阶段（1991～2011年）的年均增长率，进入转型期后，经济增长率逐年降低。在增长阶段，对经济增长贡献最大的因素是全要素生产率，其中主要是技术效率提高带来的；在转型阶段，对经济增长贡献最大的因素转变为要素投入，特别是资本要素的增加，这一时期全要素生产率继续提高，但主要是由技术进步因素带来的。

在韩国经济开始增长的前10年，资本和劳动要素的生产潜能都得以释放，特别是劳动要素大量加入生产性活动中，这一时期的劳动增长率显著高于随后各个阶段，对经济增长的贡献也显著大于随后各个阶段。由于这个阶段资本仍然较为短缺，产业形态也以劳动密集型产业为主，因而资本对经济增长的贡献并不大。大量精力投入全要素生产率的提高上，特别是注重提高经济运行的技术效率，近一半的经济增长率是由经济运行的技术效率的提高带来的。

在韩国经济增长的第二个10年，由于前10年的资本积累，这一阶段韩国的主导产业逐渐转变为资本密集型，经济增长更多地依赖资本投入，劳动和全要素生产率的贡献率大幅下降，随之而来的经济运行的技术效率趋缓，此时技术进步较技术效率对经济增长更为重要。

1980～1989年，即韩国经济增长的最后10年，经济增长率开始下降，资本和劳动要素投入也开始减少，前10年过多依赖资本的经济增长方式迅速被扭转，此时维持经济高速增长的关键因素是全要素生产率的继续提高，特别是对经济运行的技术效率的调整保证了该阶段经济的继续增长。

进入转型期后，韩国经济增长继续减速，但较欧洲、美国、日本等发达国家和地区仍然保持了较快的增速。韩国的经济转型也并不像我们通常理解的那样，即经济增长开始更多地依赖全要素生产率的增长，而不再继续依赖高投入的粗放式增长。结果表明，总体来看，尽管转型期韩国的要素投入增长率开始下降，但其贡献率不降反升，资本对经济增长的贡献率重新上升到60%以上的水平，劳动要素的贡献率也迅速提高。全要素生产率的贡献率反而趋于稳定，甚至有所下降，其中技术进步较技术效率对经济增长更加关键，特别是进入21世纪以来这一趋势更加明显。这就表明，由于此前对经济运行的技术效率的强调，韩国在经济转型时更加注重要素质量的提高，以及在此基础上的内生性技术进步。

根据以上对韩国经济增长和转型因素的分解以及不同阶段要素贡献的差异，可以概略得出以下几个结论。

第一，"内涵式增长"是50年来韩国经济增长的主要方式。其中，资本投入的增长一直是最快的，但在经济增长阶段，韩国更加关注经济运行的技术效率的改善，通过提高全要素生产率水平获得高效率的经济增长。

第二，在资本密集型产业主导经济增长的时期，资本投入的增加对经济增长至关重要，相应地导致了全要素生产率水平的降低，经济运行的技术效率也迅速下降。随着经济运行的技术效率的提高，韩国经济增长迅速扭转了过度依赖投入的增长方式。

第三，随着世界分工程度的趋缓和国际市场的逐渐饱和，韩国经济增长速度不可避免地出现了下降，推动韩国经济进入转型期。而转型阶段的重点则是资本和劳动要素质量的提高，同时更加注重提高技术研发水平，增加产品的知识含量，以提高本国产品的国际竞争力。

# 六 成功转型的主要启示

## （一）经济增长路径

了解韩国经济增长与转型的真实过程后，仍然有一个问题需要我们做出解答。回到本章的开始，即中韩两国经济起步时均为落后的农业国，同样经历了30余年的经济高速增长过程，但两国走过这30余年的方式大不相同，无数文献已论证了中国以资本投入为主的"外延式增长"路径。如今中国经济转型迫在眉睫，韩国在维持一定速度增长的转型期之后已成功跨越中等收入陷阱，由于路径差异，韩国经验显然无法为中国提供直接的借鉴。那么，韩国为何从经济起步时就走上了"内涵式增长"路径？

如前文所述，我们认为这个问题需要放在具体的历史情境中加以考察，从特定的国际环境和国内条件两方面寻找答案。

"二战"后，现代民族国家纷纷独立，东南亚和拉美国家也开始踏上寻求富强的道路，在世界银行和国际货币基金组织等国际组织的主导下，各国间的联系开始加强，世界一体化进程逐渐加速。20世纪60年代恰逢欧美发达国家产业转型升级，劳动密集型产业寻求向其他国家转移，拉美和东南亚许多国家积极回应。从这个角度看，韩国承接发达国家产业转移的进程远没有那么"轻松"，而是面临许多国家和地区之间的竞争。最为直接的，韩国需要同时面对其他"三条龙"（新加坡、中国香港、中国台湾）的挑战，而这些国家和地区在战后对发展的需求都极为迫切。可见韩国在世界分工体系中不仅面临垂直体系的压力，而且面临水平层面的直接竞争，迫使韩国在经济增长初期就不得不注重经济内部运行效率。当然，当时与韩国直接竞争的国家和地区也是如此。反观中国，20世纪80年代，中国沿海地区融入世界分工体系时所承接的则是东南亚国家和地区的劳动密集型产业转移，此时在水平层次与中国形成直接竞争的国家或地区几乎没有，从这个意义上讲，中国在当时是作为"唯一的卖方"存在于世界分工市场的，当然也就缺乏足够的动力关注经济内部运行效率。此外，从国内条件来看，中国腹地之广阔、资源之丰富，进一步诱发了这一点；从要素的丰裕程度来看，中国获得的外资数量远多于韩国，而中国各地招商引资的热情至今仍然高涨。从经济运行的微观机制来看，中国的国有经济和集体经济比重远高于韩国，进一步加剧了这一情况。

## （二）经济增长策略

根据上一部分内容，韩国在经济增长阶段对技术进步的重视程度远不如对经济运行的技术效率的重视程度，当经济发展到一定程度时才转而关注技术研发。而中国恰恰相反，各个地区不顾自身发展程度盲目追求技术进步，许多学者也轻率地强调技术进步是经济持续增长的动力源泉，然而在大多数情况下，外生于经济系统的技术进步并不能很好地带动经济增长，反而可能因资源错配而产生挤出效应，从而对经济增长产生负面影响。

为了更有效地说明这一点，我们分别对中韩两国的 R&D 效率进行测算①。限于数据，对韩国 R&D 效率我们只计算了 1995~2007 年的值，即经济转型阶段的 R&D 效率。其中，投入指标包括 R&D 人员和 R&D 经费支出总额两项，产出指标包括专利申请数量、高科技产品出口总额和科技论文数量，数据来源于 WDI Online 数据库，计算结果见附录 1 附表 3。对于中国，投入指标包括 R&D 人员全时当量和 R&D 经费支出总额两项，R&D 经费支出总额又由 R&D 经费内部支出和外部支出两部分构成。投入指标反映了国家和私人对 R&D

---

① 测算方法为非参数方法，即数据包络分析（Data Envelopment Analysis，DEA），该方法由美国运筹学家 Charnes、Cooper 和 Rhodes 首先提出，它以相对有效性为基础，借助线性规划方法测量多投入和多产出的部门效率，其模型也被称为 CCR 模型。此后 Banker、Charnes 和 Cooper 给出了一个 BCC 模型，1985 年 Charnes、Cooper 和 Golany 等人又发展了 CCGSS 模型以更有效地估计"生产前沿面"，DEA 技术也日臻成熟。归纳各种模型，主要考虑两方面的问题：投入规模是否适当以及生产潜力是否充分释放。DEA 方法可以选择在规模报酬不变（CRS）和规模报酬可变（VRS）两种假设下计算 R&D 效率，在 CRS 假设下两方面问题合二为一，在 VRS 假设下则可以同时计算纯技术效率、规模效率以及两者相乘的综合效率。其中，纯技术效率反映实际产出相对于生产前沿面的有效性，表示现有生产函数下所能实现的产出与最优产出的比率，该指标小于 1 时表示存在技术无效率。规模效率反映以最佳比例使用投入的能力，体现要素投入结构和规模的合理程度。

活动的系统性支出，包括经常支出和资本支出，其目的在于提升知识水平，包括人文、文化、社会知识，并将知识用于新的应用；产出指标包括科技论文数量、科技著作数量、专利授权数量、形成国家或行业标准数量和新产品产值五项，涵盖国家和私人 R&D 活动的代表性产出。就中国而言，我们以 2011 年数据对 31 个省份的 R&D 效率进行 DEA 分析。数据来源于《中国科技统计年鉴 2012》，各省份的 R&D 效率值见附录 1 附表 4。

结果表明，转型阶段韩国 R&D 效率一直处于较高水平，均值为 96.6%，其中有 7 年（占比为 53.8%）的 R&D 效率值为 100%，另外有 4 年的 R&D 效率值接近 100%，只有样本前两年的 R&D 效率值远低于 100%，经济发展水平较高阶段具有较高的 R&D 效率值在一定程度上说明韩国的 R&D 活动内生于经济增长过程。而中国的 R&D 效率计算结果表明只有 8 个省份的综合效率水平达到 100%，分别是北京、吉林、浙江、海南、重庆、贵州、西藏和新疆，占比为 25.8%，其他地区均为 DEA 无效，其中既包括发达地区也包括欠发达地区。从综合效率值的分布情况来看，9 个省份（占比为 29.0%）的综合效率值低于 50%，另有 7 个省份的综合效率值为 60% ~ 70%。可见我国绝大部分地区的技术水平和 R&D 资源配置水平仍然较低。值得注意的是，经济发展程度较高的地区 R&D 综合效率值不一定高，经济发展程度较低的地区 R&D 综合效率值也不一定低，即两者之间并不呈现显著的正相关关系，这表明我国 R&D 活动仍然外生于经济增长过程。另外，根据规模效率值的分布情况，我国只有 8 个省份的规模效率值为 100%，其他地区均存在 R&D 资源错配现象。其中，除了安徽、宁夏和内蒙古为规模效益递增之外，其他规模效率值低于 100% 的地区均为规模效益递减，这表明我国大部分地区对 R&D 活动的投入都是过度的，或者存在浪费现象，因而 R&D 资源存在低效配置问题。但是我国各地依然在不断加大 R&D 投入力度，试图以此加速经济增长或实现经济转型。1995 ~ 2011 年，我国 R&D

人力投入年均增长 8.8%，R&D 经费支出年均增长 22.3%，在世界科技研发经费总额中所占比重从 6% 上升到 12% 左右，按照 R&D 经费总额排名，我国已居世界第四位，对于这种策略显然是值得进一步商榷的。

# 七　小结

综合全章，对韩国经济增长与转型的真实内涵解读不能仅仅建立在经验观察之上，也不能草率地使用计量工具对 50 年来的经济增长数据进行分解，根据真实的经济增长情况可以得出许多有趣且有意义的结论。基于此，在数量分析和归纳前人文献的基础上我们大致识别了韩国经济的增长阶段（1961～1990 年）和转型阶段（1991～2011 年），在这个前提下通过比较分析我们至少得出了以下几点结论。

（1）经济增长发生在特定的历史情境中，经济起步时特定的国际背景和国内禀赋在很大程度上决定了一个经济体随后的经济增长路径。20 世纪 60 年代，迫于垂直和水平层次两方面的竞争压力，韩国经济开始起步时便非常重视经济内部运行效率，而不是仅仅依赖出口来达到经济增长的目的，因此也导致了韩国"内涵式增长"路径的形成。

（2）中韩两国的经济增长经验都证实了融入世界分工体系的重要性，发达国家的产业转型升级为新兴工业化国家的经济起步创造了条件，这不仅扩大了新兴工业化国家的市场规模，为其扩大生产、提高劳动生产率创造了条件，更重要的是通过世界范围的竞争促进了后发国家形成"内涵式增长"路径，但这种机会是可遇而不可求的。

（3）在经济起步和增长阶段应该注重发挥本国的比较优势，本国政府要着眼于世界分工格局的演变，灵活调整本国的经济增长策略，为本国争取世界分工体系的更有利位置发挥指导性作用。一方面，要积极融入世界分工体系；另一方面，要着重于经济运行的微观基础，通过改善公共治理和企业内部运行机制，提高经济运行的技术效率，从根本上增强国家竞争力。

（4）经济转型并不意味着要素投入或要素贡献的减少[①]，韩国的经验表明，转型期要素投入并未急剧减少，要素贡献不降反升。这表明经济转型依靠的是要素质量的提高、要素配置效率的改善以及内生性的技术进步，单纯减少要素投入不但无法实现经济转型，反而可能恶化经济增长。而若不能维持一定水平和一定时间的经济增长，韩国是断然无法跨越中等收入陷阱的。

（5）对于中国经济转型，最为关键和本质的问题不在于技术水平低，而在于经济运行的技术效率低和外生性的技术进步。因此，对于中国欠发达地区而言，更为妥善的经济增长策略不是过分注重R&D，有限的资源更应该用于提高企业治理水平以及改善教育、人力资本、环境和医疗等方面，以吸引更多优秀人才，提高当地经济运行的技术效率。较为发达的沿海地区也要结合自身实际，在进一步提高当地经济运行的技术效率的同时，有选择、有针对性地实施R&D创新活动。更为重要的是，我国企业要主动走出国门，在水平市场与其他国际企业展开竞争，也只有依靠激烈的世界范围的市场竞争，才能真正实现内生性技术进步和内涵式经济增长。

---

① 林毅夫（2013）同样认为中国未来经济增长仍然需要依靠投资，这种投资主要用于技术创新和产业升级，依据比较优势理论实现增长潜能。但我们偏向于将投资重点用于改善经济运行效率和企业治理水平，而不应盲目用于技术创新，以避免外生性技术进步的资源错配现象。当然，在林毅夫教授看来，符合比较优势禀赋的技术创新自然也就是内生的，因此两者之间并不存在实质性不同。但是我们依然希望区分这种细微的不同，强调经济运行微观基础上企业治理能力的提高和水平市场上竞争能力的提高，而不仅仅是垂直分工体系中的竞争优势。韩国的经济增长经验有力地说明了这一"细微"差别对日后经济增长路径的重要性。

# 第五章　资源、环境、制度"三位一体"的经济增长逻辑

## 一　经济增长过程中的核心要素

根据以上讨论，历史的进步是以滚动的轮廓而不是鲜明的曲线为特征的，任何一个国家和地区的经济增长都必须放置在长期而具体的历史阶段和发展场景当中。这是一个初始资源禀赋动态调整的过程，新技术不断拓展增长潜力，同时也涉及文化、政治和经济制度的适应性变化。对于转型而言，就是要不断消除当前资源禀赋对经济增长施加的约束，并且为整个社会物质福利的提高提供新的机会。为了消除这种约束，使社会获得隐含在新技术中的潜力，各种经济增长要素需要适时的互动。在开放的经济增长条件中，资源禀赋、发展环境和制度之间的相互关系尤为重要，对它们的识别是实现经济持续增长的基础。

沿袭这种思路，速水佑次郎和拉坦（2000）构建了资源禀赋、文化禀赋、技术变革与制度之间的一般均衡关系（见图 5 - 1）。对于长期的经济增长而言，几个要素之间的关系必须是可循环的，这也为各个变量的内生化提供了可能，使得理论更具可操作性。可以看出，不同要素之间的作用方向及其组合方式也就构成了不同的经济增长方式，并且提供了各种可能的转型路径。

遵循马克思传统的历史学家通常倾向于认为，技术变革支配着

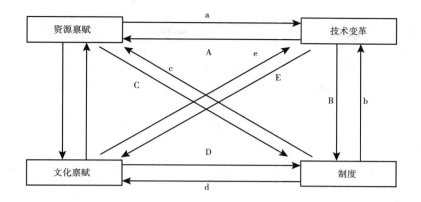

**图 5 – 1 资源禀赋、文化禀赋、技术变革与制度的相互关系**

制度和文化禀赋,在图 5 – 1 中表现为强调资源禀赋(C)和技术变革(B)对制度的作用,同时忽略了其他方面可能存在的作用。

一些制度经济学家倾向于认为,制度要素在根本上决定了资源配置状况和技术进步的可能性。例如,产权为外部性更大程度地内在化提供了刺激,明晰的产权界定将会降低交易成本,为优化资源配置和技术创新创造条件,一个僵化的社会体制和利益集团则会限制新技术的采用和资源的重新配置(b 和 c)。

也有学者强调资源禀赋的根本性作用,如速水佑次郎和拉坦(2000)根据资源禀赋之间的相对价格变化提出了诱致性技术变迁机制,重点强调了 a、B 和 C 的作用。例如,不同的资源禀赋状况分别导致了美国和日本两种完全不同的农业增长模式,劳动节约型技术和土地节约型技术分别反映了美国和日本不同的资源禀赋特征和技术进步的方向。

首先,从长期的历史角度来看,不同地区在不同阶段的经济增长方式不可能完全一致,也不可能始终不变。特别是在发展中国家和地区,由于市场体制还不完善,价格机制并不能正确地反映要素的稀缺程度,仅仅根据相对价格变化并不能很好地解释后发地区的经济增长现象。

其次，制度决定论者始终无法很好地回答制度变迁问题，即有利于经济增长的制度究竟是如何产生的。技术决定论者又常常忽略这样的事实，即前现代社会与落后地区的发展远远没有达到其技术与生产能力所允许的最大产出边界，因此技术并未构成经济增长的瓶颈。

最后，该框架也没有同时考虑开放环境下外部环境对经济增长的影响，因此无法解释为什么过去的经济增长如此缓慢并且时有间断。本书考虑对这一分析框架加以深化，进一步讨论不同发展环境中差异化经济增长方式的决定机制是什么，从而将不同区域，特别是先行地区与后发地区的经济增长具体化、现实化。

## 二　资源、环境与制度的分析框架

在讨论引致经济增长的关键因素和增长机制时，要么过于看重初始的资源禀赋和技术水平，要么过于看重制度要素。但是在具体的历史情境中，各个要素之间也存在互动的可能。尽管各个地区的初始条件具有很大不同，经济增长结果也存在很大差异，但这并不意味着历史是影响经济增长的唯一因素。例如，在一定时期内，资源禀赋状况是固定的，但制度影响着对资源要素的具体使用情况，包括组织方式、使用效率等（见图5－2、图5－3、图5－4）。同样，如果制度是经济增长结果的决定性因素，那么就意味着只要能够产生适应性的制度，不同国家都可以实现经济增长，而无论它们的起点如何不同（参见世界银行发布的《1996年世界发展报告》）。

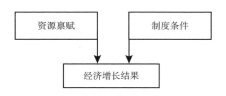

**图5－2　资源禀赋、制度条件与经济增长结果的逻辑关系1**

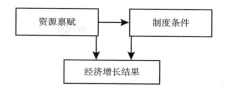

**图 5 – 3　资源禀赋、制度条件与经济增长结果的逻辑关系 2**

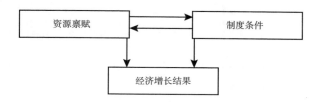

**图 5 – 4　资源禀赋、制度条件与经济增长结果的逻辑关系 3**

图 5 – 2、图 5 – 3 和图 5 – 4 包含以下几种可能：其一，初始资源禀赋决定了经济增长结果；其二，制度条件决定了经济增长结果；其三，资源禀赋和制度条件共同决定了经济增长结果，并且初始资源禀赋决定了特定的制度条件；其四，资源禀赋和制度条件共同决定了经济增长结果，不仅资源禀赋决定了特殊的制度需求，而且实际的制度供给又决定了资源禀赋的使用情况。显然，第三种和第四种逻辑关系显得更为合理，并且得到了证实。如果从长期考虑，则第四种逻辑成立的可能性更大。不过，以上论述的缺陷也同样明显，在真实的历史情境中，外部环境的作用同样不容忽视，不同的外部环境对经济增长也可能产生重要影响。

概括地说，历史情境视角是指不同发展阶段、不同发展环境下的不同经济体具有不同的经济增长过程。那么，经济增长的初始条件就应既包含经济体的内在资源禀赋情况和外部发展环境，也包括经济发展水平、产业结构、消费水平、投资水平和收入水平以及进出口情况等不同维度的发展特征，制度也不应仅仅包括所有制这个单一要素，它是一个多方位的制度体系，必须根据不同经济体的具体特征选择合适的代理变量。据此，本书将以上逻辑关系进行扩展，结果见图 5-5。

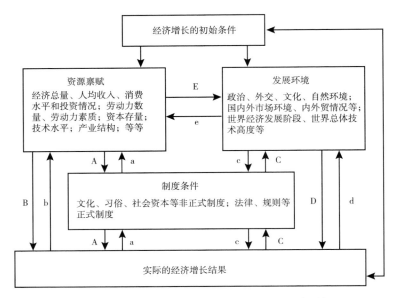

**图 5-5　历史情境中的经济增长过程逻辑关系**

注：A 和 c 分别表示适应资源禀赋和发展环境的制度需求，a 和 C 分别表示相应的制度供给；B-b 和 D-d 表示缺乏制度保障的、粗放的投入产出增长方式；E 和 e 分别表示通过由内到外和由外到内的经济扩张，最终实现外向型或内向型的经济增长方式。

可持续的经济增长是一个长期的、动态循环的、累积的因果过程，任何一个节点包括增长条件都处在具体的历史情境中。增长条件既是经济增长的起点，又是上一期经济增长的结果，继而影响下一期的行为预期。综合经济增长过程中的主要因素，本书建立了资源、环境、制度"三位一体"的理论分析框架。在这种分析框架下，资源禀赋、发展环境和制度条件构成了经济增长过程的核心要素，在特定阶段下，三者的现实状况及其互动方式也就决定了形态各异的经济增长方式。

通过这个框架可以区分不同时期各种要素对经济增长的作用机制，勾勒不同发展阶段、不同国际环境下经济转型的可能路径，看清在实现转型发展目标时可能会遭遇的各种障碍，以及如何进行创新，保障经济可持续增长的顺利实现。

（1）决定经济增长方式的具体机制。资源禀赋、发展环境和制度条件共同决定了市场参与主体的偏好类型，也决定了各个主体的行为选择。具体选择何种经济增长方式，取决于何种经济增长方式的成本最低或者效用最高，也即能够带来最大净收益的经济增长方式将被选择。在完全的市场经济条件下，当价格机制能够充分反映资源要素稀缺程度时，要素相对价格的变化成为经济增长方式的决定机制。资源禀赋与国内外环境的变化将为经济体提供新的获利机会，要素相对价格的变化为接下来的转型指明了方向，实际的转型路径也将成为社会集体利益的反映。

这是绝大多数先行地区在经济增长初期选择 A－a 这种经济增长方式的原因，也是这些地区经济起飞的唯一选择。面临封闭的国外环境，它们只能依靠自我积累，缓慢地实现经济起飞，适应资本主义大生产方式的制度变迁过程也只能通过演化缓慢发生。但是一旦经济增长开始启动，资本内在的逐利本性将会促使先行地区不断寻求向外拓展市场，即像路径 E 所表征的那样。国际环境进而将最新的资源禀赋情况反馈到国内（e），尽管这种进程可能是缓慢甚至充满阻力的，但广大不发达地区为资本主义的扩张提供了充分的空间和可能。

"二战"后，世界经济一体化进程已经发展到相当程度，先行地区的产业和技术层次也已经发展到相当高度，高度发达的资本主义生产和组织方式为后发地区避免缓慢的内部积累提供了条件，后发地区完全没有必要重复先行地区的经济增长方式（A－a）。通过承接先行地区的产业转移，直接复制或引进先行地区的资本、技术和制度等要素，后发地区可以迅速提高劳动生产率，迅速推动工业化，从而获得更快的经济增长速度，因而这种经济增长模式（C－e）通常是符合后发地区偏好的。

但是在价格机制扭曲的情况下，市场主体的行为也将被扭曲，经济增长方式不仅不能反映社会最优偏好，而且可能被利益集团主导。这个时候的经济增长方式只能是某一利益集团效用函数的体现，各个市场主体的最优选择是不顾公共利益和长远利益，竞相攫取个人利益并使其最大化。当经济发展程度较低时，经济增长尚有可能成为不同市场主体的共同选择；当经济发展到一定程度时，特别是资源禀赋和环境变化无法继续支撑可持续的经济增长时，利益冲突问题就会逐渐凸显，转型问题也会越来越突出（适应新形势的制度变革无法实现，即路径C－c或A－a被阻断）。

（2）经济增长的初始条件由经济体内外两方面的发展状况构成，既包括经济体自身的资源禀赋状况，也包括国内外市场和政治环境等因素。两者相互影响，在既定的制度体系下，力度不一地共同作用于经济增长，相应地产生了内向型（A－a）和外向型（C－c）的经济增长方式。

值得一提的是，至少对于可持续的经济增长而言，很少有国家和地区完全属于外向型或内向型这样的极端情形。开放条件下的经济增长既要依靠外部要素和市场，也要不断培育并壮大国内市场，只是不同国家和地区对两者的倚重程度有所差别而已。从长期的经济增长过程来看，一些国家和地区经历了从内到外（E）的经济增长路径，另一些国家和地区则经历了从外到内（e）的经济增长路径，分别表现为"由内到外"和"由外到内"的发展特征。但在一体化的世界大环境下，外向型经济增长方式总体而言更加具有节约经济增长成本的可能性，因而在当前也更具适应性。

（3）在长期，适应性的制度变迁是经济持续增长的核心环节（A－a、C－c），也就是被传统经济理论所忽略的"黑匣子"。随着资源禀赋或国内外环境的变化，新的获利机会随之出现，当前经济增长方式的收益和成本也会发生变化，但是由于制度刚性和路径依赖，新的经济增长方式往往不能很快地实现转型，经济增长速度随之下降。在制度体系（生产关系范畴）落后于现实经济条件（生产力范畴）的情形下，经济增长就失去了最重要的中间转换机制，当前的经济增长方式就将产生效率和适应性问题，甚至有沦为简单依靠投入产出的粗放型经济增长方式的可能和危险（B－b 和 D－d），即没有发展的经济增长（North，Wallis，Webb，et al.，2007），可持续的经济增长于是遭遇挑战。特别是在政府或某一利益集团主导经济增长的情况下，这种粗放型经济增长方式仍然是符合其偏好的，因为对市场的垄断赋予其转嫁粗放型经济增长成本的能力，尽管这一经济增长方式在长期是不可持续的。

（4）适应性的制度变迁（制度需求和制度供给的均衡）对于经济的成功转型和可持续增长至关重要，但是由于制度既包括正式的规则、法律，又包括非正式的文化、习俗、规范和社会资本等，制度的适应性变迁往往比较困难，至少在短期内不容易发生。因此，人们经常看到的是外生的制度引进或复制，在现实中通常表现为政府主导的强制性制度变迁（后发地区表现得尤其明显）。

在讨论经济增长问题时，大多数研究通常将市场体制视为讨论前提。但是，在落后国家和地区，甚至是先行地区经济增长的早期，现代化的市场体系都是不存在的。伴随着经济发展程度的提高，市场作为一种以合作为基础的公共产品被提供并逐渐得以完善，而合作是有成本的。对于后发地区的经济起步而言，若要迅速复制或学习先行地区的市场发展经验，适应新的技术和需求模式的制度设计需要，涉及许多不同的、环环相扣的因素，若不从根本上变革所有其他因素，就很难替换掉它们中间的任何一个。由于集体代理问题的存在，在集权型社会中进行制度变革的成本将大大低于权力分散的多元化政治结构的社会（爱泼斯坦，2011）[①]。因此，一个强势的中央政府是后发地区经济起飞和快速增长的必要（而非充分）条件。

---

① 通过对欧洲近现代以来的历史考察，爱泼斯坦（2011）指出经济发展是经济分权和政治集权两种力量共同作用的结果，在 18 世纪以前的欧洲，英国是政府最为有效的国家，原因并不在于英国有更多的个人自由，而是英国有统一的中央集权。而欧洲其他自治城市与城市共和国的多元化政治结构导致的政治主权的局限性以及特许垄断的泛滥却是不利于市场的产生和经济发展的。习明明、张进铭（2014）通过对 166 个国家和地区 1972 ~ 2010 年的面板数据进行分析表明，民主在提高居民消费占比的同时减少了资本积累，降低了经济增长速度，威权在促进投资的情况下更有利于经济增长，进一步支持了威权政府在特定阶段有利于经济增长这一论断。

政府主导的外生性制度引进偶尔也会恰好契合特定的资源禀赋和环境变化，并且产生良好的增长绩效，但从长期来看，这种方式始终存在深刻的可持续性难题。本书认为，可能的解决方法在于促进非正式制度与正式制度之间的协调性与互补性，一方面通过正式制度引导非正式制度的适时演变，另一方面发挥社会资本等非正式制度对正式制度的推动作用，最终实现两者的协同演进。

例如，在许多发展中国家，市场缺失和市场不完善是这些国家经济体系的一个基本特征，而简单复制或模仿西方成熟的市场经济体制往往并不能取得成功。在这样的环境中，现实且可行的转型路径可能在于鼓励市场参与者协商签署正式合同或非正式隐性合同，使得原先在市场缺失或不完善条件下分散的、孤立的要素能够联结在一起并投入生产过程（马颖、袁东阳，2012）。事实证明，在多数场合下，作为非正式制度的要素联结有助于提高市场效率，在此基础上渐进地实现深层次转型目标。

（5）充分竞争的外部环境有利于制度的适应性变迁，也可能会对市场主体形成压力，迫使市场主体主动推动制度变革。例如，尽管先行地区为后发地区提供了初级工业品的出口市场，但这种市场仍然是有限的，此时如果有多个落后地区争夺发达地区有限的市场，仅仅复制或模仿先行地区的技术条件是不充分的，只有更高的效率或者更富创造力的后发地区才能够获得竞争优势和更高的收益。为了做到这一点，必须主动推动制度变革，激发广大市场主体的创造力，提高效率。因此，充分的竞争将有助于制度的适应性变迁发生。

（6）此外，本书还强调经济增长与转型过程中另外一个重要的因素：运气[①]。在探索引致经济增长的具体因素和因果机制时，人们

---

① 对于运气成分的强调还体现在，越来越多的人开始考虑制度演进和经济增长过程中的随机因素，如王曦、舒元（2011）提出了制度演进的马尔科夫过程和含有纠偏因子的随机过程假说，指出了我国改革路径的不稳定性和发散性，以及该过程中主体预期的静态性和预期误差的阶段性递增特征。

很少提及运气成分。但是在历史情境的视域下，运气很难再被忽略。事实上，越来越多的人开始认识到运气在经济增长过程中的重要性，尽管运气并不发挥决定性作用。对于多个变量的综合作用来讲，不同变量之间的作用和组合方式在很大程度上影响了具体的经济增长方式和转型路径，拥有一位开明的领导人对于一个国家良好的政治与经济制度的形成至关重要，具有一个恰逢世界分工格局演变和产业转移的国际环境对于后发国家迅速实现经济起飞也至关重要。显然，运气成分在其中不可或缺。

（7）可以看到，历史情境中的经济增长实现了完全的可循环，各个环节是相互联系的，因此对于经济增长而言，它是一个各个要素综合作用的过程。在历史情境的视域下，很难说哪种因素更重要，或者说谁决定了谁，只能根据特定的发展阶段判断识别哪个环节落后于总体形势的变化，进而导致经济增长过程的失衡。当非均衡的经济增长持续到一定程度，经济增长过程中就会出现各种可持续问题，而通过转型使经济增长重新回到动态的均衡过程也要因时、因地制宜。任何一种经济增长方式都有不同的收益和成本，也即不同的经济增长绩效。那么对于转型而言，另外一种经济增长方式可能因收益较高而非常具有吸引力，但不得不考虑转型的成本，如果转型代价过大，这种转型路径可能就并不可行。因此，不同国家的转型必须结合当前国内发展条件和国际环境，合理选择转型路径。同时，还要注意转型的渐进性，经济增长是一个长期的过程，转型不可能一蹴而就。

在此基础上，本书进一步抽象经济增长过程中的核心要素。假定经济增长用 $Y$ 表示，资本投入用 $K$ 表示，劳动投入用 $L$ 表示，技术进步用 $A$ 表示，产业结构用 $S$ 表示，制度要素用 $I$ 表示，国际环境用 $E$ 表示，那么经济增长模型就可用下式表示：

$$Y = f(K, L, A, S, I, E)$$

考虑到制度等生产要素在经济增长过程中的内生性，也可以根据需要将制度等要素作为因变量进行分析，检验制度的内生性，例如：

$$I = f^{-1}(Y)$$

确定了理论框架之后，就可以进一步分析不同经济增长阶段和发展环境中不同经济体的增长情况，判断其增长特征，剖析当前存在的问题，对经济转型发展提出有针对性的对策或建议。

历史情境的分析框架并非简单的历史决定论，而是综合考虑经济基础和上层建筑，并将其置于一个开放的国际背景下，考虑三者在不同发展阶段的综合作用，以此分析经济增长方式的合理性以及现实可行的转型路径。当然，三种要素在经济增长过程中的作用强度并不相同，也非一成不变，而是根据特定发展阶段实现一种适应性的组合方式。当这种适应性产生障碍后，通过转型形成新的经济增长方式就变得非常必要，尽管转型并不会轻易实现。

# 三　经济可持续增长的表现和内涵

## （一）经济可持续增长的表现

从长时段的历史来看，可持续的经济增长意味着通过转型实现不同阶段的经济增长方式转变，以适应不断变化的国内外环境。从一种经济增长方式逐渐转变到另一种经济增长方式，是一个不断优化经济结构、提高经济质量的过程。从国际视野来看，转型则是包含一系列"转变"的集合，包括由粗放型向集约型转变、由数量型向质量型转变、由投资拉动型向消费推动型转变、由资源消耗型向资源节约型转变、由高碳经济向低碳经济转变、由低级经济结构向高级经济结构转变等（中共浙江省委宣传部课题组，2010）。总而言之，可持续经济增长的内涵包括要素结构、产业结构、区域结构以及需求结构四个方面，但能够在各个方面都完成转型的经济体并不多，能够在短期内完成转型更是几乎不可能。本书认为，转型并非从此岸到彼岸的一次性转变，而是一个长期的、不断累积的、缓慢转变过程。不同经济体在不同发展阶段面临的转型任务是不一样的，合理的转型方向需要根据各自的资源禀赋和国际环境加以选择，并不存在一个统一的转型标准①。

## 1. 要素结构

随着经济发展到一定程度，经济增长对要素投入的依赖程度逐渐下降，要素投入对产出增长率的贡献越来越小，全要素生产率（扣除劳动、资本等生产要素之后的"余值"，包括技术进步、管理水平、组织优化、制度变迁等）的贡献越来越大，甚至超过了要素投入的贡献。一般的，前者被认为是粗放的、资源损耗型增长，因而是不可持续的；而后者被认为是集约的、环境友好型增长，因而是可持续的。

但是，要素结构的转变必须依据不同发展阶段进行合理选择。例如，对于大多数发展中国家而言，在经济起飞阶段进行大量投入可能是必要的，这是发展中国家迅速缩小与发达国家差距以取得竞争优势的前提。另外，提高全要素生产率的方式包括很多种，提高全要素生产率这一"余值"的贡献率的方式也包括很多种，它并不简单地意味着减少投入，不同经济体、不同阶段的路径选择也可能存在较大的差异。

以新加坡为例，20世纪60年代经济增长中靠全要素生产率提高

---

① 蔡洪滨（2011）根据上百个国家的统计样本，讨论哪些因素会影响一个中低收入国家成功实现向高收入国家的跨越。回归结果表明，出口占比、消费率、投资率、基尼系数等变量在统计上都不显著。也就是说，从长远来看，这些变量并非这些国家成功实现转型的决定性因素，因为这些变量都是随着经济发展阶段的改变而发生变化的，因而并不存在一个统一而绝对的转型标准。

获得的比重约为 10.1%，70 年代上升到 35.5%，80 年代进一步上升至 64.1%。另外，全要素生产率的提高成为经济增长中的主要贡献，这一现象在美国大致发生在 20 世纪 50 年代，在德国大致发生在 60 年代，在英国、法国、日本大致发生在 70 年代，在新加坡和中国香港、中国台湾地区大致发生在 80 年代，在韩国则大致发生在 90 年代（中共浙江省委宣传部课题组，2010）。但是，现有文献并没有指出这些国家提高全要素生产率贡献率的方式是否相同，而这对于寻找更为清晰的转型路径是非常必要的。

2. 产业结构

从产业结构的角度来看，经济转型一般表现为从以轻工业为主导转向以重工业为主导，再转向以高技术加工产业为主导；从以劳动密集型产业为主导转向以资本密集型产业为主导，再转向以知识、技术密集型产业为主导。特别的，经济转型还表现为三次产业结构的变化，第一产业的产值比重和就业比重随着经济发展程度的提高会迅速下降，第二产业和第三产业的产值比重则会逐渐提高，吸纳的劳动力数量逐渐增加，特别是在发达国家，第三产业的产值比重和就业比重甚至会超过第一产业和第二产业的总和。

例如，当前美国第三产业的占比为 80% 左右，日本第三产业的占比也在 70% 以上。随着经济发展水平的提高，一个国家的主导产业从最初的纺织工业逐渐转向钢铁工业、汽车工业，进而转向计算机等电子信息产业和生物产业，产业附加值不断提高，表现为微笑曲线的变化形式。但是，不同国家由于处于不同的经济增长起点，产业发展过程未必严格遵循这一顺序。例如，在印度，率先实现突破的是以软件开发为主的信息产业，其未来转型路径自然与其他国家有所不同。本书认为，产业转型必须兼顾产业的合理化和高级化，一味追求高级化未必能够带来整个经济的良性发展。

### 3. 区域结构

从空间角度来看，可持续的经济增长意味着城市化的健康推进，其中包括城市化的自发演进，以及城乡之间的良性互动和统筹发展。在内生的经济增长环境下，城市由农村逐渐扩展演变而来，演变的动力在于降低交易成本和实现规模经济的需求，较低的交易成本促进了分工，分工促进了专业化的形成，专业化提高了生产率，生产率的提高导致收入增加，收入增加进而促进了需求层次提升，需求层次提升带动了产业升级，城市结构和功能因而不断完善，反过来又吸引了更多的农民进城，使其获得比在农村更高的收入，实现了帕累托改进。尽管在某种程度上外来人员挤占了本地居民的工作岗位，但本地居民可以凭借手中的资本要素（如房租）获得收入，弥补其他方面的损失，实现从劳动收入向要素收入的转变。人口集聚促进了服务业的繁荣，促使地价抬升，土地所有者的收入因此提高。整个过程循环往复，人们的收入水平越来越高，消费层次稳步提升。在满足内部需求的基础上，交易关系不断向周围城市、邻省、邻国、国际扩展，贯穿的主线是生产和交易秩序的自发生成，因而经济可持续增长意味着区域之间的协调与平衡发展，而不是区域分化。

### 4. 需求结构

从需求结构的角度来看，一般认为可持续的经济增长意味着消费的增加，作为三驾马车（投资、消费和出口）之一的消费应当成为拉动经济增长的主要动力，显然这是基于中国语境的看法。不同国家由于经济结构的差异，可持续增长的重点也存在差异。本书认为，经济可持续增长的关键首先是实现三驾马车的均衡，避免经济体系出现过大的波动；其次，由于不同国家的资源禀赋不同，面临的国际环境也是不断变化的，因而应当因地、因时制宜，而不是简单模仿发达国家的需求结构。另外，从长期来看，决定经济增长的是供给结构而非需求结构，需求结构更多的是作为一种结果或者经济增长的表现，这一点也决定了本书的分析角度主要是从供给或生产的角度进行的。

当然，从绝对值的变化角度来看，随着经济的发展和人均收入水平的逐渐提高，消费水平也会大幅提高①。但是正如前文所述，尽管我国居民消费率显著低于发达国家，提高居民消费水平的确非常必要，但本书并不赞同盲目地减少投资数量。对于任何国家的经济长期增长而言，投资都是必不可少的。此外，还应注意到投资在区域之间的差异，区域之间的资本再配置可能比简单地减少投资更可取。以美国为例，长期过度消费的经济增长模式如今也不得不面临转型和再平衡的境遇，出口方面的情况与此类似。因此，处于不同发展阶段的国家和地区，经济增长方式的转变或调整应当因地制宜。

### （二）经济可持续增长的内涵

可持续的经济增长在图 5 - 5 中表现为各个环节的相互贯通，能够根据资源禀赋和环境变化自发调整经济增长方式，以获得持续高效的增长。在该过程中经济主体自发地进行调整以适应变化了的国内外环境，包括国际贸易条件的改变、自然环境和资源禀赋的改变等。为了实现这种良性的循环，可持续的经济增长还必须是一个与政治、社会协调发展的过程，经济增长总是不同程度地嵌入特定的

---

① 钱纳里等人对世界 1950 ~ 1970 年经济发展模式的研究表明，如果以 1964 年美元来衡量，居民消费率在人均 GNP 低于 100 美元时高达 77.9%，为贫困型高消费；此后，随着人均 GNP 提高到 1000 美元，居民消费率直线下降了 16.2 个百分点；但当人均 GNP 迈过 1000 美元门槛后，居民消费率又重新步入上升阶段。国家发改委宏观经济研究院对 1970 ~ 2003 年世界 24 个国家的一项研究也表明，在人均 GNP 从 500 美元到 5000 美元的发展中，这些国家都经历了居民消费率先降后升的过程。这一拐点在多数国家出现在人均 GNP 为 3000 美元（当年价格）左右；但亚洲国家受文化等因素的影响，往往推迟到人均 GNP 为 4000 美元左右。例如，日本居民消费率的上升拐点出现在 1970 年前后，韩国居民消费率的上升拐点出现在 1990 年前后，当时它们的恩格尔系数均已降到 30% 以下，第一产业比重均已降到 10% 以内，城市化水平均已升至 70% 以上（中共浙江省委宣传部课题组，2010）。

社会和政治环境中，过于超前或滞后的经济转型都很容易导致失序格局，甚至产生社会动荡。真正的可持续增长不仅仅限于经济领域，它还是政治稳定和社会和谐的增长，是经济、社会和政治体制相互协调的增长。

### 1. 政治稳定与经济增长的统一

政治精英群体和市场参与者都有追求自身利益的诉求，但政治活动并不创造财富，财富全部来自经济活动。如果双方的互动是一次性的，政府必然选择掠夺市场参与者的所有利益；如果双方的互动是长期的，政府通常不会选择完全的掠夺行为，而是通过征收一定税收为市场参与者提供可靠的保护，甚至实施有利于市场经济发展的产权保护等政策，实现在长期的扩大财富生产过程中获得更大收益。另外，如果政府要同多个市场参与者交往，就必须顾及自己的声誉，以保证和其他参与者交往时的策略可信。随着国际化和全球化的深入，一国政府还面临其他国家的竞争压力，促使政治精英努力提高该国的经济发展水平和综合实力，以保证自身的长期利益。

在政治活动影响经济行为的同时，市场参与者也会寻求参与政治活动以获得更好的获利机会，不同的收益－成本差异决定了参与者寻求改变政治架构的程度和方向。当大部分市场参与者有能力影响政治体制及其他政策法规时，互动结果可能恰恰是不偏不倚的，也更有利于经济增长。当只有少部分参与者有能力做到这一点时，其他参与者将失去参与政治活动的积极性，以至于被动、消极地参与经济活动，整个经济就有可能陷入低水平的增长陷阱。

### 2. 政治稳定与社会和谐的统一

积极的社会因素可以减缓剧烈的经济和政治变迁对人类的冲击，为人们的行为调整和适应环境提供缓冲。这种因素一旦缺失，其结果或者是经济的快速增长引起政治结构的不适应，或者是陈旧的政治体制束缚经济增长。经济的可持续增长以人的价值提高为条件，而人的价值提高又以政治稳定和社会和谐为前提。在稳定的政治环境与和谐的社会环境下，人们才有可能产生从事资本积累和技术创新活动的积极性。随着经济的增长和财富的积累，人们的认知能力也在不断地发生变化，对利益分配也会提出新的要求，寻求改变现有的政治与社会制度，这一行为具有斗争倾向，但在稳定的政治和社会环境下，斗争的形式将会逐渐趋向制度化和规范化，斗争的程度也会变得缓和。

### 3. 社会和谐与经济增长的统一

一般而言，经济活动是人们获取利益的主要手段，但人们也具有各种各样的情感和心理诉求，需要诉诸社会来解决。此外，社会文化、习俗、规范等非正式制度在很大程度上影响人们的行为，甚至改变人们的效用函数。由于社会结构改变的难度通常较大，人们的预期通常趋于稳定，人们的行为因此具有更多的黏性和柔韧性，这样才能在经济迅速增长和经济全球化程度加深的同时不至于产生过大的心理波动。

## 四 经济增长方式转型失败的原因

可持续的经济增长在政治和社会方面体现为经济、社会、文化和政治体系的协调发展。尽管现代经济增长始于经济活动的分立，即以经济活动脱离宗教、文化和政治为前提，但分立不是对政治和社会的背离与抛弃，三者之间仍然相互作用和相互影响。为了实现可持续的经济增长，就要根据发展环境和发展阶段的变化，不断调整经济增长方式，但是转型并不容易实现。

首先，转型失败的原因之一在于转型路径被人为割断。从增长的主体看，单个行为主体，包括每个公民、每个企业家都是经济运行的基本单位，单个行为人及其相互作用引致了增长的结果。但在很多国家的经济增长过程中，增长的主体实际上并不是单个行为人，也不是企业家，在很大程度上是由政府主导的。即使随着市场经济体系的不断完善，企业家的决策和行为仍然受到很多束缚，导致短期行为倾向严重。实际上，政府并不能简单地作为一个行为主体参与市场，政府也是由单个的官员组成的，具有各自独立的目标函数和效用函数，其行为也需要从自利的角度加以考察。结果，政府主导的经济常常导致非普惠式的、非全体参与式的、被动式的增长，一些利益受损者甚至会抵触增长，最终造成贫富分化和阶层对立，形成利益集团，进而阻碍经济和社会体制改革的深入进行，图 5 - 5 所示的通路于是在制度的适应性变迁环节被阻断，转型也就很难顺利实现。

其次，转型失败的另一个原因在于试图超越特定资源禀赋和国际环境，简单复制理想的经济增长方式。但是历史通常不能飞跃，必须依据当前的资源禀赋条件和国际环境寻求可行的转型路径，逐渐完成经济转型。经济增长并非没有代价，如果不考虑自身的现实条件，盲目推动转型，不但无法实现预期的增长模式，反而可能导致深层次的动荡和失序。许多国家试图通过暴风骤雨式的改革迅速实现转型，结果反而比改革之前更加糟糕。

最后，短期调整政策掩盖了结构性矛盾，增大了转型难度。当遭遇经济危机时，各国政府头痛医头的应对政策大多是短视的，局限在应付危机本身，忽略了危机给经济转型带来的机遇，因而是以牺牲经济长期增长为代价的。短期的调整不仅无法实现彻底的转型，甚至增大了未来转型的难度。无论如何，短期的需求结构归根到底是由长期的生产结构决定的，所以不能总在调整短期经济政策的圈子里打转，而要把主要的注意力放到解决经济长期增长中的问题上，解决消费需求不足问题的根本仍然在于生产和供给层面（吴敬琏，2011）。

# 五　小结

国民财富增进和国家繁荣是每个民族国家竭尽全力所要实现的目标，但现实中有的国家极其富裕，有的国家极端贫穷。无论是立足发达国家历史经验的主流经济增长理论，还是依托发展中国家提出的发展经济理论，都存在固有的缺陷，既忽略了不同经济体经济增长与转型时所具有的不同资源禀赋特征，又割裂了发达国家与发展中国家在不同阶段具有的市场联系。从历史情境的角度来看，每一个经济体的经济增长都存在于具体的历史阶段，不同经济体具有不同的经济增长和转型过程。在具体的历史情境中，初始条件的微小差异都可能导致结果的极大不同。由于不同经济体初始的资源禀赋不同，或者面临的发展环境不同，因而产生了不同的制度需求和供给，三者实际的作用方式也就导致了差异化的经济增长方式，各种要素的作用机制也就存在巨大的差异。因此，可持续的经济增长方式必须因地、因时制宜，根据特定的资源禀赋条件，以及国内外环境提供的特殊机遇，选择相应的经济增长方式，渐进地实现整个经济的深刻转型。

理论探讨之后，接下来本书将以特区为实证对象，在理论框架下重新审视特区30多年的经济增长过程，检验特区经济增长方式的合理性、适应性及可持续性，在此基础上为特区未来的转型提供现实可行的路径参考，而不是简单地将先行地区作为特区转型的方向，或者直接复制西方发达国家和地区的经济增长方式。

# 第三篇
## 特区试验：新兴城市的
## 崛起与区域分化

# 第六章 中国经济特区经济增长方式及其内部差异

作为中国改革开放的窗口，特区在国内率先走上了经济增长的快车道。然而在世界范围内，特区仍然属于后发地区，并且呈现了一幅从无到有、从小到大的经济增长图景。然而，特区在经济起飞前夕并不具有发达地区经济起飞时所拥有的前提条件：资本极度稀缺，劳动力被禁锢在户籍所在地，工业基础薄弱，缺乏熟练的技能型劳动供给和工业产品市场，等等。那么，在如此恶劣的环境下，特区究竟是如何创造并迅速满足了经济起飞的各种条件？此外，特区之间的发展差距同样明显，特区能够提供给其他地区的真实经验又是什么？这就需要回到当时特定的历史情境中去，理性而客观地回顾特区30多年来的真实成长历程。

## 一 特区经济增长的总体回溯

### （一）设立特区的原因和背景

#### 1. 设立特区的原因

作为中国最早由计划经济向市场经济转型的试验区，深圳、珠海、汕头、厦门和海南5个传统特区已经走过了30余年的发展历程，吸引了海内外学者的广泛关注。围绕特区的研究首先不能脱离中国改革开放的大背景。可以说，如果没有改革开放的政策，就不会产生特区；如果没有特区的实践，就没有市场经济在全国范围的确立和发展，也就没有改革开放的深入（陶一桃、鲁志国，2008）。因此，设立特区属于中国经济和社会制度整体变迁的一个组成部分和不可或缺的环节。

一方面，作为当时特殊政策的产物，特区是一种由中央到地方的强制性制度安排；另一方面，考虑中国当时的实际情况，国内经济百废待举，与香港仅一河之隔的深圳却面临极端贫困的威胁，对比极其鲜明。一边是高楼大厦，车水马龙；另一边却是贫瘠的村庄、饥饿的百姓和蔓延的"偷渡潮"。面对严峻的政治压力和地方发展诉求，中央政府做出了积极回应，因而特区从计划经济向市场经济的转型有其内在的推动力。最终之所以选择深圳等 5 个沿海地区设立特区作为改革开放的突破口，地缘因素非常关键。这些地区远离政治中心，计划体制基础相对薄弱，国有经济成分较少，深圳和珠海的国有经济比重更是接近于 0，遭受的阻力也会相对较小，从而为发挥改革窗口和试验田功能创造了有利条件。

### 2. 设立特区的背景

特区从封闭走向开放，并与国际市场紧密融合，其成长与世界环境息息相关。国际市场分工格局的演变为特区的发展创造了条件，开放、年轻、包容的特区抓住了这次机遇，通过积极融入国际市场，承接国际产业转移，自身产业体系逐渐得以建立。

自 20 世纪 60～70 年代以来，科技革命不断促进国际分工格局调整，日本和东南亚国家通过承接欧美产业转移迅速完成了工业化，从而导致国际垂直分工体系向水平分工体系和混合分工体系转变。最终，欧、美、日等发达国家和地区将产业重点放在 IT、生物、材料、航空航天、大规模集成电路、机械设计、精细化工、汽车制造、光电子等高端产业，东南亚国家则逐步培育了化学纤维、石油化工、钢铁、机械、家电、玩具等低端产业。

　　20 世纪 80 年代初，产业结构继续向高级化发展的分工形势使得东南亚国家迫切需要将劳动密集型产业以及加工、制造和装配等低附加值的生产工序转移至生产成本更加低廉的地区，特区的设立恰好满足了这种需求。特区创建初期以商业贸易为先导的产业结构对后来带动工业发展、迅速建立外向型经济起到了关键作用。例如，20 世纪 90 年代深圳提出建立国际市场、深圳、内地"三点一线"的经济格局（陶一桃、鲁志国，2008），其目的也在于进一步充分利用腹地资源优势和挖掘国际市场，这也正是许多学者认为特区深层次的、基础性的发展动因在于国际分工的原因[①]（王天义，2005）。

## （二）特区的主要特点和作用

### 1. 特区的主要特点

　　特区设立初期，经济运行机制仍然是以国家计划指导下的市场调节为主。通过大量引进外资，特区逐渐形成了以"三资"（外资、侨资、港澳资）企业为主，同时包含社会主义国有经济和集体经济成分，中外合资与合作企业、个体经济占相当比重的资本结构，企业生产的产品以外销和出口为主。经济结构方面，特区以发展工业为主，实行工贸结合，相应地发展旅游、房地产、金融、饮食服务等第三产业。总体而言，"三来一补"（来料加工、来样加工、来件装配和补偿贸易）企业在特区占相当比重，进而导致"三资"企业和"三来一补"企业成为特区利用外资的主要方式，这也是特区区别于我国其他地区的鲜明特征。具体的，我国在选择特区和建设特

---

　　[①]　也有部分学者（杨文进，2002）从长周期的角度阐述了国际分工为经济特区发展提供的机遇，西方发达国家已进入新的长波，而我国还处于旧长波上升期的中段，这为经济特区取得良好成绩创造了重要的外部条件。

区的过程中逐渐形成了一套特有的经验，特区通常具有以下几个主要特点。

（1）在国内划出一定面积的地区作为特区，一般选择在沿海和交通便利的地区，以促进货物流转，节省交通费用，降低交易成本。

（2）在对外经济活动中通常实行较其他地区更为开放、更为优惠的政策，如采用减免关税等办法吸引外资。

（3）中央和特区政府努力为外商创造安全、便利的投资环境，通过订立各种优惠条例和保障措施，促进外商在区内投资设厂。

（4）特区生产的产品以外销为主，其中以深圳特区"前店后厂"的加工贸易模式最为典型①。

（5）特区往往拥有较其他地区更多的自主权，特区行政管理机构有权因地、因时制宜地制定特区管理条例。

2. 特区发挥的作用

作为改革开放的起点，特区率先进行了从计划经济向市场经济转型的试验，对于全国经济和社会转型的影响极为深远。具体的，特区至少在以下几个方面发挥了重要作用。

（1）有利于我国适应国际市场的需要和惯例，为我国利用外资和外商销售渠道、扩大出口、增加外汇收入创造了条件。

（2）有利于我国引进国外先进技术，了解世界经济信息，提高技术创新能力和产品竞争力。

（3）有利于我国学习现代经营管理经验，培养管理人才，缩小

---

① "前店后厂"主要是指香港特别行政区与内地（以珠江三角洲地区为主，早期主要是深圳特区）的经济合作，二者主要是优势互补、互惠互利的关系。中国内地自然资源丰富，劳动力资源价格低廉，而港澳地区具有丰富的资金、技术、人才和管理经验。通过香港特别行政区这个自由贸易港，内陆地区间接地与世界各地进行了贸易往来，同时也促进了港澳地区贸易事业的发展。

我国在管理理念上与发达国家之间的差距。

（4）有利于我国积极融入世界经济体系，拓宽我国走向世界的通道，也为世界了解我国提供了窗口。

### （三）特区承担的功能和设立特区的争议

#### 1. 特区承担的功能

在国外，Joseph Fewsmith（1996）认为中国政府设立特区的直接目的在于吸引外资、刺激国内工业出口并获得国外发达地区的先进科学技术和管理经验。Graham（2004）同样强调特区对中国转型的工具功能，指出中国经济特区是模仿国外出口加工区的结果，通过特区的特殊优惠政策吸引外资和发展出口工业，最终目的在于加快中国的自由化进程。相似的，Firoz 和 Murray（2003）认为中国的经济特区，像自由贸易区、经济技术开发区、高新技术创业园等富有中国特色的特殊区域一样，都可以按照国际通行的自由贸易区加以理解。事实上，1979 年广东省委书记吴南生在汕头调研时就曾大胆设想，汕头乃至广东也可以效仿台湾高雄的出口加工区创办自己的出口特区。波尔佳科夫和斯捷帕诺夫（2000）认为特区不仅是技术、知识、管理和对外经济政策的窗口，而且是改革的窗口，特区肩负着为全国社会主义建设和经济体制改革探索道路的使命。特区不仅要率先实践市场经济，冲破全国范围的计划主义樊笼，而且要将成功经验推广至全国，推动改革开放向内地纵深发展。

值得注意的是特区的功能不仅仅限于经济领域，特区的开放是多领域和全方位的，许多学者曾指出创建特区的政治和社会作用，强调特区的战略意义。Vogel（1989）指出中国政府希望通过设立特区为港澳台的回归创造条件，为中国走出国门、认识世界做出贡献，也为世界了解中国提供窗口。国内学者也多次强调特区的历史功能和时代使命，特区必须随着经济和社会环境的变化发挥综合性的功能。

2. 设立特区的争议

作为一种经济试验，特区的成长不可能只有成功经验而没有失败教训，对于建设特区这一举措也不乏反对意见，很多人认为特区并没有发挥相应的功能和作用。20 世纪 80~90 年代，针对特区的激烈争论时有发生，最具代表性的是香港大学亚洲研究中心陈文鸿博士的观点。在统计分析的基础上，陈文鸿（1985）认为深圳特区吸引的更多的是内资而非外资，产业结构也非以工业为主。另外，特区发展过程中过分注重资本，尤其是给予外资税收优惠乃至"超国民待遇"，对大量外来人员的保护却很不到位（李芳，2009），追求经济增长时对当地环境的保护力度以及资源的合理、高效利用程度也是很不够的，这些都会对特区的长远发展造成影响。随着特区经济发展到一定程度，地方政府等核心行动者对特区的未来发展也可能会失去动力（沈承诚，2012）。那么，设立特区的实际效果究竟如何，在特定的历史情境中，特区经济的增长方式是否符合之前的判断，像其他后发地区一样走出了一条有别于先行地区的经济增长道路，这是本书接下来所要回答的问题。

# 二 特区经济的投入产出表现

## （一）总体描述

特区大多处于边陲小镇，特区设立伊始，各地经济发展水平极低。曾有人这样描述当时的深圳，"四季常青没菜吃，海岸线长没鱼吃"，经济几乎陷入绝境。1980 年，深圳、珠海、汕头、厦门和海南 5 个特区 GDP 加总也只占到全国 GDP 的 0.9%，2012 年底这一数据已变为 4.0%，其中深圳的超常规发展尤其引人注目（见图 6-1、图 6-2）。

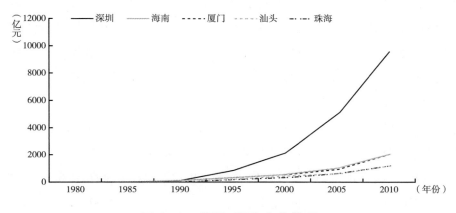

**图 6-1　特区 GDP 变化情况**

注：数据来源于特区及全国历年统计年鉴，如无特别说明，全书数据均根据特区历年统计年鉴整理而来。

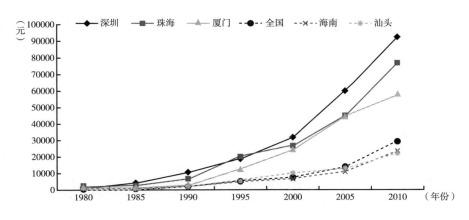

**图 6-2　特区人均 GDP 变化情况**

按常住人口计算，1980 年特区人均 GDP 为 394.3 元，同期全国人均 GDP 为 460.5 元，考虑当时的物价因素，特区的人均 GDP 水平实际上远低于全国平均水平。然而到了 2012 年底，特区人均 GDP 发

生了惊人的跃升，达到 54517.3 元，近两倍于全国平均水平
（29920.1 元）。从图 6 - 2 还可以看出，在发展初期，5 个特区和全
国在人均 GDP 上的差距并不明显，但是进入 20 世纪 90 年代之后，
深圳、珠海和厦门逐渐步入发展快车道，21 世纪以来 5 个特区的差
距呈现扩大趋势，说明特区内部的发展并不均衡。另外，伴随着经
济发展水平的提高，特区财政收入也有了很大程度的增加，从 1980
年的 4.8 亿元提高到了 2012 年的 2381.6 亿元，占 GDP 的比重从
11.6% 提高到了 14.8%。

对外贸易方面，1980 年特区进出口贸易总额占全国的比重仅为
0.5%，2012 年特区进出口贸易总额占全国的比重达到 15.7%，20
世纪 90 年代中期更是达到历史最高峰的 22.0%。根据图 6 - 3，特
区对外贸易的加速增长同步于经济产出增长，在 20 世纪 90 年代之
后更是极大地拉动了经济增长。

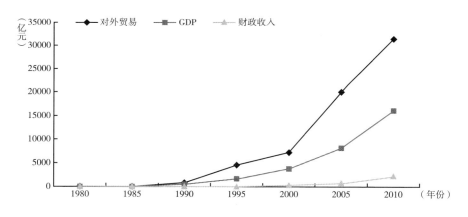

图 6 - 3 特区其他主要经济指标变化情况

相对于 GDP 的超快增速，特区财政收入始终保持缓慢增势。此
外，特区民营企业也有了长足进步，特区工业总产值中非国有工业
企业产值比重由 1980 年的 4% 增加到 2012 年的 30%，私营企业劳动
者占社会全体劳动者的比重也有了很大程度的提高，这一现象在深
圳和厦门表现得尤为明显（见图 6 - 4）。

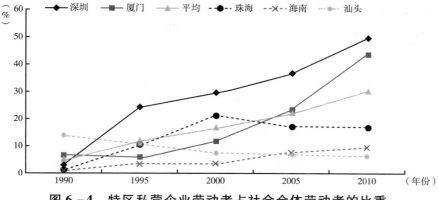

**图 6 - 4　特区私营企业劳动者占社会全体劳动者的比重**

### （二）结构变迁

经过 30 多年的高速增长，5 个特区的产业结构同样发生了巨大的变化。但具体变化的路径并不一致，这与各个特区起始的资源禀赋和环境禀赋存在较大差异有关。

与全国大的变化趋势一致，各个特区第一产业产值占 GDP 的比重都出现了大幅度下降（见图 6 - 5）。2012 年底，深圳、厦门第一产业产值占 GDP 的比重逐渐从 1980 年的 30% 左右和 20% 左右下降至 0 附近，分别为 0.1% 和 1.1%，珠海和汕头的这一比重稍高，分别是 2.7% 和 5.3%，但仍远低于全国 10.1% 的平均水平。海南的情况较为特殊，一方面，农业历来在全省经济中占据较大份额；另一方面，海南成立特区相对较晚，起步晚于其他 4 个特区。因此，尽管海南第一产业产值占 GDP 的比重有较大幅度下降，但仍远高于全国平均水平，2012 年的农业占比仍有 26%。

第二产业方面，特区成立前期，第二产业产值占 GDP 的比重均有较为剧烈的波动，特区成立初期深圳和珠海第二产业产值占 GDP 的比重有明显的上升趋势，厦门则总体呈现下滑趋势。经过一段时间的调整，4 个特区第二产业产值占 GDP 的比重逐渐收敛到 50% 左右，但仍略高于全国平均水平（46.8%），海南则逐渐调整至 20% 左右，这与海南第三产业比重较高以及整体产业发展定位具有一定关系（见图 6 - 6）。

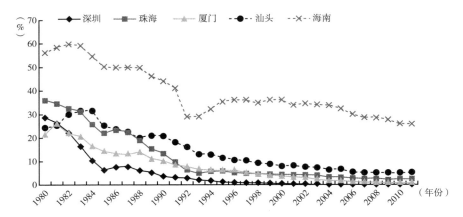

图 6 - 5  特区第一产业产值占 GDP 的比重变化趋势比较

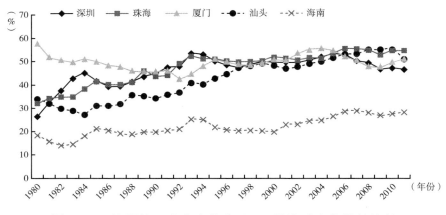

图 6 - 6  特区第二产业产值占 GDP 的比重变化趋势比较

第三产业方面，经过 30 多年的发展，特区之间的差距逐渐缩小。除汕头外，特区第三产业产值占 GDP 的比重均高于全国平均水平，从高到低依次为深圳、厦门、海南、珠海和汕头（见图 6 - 7）。

三次产业就业人员比重变化趋势与以上描述类似，但在 21 世纪之前，深圳的第二产业就业人员比重显著高于其他特区。自 21 世纪以来，深圳和厦门的大量劳动力开始从第二产业向第三产业转移，而珠海和汕头的劳动力仍在向工业领域集中，表明这两个地区的工业化进程仍未完全结束（见图 6 - 8、图 6 - 9、图 6 - 10）。

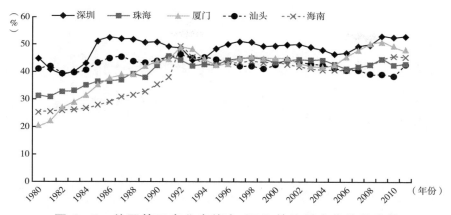

图 6-7　特区第三产业产值占 GDP 的比重变化趋势比较

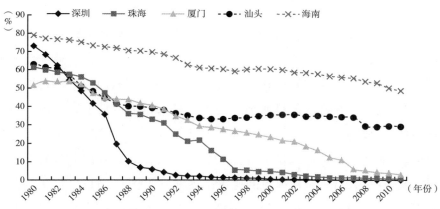

图 6-8　特区第一产业就业人员比重变化趋势比较

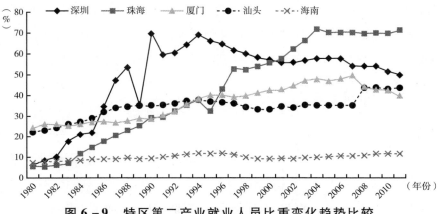

图 6-9　特区第二产业就业人员比重变化趋势比较

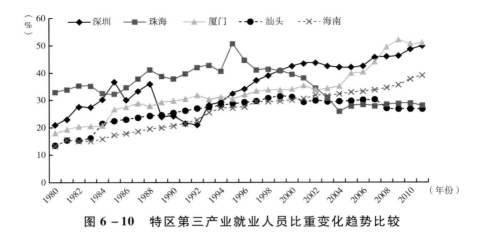

**图 6 - 10    特区第三产业就业人员比重变化趋势比较**

　　经济结构调整不仅体现在产业结构的变迁上，而且体现在要素的组合方式上，包括资本和劳动等生产要素的配置情况。其中，资本要素的再配置最鲜明地体现在外资利用方面，显示了该经济体对外开放的态度；劳动要素的配置在特区最鲜明地体现在外来人口的流动上，显示了该经济体对内开放的态度。实际使用外资方面，各个特区尤其是深圳的经济增长趋势非常明显，从总量上看汕头显得相对保守。对内开放方面，本书使用非户籍人口占常住人口的比重来表征（见图 6 - 11）。特区内部的分化趋势非常明显，除了厦门的非户籍人口历来保持较大比重外，其他特区的初始非户籍人口都接近 0，但深圳的外来人口迅速增加，2012 年占深圳总人口的比重达到 76% 并长期保持高流动态势。珠海的外来人口比重从 1986 年开始迅速提高，2012 年底达到 33%。与之形成鲜明对比的是，汕头的非户籍人口极少，海南甚至表现为户籍人口相对于常住人口的净外流。

### （三）差异比较

#### 1. 产出的差异比较

#### （1）经济总量

特区成立伊始，在经济总量上，深圳、珠海和厦门的比重非常

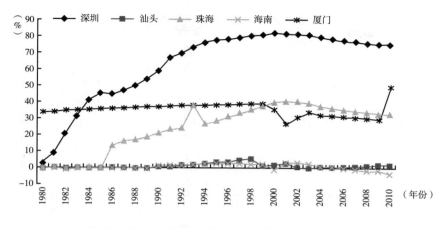

图 6 – 11　特区非户籍人口占常住人口的比重

小，远低于汕头和海南。随后，深圳、珠海与厦门却获得了远高于
汕头与海南的增长速度，到了 20 世纪 80 年代中期，深圳在经济总
量上迅速超越汕头，与海南基本持平。到了 90 年代，深圳在经济总
量上已在 5 个特区中占绝对优势，随后仍然高速增长，遥遥领先于
其他 4 个特区。进入 21 世纪，深圳在经济总量上一直保持 60% 左右
的比重，这也正是许多研究将深圳作为特区近似替代的原因之一
（见表 6 – 1、表 6 – 2）。

表 6 – 1　特区 GDP 相对比重

单位：%

| 特区 | 1980 年 | 1985 年 | 1990 年 | 2000 年 | 2005 年 | 2011 年 |
| --- | --- | --- | --- | --- | --- | --- |
| 深圳 | 6.46 | 29.01 | 38.57 | 54.70 | 60.77 | 59.77 |
| 厦门 | 15.30 | 13.65 | 12.83 | 12.55 | 12.35 | 13.19 |
| 珠海 | 6.25 | 7.29 | 9.31 | 8.31 | 7.80 | 7.30 |
| 汕头 | 25.79 | 17.89 | 16.28 | 11.26 | 7.80 | 6.63 |
| 海南 | 46.21 | 32.16 | 23.01 | 13.17 | 11.28 | 13.11 |

表 6 – 2  特区 GDP 增长率

单位：%，个百分点

| 特区 | 1980 ~ 1990 年 | 与深圳差距 | 1991 ~ 2000 年 | 与深圳差距 | 2001 ~ 2011 年 | 与深圳差距 |
|---|---|---|---|---|---|---|
| 深圳 | 37.01 | — | 23.45 | — | 14.37 | — |
| 厦门 | 26.74 | – 10.27 | 20.30 | – 3.15 | 14.79 | 0.42 |
| 珠海 | 28.28 | – 8.73 | 20.77 | – 2.68 | 12.92 | – 1.45 |
| 汕头 | 15.65 | – 21.36 | 17.02 | – 6.43 | 9.7 | – 4.67 |
| 海南 | 11.74 | – 25.27 | 12.94 | – 10.51 | 11.77 | – 2.60 |

资料来源：根据深圳、珠海、厦门、汕头、海南历年统计年鉴计算，数据均按照 1980 年不变价格进行平减。

（2）增长率

深圳经济的超高速增长（20 世纪 80 年代近乎 40% 的年均增长率，90 年代 23% 左右的年均增长率，21 世纪以来仍然有 14% 左右的年均增长率）使其获得了惊人的跃升。厦门和珠海同样实现了经济的高速增长，厦门在经济总量上逐渐超越海南，珠海逐渐超越汕头，但这两个特区的相对比重未发生大的变化。而海南和汕头的相对比重则出现了大幅度下滑，尽管其年均增长率与全国相比并不逊色。分阶段来看，4 个特区与深圳的年均增长率差距逐渐缩小，21 世纪以来，厦门的年均增长率甚至略高于深圳，当然，这主要是深圳的年均增长率趋缓所致。总体而言，特区之间的差距与层次感都非常明显，深圳遥遥领先于其他特区，厦门和珠海又显著领先于汕头和海南。

（3）人均 GDP

在人均 GDP 方面，特区之间的差距又与总量差距表现不尽一致。特区设立初期，在经济总量上占据优势的海南和汕头在人均 GDP 方面却最为薄弱，甚至低于全国平均水平。深圳和珠海初始的人均 GDP 水平反而较高。随后，深圳与珠海的人均 GDP 持续增加，远高于汕头和海南的人均 GDP（见表 6-3）。这一现象暗示了特区的初始条件与随后的经济增长绩效可能存在某种关联，而初始条件中经济总量和人均产出对随后经济高速增长的影响却不尽相同。从各特区人均 GDP 的阶段变化来看，特区之间的收敛趋势也不明显，深圳的人均 GDP 持续高于其他特区。

**表 6-3　特区人均 GDP 及其相对比例（当年价格）**

单位：元/人，%

| 指标 | 特区 | 1980 年 | 1990 年 | 2000 年 | 2011 年 |
|------|------|---------|---------|---------|---------|
| 人均 GDP | 深圳 | 835 | 8724 | 32800 | 110421 |
| | 厦门 | 453 | 3203 | 24481 | 70832 |
| | 珠海 | 720 | 6678 | 27770 | 89794 |
| | 汕头 | 366 | 2026 | 9741 | 23596 |
| | 海南 | 354 | 1562 | 6798 | 28898 |
| | 全国 | 463 | 1644 | 7858 | 35181 |
| 相对比例 | 厦门/深圳 | 54 | 37 | 75 | 64 |
| | 珠海/深圳 | 86 | 77 | 85 | 81 |
| | 汕头/深圳 | 44 | 23 | 30 | 21 |
| | 海南/深圳 | 42 | 18 | 21 | 26 |
| | 全国/深圳 | 55 | 19 | 24 | 32 |

## 2. 投入的差异比较

### （1）资本

首先考察资本投入在特区之间的差距，本书以每年的固定资产投资总额近似表征资本投入。根据表 6-4，特区的固定资产投资总额在过去的 30 多年中发生了巨大变化，占全国比重最高时可达 4% 左右，近年来虽有所下降，但其创造的 GDP 占比仍然远高于固定资产投资所占比重。根据表 6-5，就特区总的固定资产投资构成而言，深圳所占比重最大，远高于其他 3 个城市特区（海南作为一个省，因而在总量上不具备可比性）。

表 6 – 4　特区固定资产投资总额变化情况（当年价格）

单位：亿元，%

| 指标 | 1980 年 | 1990 年 | 2000 年 | 2011 年 |
|---|---|---|---|---|
| 固定资产投资总额 | 8.78 | 148.86 | 1195.62 | 5938.59 |
| 固定资产投资总额占全国比重 | 0.96 | 3.30 | 3.63 | 1.91 |
| GDP 占全国比重 | 0.92 | 2.38 | 4.03 | 4.07 |

表 6 – 5　特区固定资产投资构成及投资率变化情况（当年价格）

单位：%

| 指标 | 特区 | 1980 年 | 1990 年 | 2000 年 | 2011 年 |
|---|---|---|---|---|---|
| 固定资产投资构成 | 深圳 | 16 | 42 | 52 | 35 |
| | 厦门 | 14 | 12 | 15 | 19 |
| | 珠海 | 6 | 8 | 8 | 11 |
| | 汕头 | 24 | 14 | 9 | 7 |
| | 海南 | 40 | 24 | 16 | 28 |
| 投资率（固定资产投资总额/GDP） | 深圳 | 51 | 36 | 28 | 18 |
| | 厦门 | 19 | 31 | 35 | 44 |
| | 珠海 | 22 | 29 | 29 | 45 |
| | 汕头 | 20 | 29 | 25 | 34 |
| | 海南 | 18 | 35 | 37 | 66 |

　　此外，从投资率的变化情况来看，20 世纪 80 年代早期深圳的投资率最高，随后呈现逐渐下降趋势，2011 年的投资率甚至低于 20%。另外 4 个特区却基本呈现反向变化趋势，经济增长越来越依赖投资。值得注意的是汕头，无论是资本投入总量还是投资率，其数值都明显低于其他特区，产出表现也绝对劣于其他几个特区，这在一定程度上反映了资本积累对经济增长的必要性。

　　在使用外来资本方面，深圳占据了绝大部分比重，其次是厦门和珠海，总体而言，这 3 个特区的外资使用总量呈现显著的上升趋势。汕头和海南则总体呈下降趋势（见表6-6）。这在一定程度上表明，汕头和海南对外来资本的吸引力并不大。

**表6-6 特区实际利用外资数量的阶段变化（当年汇率）**

单位：%

| 特区 | 1980~1990年 | 1991~2000年 | 2001~2011年 |
|------|------------|------------|------------|
| 深圳 | 56.33 | 33.87 | 57.01 |
| 厦门 | 8.77 | 18.28 | 16.54 |
| 珠海 | 9.92 | 9.33 | 13.75 |
| 汕头 | 4.97 | 10.46 | 2.61 |
| 海南 | 20.01 | 28.06 | 10.09 |

（2）劳动

劳动投入方面，特区以加工贸易为主的经济增长方式需要投入大量廉价劳动力，劳动力的可得性因而在一定程度上影响经济活动的正常进行。显然，改革开放初期，特区在吸引内地人才上具有显著优势，率先开放在很大程度上弥补了深圳、珠海等地人口基数小的初始禀赋缺陷。表6-7、表6-8也表明，劳动力因素在各个特区之间的差距并不明显，深圳、珠海凭借自身的竞争力优势提供了较海南和汕头更具吸引力的激励措施，吸引了大量的外来人才和劳动力。

**表6-7 特区劳动力构成**

单位：万人

| 特区 | 1980年 | 1990年 | 2000年 | 2011年 |
|------|--------|--------|--------|--------|
| 深圳 | 14.89 | 109.22 | 474.97 | 764.54 |
| 厦门 | 48.24 | 67.93 | 103.82 | 251.24 |
| 珠海 | 19.93 | 39.27 | 78.88 | 104.09 |
| 汕头 | 133.58 | 187.50 | 207.13 | 238.55 |
| 海南 | 231.49 | 304.32 | 335.17 | 459.22 |

表 6-8　特区劳动力增长率

单位：%

| 特区 | 1980～1990 年 | 1991～2000 年 | 2001～2011 年 |
|------|------|------|------|
| 深圳 | 22.05 | 13.72 | 4.52 |
| 厦门 | 3.48 | 4.28 | 8.97 |
| 珠海 | 7.02 | 6.01 | 2.45 |
| 汕头 | 3.45 | 0.81 | 1.40 |
| 海南 | 2.77 | 0.56 | 3.10 |

注：增长率为几何平均值。

根据以上分析，从产出情况来看，无论是 GDP 还是人均 GDP，几个特区之间的收敛趋势都不明显，呈现分层状态，即深圳仍然遥遥领先于其他 4 个特区，而珠海和厦门又显著优于海南和汕头。从 GDP 增长率来看，几个特区与深圳的差距缩小趋势非常明显，但是除了厦门，珠海、汕头和海南的 GDP 年均增长率仍然低于深圳，这表明特区之间的差距仍在扩大，只是扩大速度减慢了一些。

从投入情况来看，劳动力方面，21 世纪之前，深圳的劳动力增长率远高于其他特区，其次是珠海。21 世纪之后，厦门的劳动力增长率开始领先于其他特区。考虑到海南和汕头的劳动力存量数据并不低于珠海和厦门，可以推测劳动力数量可能并不是（至少不是唯一）造成特区经济增长差距的主要原因。资本方面，根据固定资产投资状况的阶段变化及横向比较，深圳的固定资产投资比例一直较高，远高于其他 3 个城市特区，甚至高于海南省，据此本书推测资本投入是影响经济增长的重要因素。实际利用外资方面，根据构成比例高低，可以推测对外来资本的引进也在一定程度上影响经济增长。

总体而言，特区经济表现得非常突出，特别是深圳，其次是珠海和厦门，这表明设立特区的政策是成功的。但是在相同的政策背景下，同样是后发地区，汕头和海南的经济为何远远落后于其他 3 个特区？它们之间的经济增长方式有何不同？这是本书接下来要继续回答的问题。数量分析只能粗略地描绘 30 多年来特区经济增长过程的轮廓以及其中各种资源禀赋的变化趋势，而经济增长并非一个简单的投入和产出过程，为了更加准确地度量 5 个特区经济增长的差异化特征，还需要进一步借助现代计量工具进行测算。

# 三　特区经济增长差异的解释

## （一）特区经济增长过程的计量模型

### 1. 计量模型

大致了解了特区经济增长的轮廓之后，本书进一步分析特区的经济增长方式。为了准确度量这种经济增长方式的特征，还需要估计特区经济增长过程中各种要素的具体贡献。为此，参照第四章，首先建立生产函数模型。考虑到本书使用特区设立 30 多年的时间序列数据，我们以时间趋势项代表技术进步，对数化后的柯布－道格拉斯函数形式如下：

$$\ln(Y_{it}) = a_0 + \alpha_{it}t + \alpha_L\ln(L_{it}) + \alpha_K\ln(K_{it}) \tag{6-1}$$

当产出具有规模报酬不变性质时，$\alpha_L + \alpha_K = 1$，函数（6-1）可以转化为规模报酬不变的柯布－道格拉斯函数：

$$\ln(Y/L)_{it} = a_0 + \alpha_{it}t + \alpha_K\ln(K/L)_{it} \tag{6-2}$$

更一般的，为了体现变量之间的互动，本书使用超越对数函数表征生产函数，超越对数函数为：

$$\ln(Y_{it}) = a_0 + \alpha_{it}t + \alpha_L\ln(L_{it}) + \alpha_K\ln(K_{it}) + \frac{1}{2}\alpha_{LL}\ln^2(L_{it})$$

$$+ \frac{1}{2}\alpha_{KK}\ln^2(K_{it}) + \alpha_{LK}\ln(L_{it})\ln(K_{it}) \qquad (6-3)$$

此时，劳动和资本的产出弹性分别为：$a_L = \alpha_L + \alpha_{LL}\ln(L_{it}) + \alpha_{LK}\ln(K_{it})$；$b_K = \alpha_K + \alpha_{KK}\ln(K_{it}) + \alpha_{LK}\ln(L_{it})$。正规化处理后有：$A_L = a_L/(a_L + b_K)$；$B_K = b_K/(a_L + b_K)$。

函数（6-1）和函数（6-2）均隐含技术进步中性假定，现实中技术进步常常嵌入资本或劳动中，称为体现式技术进步。函数（6-3）通常对数据量有严格要求，因此对函数（6-3）的形式加以放松，选择有限超越对数函数：

$$\ln(Y_{it}) = a_0 + \alpha_{it}t + \alpha_L\ln(L_{it}) + \alpha_K\ln(K_{it}) + \alpha_{tL}t\ln(L_{it}) + \alpha_{tK}t\ln(K_{it}) + \alpha_{tt}t^2$$

$$(6-4)$$

另外，以上函数均隐含技术效率水平为100%，即给定技术和投入水平，产出达到最大化，也就是说经济体系中每个企业都在技术前沿面上进行生产，这一假定显然与现实不符。在技术效率不完全时，全要素生产率可继续分解为技术进步和技术效率（Vollrath，2009），估计技术效率的随机前沿生产函数（SFA模型）如下：

$$\ln(Y_{it}) = a_0 + \alpha_{it}t + \alpha_L\ln(L_{it}) + \alpha_K\ln(K_{it}) + u_{it} + v_{it} \qquad (6-5)$$

其中，$u_{it} \leq 0$，代表企业的技术非效率水平。当 $u_{it} = 0$ 时，企业处于生产可能性前沿上，技术效率将被定义为 $TE(t) = e^{u_{it}} = $ 实际产出/最大可能产出。$v_{it}$ 为随机变量，表示生产过程中的随机因素。

2. 变量定义

$Y_{it}$：$i$ 地区 $t$ 时期的经济产出，用按可比价格计算的国内生产总值来衡量。数据来源于 1980～2011 年各市（省）统计年鉴。由于 GDP 原始数据是按照当年价格统计的，因此使用平减指数法进行平减，并以 1980 年为基期进行不变价格换算（见附录 1 附表 5、附表 6）。

$K_{it}$：$i$ 地区 $t$ 时期生产所使用的资本总量。本书参考 Jun Zhang（2008）对中国省级资本存量的估计方法，即永续盘存法（Perpetual Inventory）。估算方程如下：$K_{it} = K_{i(t-1)}(1 - \delta_{it}) + I_{it}$，其中 $i$ 代表地区，$t$ 代表年度，$\delta$ 代表资本折旧率，$I_{it}$ 代表固定资本投资（见附录 1 附表 7）。基年的资本存量数据因而成为估算的关键，Perkins（1988）估算出中国 1953 年的资本产出比为 3，进而倒推出 1952 年的资本存量。Jun Zhang（2008）则使用 1952 年中国各省份固定资本形成额除以 10% 得到了 1952 年各省份的资本存量。显然，对特区基年（1980 年）资本存量的估算也按照 Jun Zhang（2008）计算中国 1952 年资本存量的方法是不合适的，借鉴周苗苗、张光南（2004）的做法，本书通过以下方法估算特区 1980 年的资本存量：特区 1980 年的资本存量 = 特区 1980 年 GDP 占所在省份的比重 ×1980 年特区所在省份的资本存量，1980 年特区所在省份的资本存量参考 Jun Zhang（2008）的估计结果，所有数据均按照 1980 年不变价格进行换算。固定资本投资同样按照 1980 年不变价格进行平减，由于缺乏准确的资本价格数据，故采用当年的 GDP 平减指数进行平减。经济增长较快的地区通常具有较高的折旧率，因此本书将资本折旧率统一设定为 10%（估计结果见附录 1 附表 8）。

$L_{it}$：$i$ 地区 $t$ 时期的劳动投入。这里的劳动投入实际上应为整个经济的劳动投入总量，并且为实际的投入，但是劳动者是最富异质性特征的个体，知识、素质、技能和劳动强度的差异都会造成劳动效率的差异。因此，理想的劳动投入指标应该综合以上因素，但限于统计数据，每年的劳动投入使用每年末社会劳动者人数代替（见附录 1 附表 9）。

$t$：时间项，单位为年，用来代表技术进步变量。本书的时间序列为 1980 ~ 2011 年，因此将 1980 年设定为 $t = 1$，……2011 年设定为 $t = 32$。

$t\ln(K)$：技术与资本的互动，表示资本质量因技术进步而得以改进，此时的技术进步为资本体现式。

$t\ln(L)$：技术与劳动的互动，表示劳动技能因技术进步而得以提高，此时的技术进步为劳动体现式。

$t^2$：技术体系之间的互动，表示技术进步过程中的溢出和学习效应。

$a_0$、$\alpha_L$、$\alpha_K$、$\alpha_{KK}$、$\alpha_{LL}$、$\alpha_{LK}$、$\alpha_{tL}$、$\alpha_{tK}$、$\alpha_{tt}$ 分别为常数和相应变量的参数。

### （二）特区经济增长过程的参数估计

本书首先使用函数（6-1）至函数（6-5）分别对 5 个特区的经济增长过程进行拟合，结果显示函数（6-2）的拟合效果最为理想，其他函数的回归结果或者不显著，或者回归系数为负而不具有经济意义，或者两者兼具。因此，特区最佳的生产函数形式是规模报酬不变的柯布－道格拉斯函数，5 个特区的回归结果见表 6-9。

回归结果非常符合直观经验，资本、劳动和技术要素都显著影响经济产出，而在不同特区，各个要素对产出的影响程度又有所不同。

对于深圳和厦门，资本对经济增长的影响程度显然更高，1 个单位的资本投入分别能带来 0.81 个和 0.88 个单位的产出。对于珠海和汕头，1 个单位的资本投入分别能带来 0.66 个和 0.65 个单位的产出。海南的经济增长则没有那么大程度地依赖资本，反而对劳动要素的依赖程度更大，1 个单位的资本投入只带来 0.31 个单位的产出，这与海南的经济结构也是相符的。相对而言，各个特区的产出对劳动和技术要素的敏感程度都要小很多。整体来看，在特区 30 多年来的经济增长过程中，产出的增长对资本、劳动和技术的敏感程度从强到弱依次排列，这与全国的经验趋势也是一致的[①]。

**表 6 – 9　特区生产函数的参数估计**

| 解释变量 | 深圳 | 厦门 | 珠海 | 汕头 | 海南 |
|---|---|---|---|---|---|
| 常数项 | 0.73<br>（1.26） | 0.67<br>（0.81） | 2.21<br>（1.64） | 2.12<br>（11.23） | 4.65<br>（9.15） |
| $t$ | 0.04<br>（14.13）** | 0.08<br>（14.06）** | 0.04<br>（2.03）** | 0.04<br>（9.73）** | 0.05<br>（5.75）** |
| $\ln(K/L)$ | 0.81<br>（12.70）** | 0.88<br>（7.89）* | 0.66<br>（4.05）** | 0.65<br>（23.41）*** | 0.31<br>（4.09）* |
| 观察值 | 32 | 32 | 32 | 32 | 32 |
| $R^2$ | 0.91 | 0.90 | 0.93 | 0.94 | 0.89 |
| F 检验 | 1060.68 | 5266.27 | 1186.37 | 7557.22 | 3250.36 |
| DW 检验 | 2.00 | 2.42 | 1.75 | 2.21 | 1.70 |

注：括号内的值为 t 检验值；*** 表示在 1% 的水平上显著，** 表示在 5% 的水平上显著，* 表示在 10% 的水平上显著。

另外，特区经济比全国更加依赖资本，但技术对产出的贡献程度也要显著高于全国平均水平。总体而言，尽管特区在过去 30 多年取得了骄人的成绩，但在很大程度上仍然是大量投入要素导致的，相对而言，技术进步与特区经济增长的关联度仍然较低。

如前文所言，函数（6 - 1）至函数（6 - 4）暗含了技术效率为 100% 的不合理假定，在此假定下将资本和劳动贡献之外的余值都记为全要素生产率的贡献，并将此近似为技术进步的贡献。根据这种

---

① 根据已有研究成果，资本对全国产出的弹性系数为 0.56，劳动和技术的弹性系数分别为 0.29 和 0.02（袁易明，2008）。

方法比较三种要素对经济增长贡献的差异，将其作为特区经济增长差异的原因显然还不够准确。因此，对全要素生产率继续进行分解，从技术进步和技术效率的角度进一步探讨各个特区之间经济增长差异的原因，从而更准确地把握特区经济增长方式。

### （三） 特区经济增长过程的技术效率

如果全要素生产率已知，那么只要计算出技术效率的值，便可以实现对全要素生产率的继续分解。目前，计算技术效率的方法包含参数方法和非参数方法，限于数据，本书采用参数方法进行测算。其中，随机前沿生产函数（SFA）的应用最为广泛。鉴于以上两种方法都已较为成熟并且得到广泛使用，本书不再详细介绍技术效率的测算原理，根据函数（6-5），运用 SFA 方法直接计算各个特区的技术效率，即求 $u_{it}$ 的值。

运用 Frontier（Version 4.1）软件对上述模型进行估计，分别估算 5 个特区的技术效率值，估计结果见附录 1 附表 10。在此只给出 5 个特区不同发展阶段的平均技术效率（见表 6-10）。

表 6-10  不同阶段特区经济的平均技术效率比较

单位：%

| 年份 | 深圳 | 厦门 | 珠海 | 汕头 | 海南 | 全国 |
|---|---|---|---|---|---|---|
| 1980～2011 | 91 | 84 | 83 | 81 | 89 | 80 |
| 1980～1990 | 88 | 80 | 69 | 64 | 88 | 79 |
| 1991～2000 | 92 | 86 | 84 | 86 | 83 | 82 |
| 2001～2011 | 94 | 87 | 97 | 93 | 94 | — |

注：全国数据来源于袁易明《中国所有制改革对效率改进的贡献》，《中国经济特区研究》2008 年第 1 期。

可以看出，随着改革开放的深入进行，5 个特区的技术效率水平都有不同程度的提高，但距离完全的技术有效水平仍然存在很

大差距。从 20 世纪 80 年代到 21 世纪的头 10 年，深圳的平均技术
效率水平提高了 6 个百分点，厦门提高了 7 个百分点，海南提高
了 6 个百分点，珠海和汕头的变化尤为明显，分别提高了 28 个和
29 个百分点。与全国平均水平相比，5 个特区的技术效率仍然是
较高的。但是对特区内部进行横向比较，可以看出技术效率与经
济增长水平的对应关系并不严格，经济增长速度快的地区其技术
效率不一定高，经济增长速度慢的地区其技术效率也不一定低。
例如，尽管深圳的平均技术效率水平相对高于其他 4 个特区，但
海南的技术效率水平比厦门、珠海和汕头更高，几乎与深圳相当。
珠海与汕头的技术效率值也非常接近，但两地的经济增长水平存
在很大差距。

### （四）特区经济增长的要素贡献分解

经过以上的分析，特区经济增长过程以及导致特区差序格局的
因素也越来越清晰。可以看出，这种差异是多种要素综合作用的结
果。具体的，在分解各个特区经济增长过程的同时，也将导致特区
经济增长的要素贡献分离了出来，即资本、劳动、全要素生产率
（技术效率 + 技术进步）。据此，经济增长要素分解的基本模型可以
进一步改进为：

$$\ln(Y_{it}) = a_0 + \alpha_{it}t + \alpha_L\ln(L_{it}) + \alpha_K\ln(K_{it}) + \ln(e^{u_{it}+v_{it}}) \quad (6-6)$$

方程两边同时对时间 $t$ 求偏导，得到经济增长的具体解释模
型：

$$\ln(Y_{it})/\partial t = \partial(a_0 + \alpha_{it}t + v_{it})\partial t + \alpha_K\partial\ln(K_{it})/\partial t + \alpha_L\partial\ln(L_{it})/\partial t$$
$$+ \partial\ln(e^{u_{it}})/\partial t \quad (6-7)$$

各个要素对特区经济增长的贡献及其增长率列于表 6-11（各
个特区历年来的经济增长贡献分解见附录 1 附表 11 至附表 15）。

表 6 - 11　对特区经济增长差序格局的解释

单位：%

| 年份 | 特区 | 经济产出 | 资本 | 劳动 | 全要素生产率 | 技术效率 | 技术进步 |
|---|---|---|---|---|---|---|---|
| 1980~2011 | 深圳 | 24.6 | 20.3(81.2) | 14.3(13.4) | 5.5(5.4) | 0.6(2.5) | 4.9(2.9) |
| | 厦门 | 20.4 | 20.5(110.1) | 5.6(4.3) | 1.7(-14.4) | -0.5(-0.8) | 2.2(-13.6) |
| | 珠海 | 20.4 | 23.7(82.7) | 5.6(9.8) | 2.9(7.5) | 0.6(2.2) | 2.3(5.3) |
| | 汕头 | 14.0 | 15.7(73.9) | 1.9(5.0) | 3.0(21.0) | 2.8(15.6) | 0.2(5.4) |
| | 海南 | 12.1 | 16.1(44.4) | 2.3(13.7) | 5.7(41.9) | -0.2(-15.0) | 5.9(56.9) |
| 1980~1990 | 深圳 | 37.0 | 29.4(106.6) | 23.1(22.3) | 8.8(-28.9) | 1.7(6.6) | 7.1(-35.5) |
| | 厦门 | 26.7 | 21.4(125.8) | 3.5(2.5) | 7.5(-28.3) | -1.2(3.7) | 8.7(-32.0) |
| | 珠海 | 28.3 | 35.9(92.4) | 7.1(10.3) | 2.2(-2.8) | -1.9(-6.0) | 4.1(3.2) |
| | 汕头 | 15.7 | 19.6(103.6) | 3.5(7.9) | 1.5(-11.5) | 7.5(33.9) | -9.0(-45.4) |
| | 海南 | 11.7 | 17.4(50.7) | 2.8(19.3) | 4.6(30.0) | -2.3(-33.1) | 6.9(63.1) |
| 1991~2000 | 深圳 | 23.5 | 20.9(72.7) | 16.2(12.6) | 3.5(14.7) | -1.0(-3.0) | 4.5(17.7) |
| | 厦门 | 20.3 | 23.1(100.4) | 4.4(2.5) | -5.5(-2.9) | -0.7(1.0) | -4.8(-3.9) |
| | 珠海 | 20.8 | 22.4(80.5) | 7.3(13.4) | 3.5(6.2) | -1.9(-1.4) | 5.4(7.6) |
| | 汕头 | 17.0 | 19.1(72.8) | 1.0(1.3) | 4.0(25.9) | -0.9(1.6) | 4.9(24.3) |
| | 海南 | 12.9 | 18.5(51.6) | 1.0(3.6) | 6.7(44.8) | 3.0(-5.4) | 3.7(50.2) |
| 2001~2011 | 深圳 | 14.4 | 11.5(65.8) | 4.47(6.1) | 4.2(28.2) | 0.8(4.1) | 3.4(24.1) |
| | 厦门 | 14.8 | 17.3(104.7) | 8.56(7.6) | -1.5(-12.3) | -0.8(-5.9) | -0.7(-6.4) |
| | 珠海 | 12.9 | 13.7(73.6) | 2.59(6.3) | 3.3(20.1) | 1.5(12.7) | 1.8(7.4) |
| | 汕头 | 9.7 | 8.9(56.0) | 1.31(4.6) | 3.4(39.3) | 1.7(16.9) | 1.7(22.4) |
| | 海南 | 11.8 | 12.8(32.2) | 2.91(17.6) | 5.9(50.2) | -1.2(-6.5) | 7.1(56.7) |

注：括号外数据为各要素年均增长率，括号内数据为各要素对经济增长的贡献率。

## （五）特区之间经济增长差异的解释

结果表明，特区经济在 1980~2011 年取得了高速增长，特别是深圳、厦门和珠海，年均增长率都超过了 20%。但除了海南之外，特区经济增长的主要贡献都来自资本投入，对资本的依赖甚至达到一种畸形的地步。其中，汕头经济增长过程中的资本贡献率达到

73.9%，深圳和珠海经济增长过程中的资本贡献率都超过了80%，厦门经济增长过程中的资本贡献率更是达到了110.1%。相比之下，劳动要素对各个特区经济增长的贡献率要低很多，劳动贡献率最高的深圳和海南也只有13%左右，另外3个特区的劳动贡献率都低于10%。值得注意的是，经济发展程度较高的深圳、珠海和厦门3个特区的全要素生产率贡献率与汕头和海南相比要低很多，深圳的全要素生产率贡献率又低于珠海，可见全要素生产率在1980～2011年对经济增长的贡献并不显著。这就意味着，特区经济的高速增长并不特别依赖全要素生产率的提高。

就全要素生产率的构成来看，深圳和珠海在经济增长过程中，技术效率和技术进步的贡献率都是正的，其中技术进步的贡献率相对更大；汕头的技术效率贡献率显著高于技术进步贡献率，本书推测这与汕头国有企业比重相对较大的历史禀赋有关，20世纪80年代初的改革显著提高了汕头的技术效率水平，深圳和珠海的国有企业比重几乎为0，自然不需要经历这一进程。而海南的技术效率对经济增长的贡献率为负，表明海南经济增长和全要素生产率的提高主要依赖技术进步，但是技术效率极低。

总体而言，伴随着特区经济的高速增长，全要素生产率水平也有了较大程度的提高，但这显然不是经济高速增长的必要条件，经济高速增长依赖的是大量且快速的要素投入，特别是资本要素的投入。另外，全要素生产率提高的主要因素在于技术进步，但在技术进步的同时，技术效率很低，因此有理由怀疑这些为数不多的技术进步并非内生于经济体系，在长期可能存在令人担忧的适应性问题。

当然，以上表述只是概括了特区30多年来的总体经济增长过程，但是对于这30多年中的细微变化仍然有待做进一步分析。

20世纪80年代，也就是特区设立的头10年，深圳、珠海和厦门3个特区的经济都获得了超高速的增长，其中深圳的年均增速接近 40%，厦门和珠海的年均增速接近 30%，而汕头和海南的年均增速分别只有 15.7% 和 11.7%。在这个增长过程中，资本投入几乎贡献了全部增长，深圳、厦门和汕头的资本贡献率均超过 100%，珠海的资本贡献率也达到了 90% 以上。此外，劳动要素也为各个特区的经济增长做出了不同程度的贡献。除海南以外，全要素生产率对各个特区经济增长的贡献率均为负值。然而，技术效率的改进仍然为深圳、厦门和汕头的经济增长做出了贡献，技术进步却没有对这段时期的经济增长发挥正面作用。海南和珠海的情况刚好相反，在这 10 年当中，这两个特区的技术进步仍然为当地经济增长做出了一定程度的贡献。

20 世纪 90 年代，与前 10 年相比，深圳、厦门和珠海的经济增长率都有了很大程度的下降，汕头和海南的经济增长率则有了一定程度的提高，但前者仍显著高于后者。在这 10 年中，经济增长对资本投入的依赖程度有所下降，深圳的资本贡献率下降了 33.9 个百分点，厦门的资本贡献率下降了 25.4 个百分点，珠海的资本贡献率下降了 11.9 个百分点，汕头的资本贡献率下降了 30.8 个百分点，海南的资本贡献率小幅提升 0.9 个百分点，不过各个特区对资本的依赖程度仍然处于比较高的水平。此外，在这 10 年中深圳、珠海和汕头的全要素生产率贡献率均由负值变成正值，但与前 10 年不同的是，技术效率的贡献在该时期开始变得不明显，全要素生产率的提高主要依赖技术进步。

自 21 世纪以来，深圳、厦门和珠海的经济增长率进一步下降，海南和汕头的经济增长率仍然基本保持稳定。在这一阶段，几个特区对资本投入的依赖程度再次下降（厦门除外），资本投入的增长率也有所下降；劳动要素的贡献及其增长率虽然有所变化，但变化幅度并不大；全要素生产率贡献率在这个阶段有了大幅提升，无论是技术效率还是技术进步的贡献率都开始显著为正（海南的技术效率贡献率为负，厦门的技术效率贡献率和技术进步贡献率均为负）。但是全要素生产率的增长率仍然相对较低，技术效率的贡献率和增长率仍然低于技术进步的贡献率和增长率。

# 四　特区经济增长的主要特征

根据对特区经济增长因素的分解以及对特区经济增长贡献的定量分离可知：与全国经济增长方式类似，特区经济高速增长主要体现为"外延式增长"，这种"外延式增长"又主要体现在资本投入方面，资本生产力的释放是特区经济高速增长的主要力量，也是导致特区经济增长存在差距的最主要因素。

以技术效率和技术进步为源泉的全要素生产率增长速度缓慢，其对特区经济增长的贡献很小。其中，技术效率的贡献率和增长率又明显低于技术进步，与此同时，技术进步也并未显著提高全要素生产率水平，技术效率的增长率在大多数时期甚至为负值，这表明特区的技术进步并非内生于经济体系，技术的适应性可能存在问题。

因此，特区经济存在局部收敛的可能，也存在继续分化的趋势。特区经济增长率和资本增长率的趋同为局部收敛提供了可能，但全要素生产率增长率的地区差异也为分化提供了可能。在新一轮的经济转型过程中，能够率先提高全要素生产率水平的地区将可能获得转型机遇，甚至像特区设立伊始那样在区域竞争中取得先行优势。

总之，特区经济在过去的30多年中取得了非凡的成就，经济增长方式鲜明地体现为高投入特征。但是从30多年的经济增长趋势来看，5个特区的增长率下降趋势非常明显，这表明特区经济超高速增长的时代已经结束。另外，特区全要素生产率也在不断下降，特别是技术效率的提高逐渐遭遇瓶颈，导致技术进步不能很好地应用于经济增长过程，进一步增加投入只能导致粗放的经济增长。

类似的，中国整体经济高速增长的时代也已结束，中国经济增长不断遭受质疑。在这样的背景下，越来越多的人开始冷静反思特区以及中国经济高速增长的真正原因。根据 Alwyn Young（2003）的估算，1978~1998 年中国工业和服务业全要素生产率增速为 1.4%（低于此前的 2.7%），当资本和劳动积累停止时，中国经济也将跌下神坛。按照这个逻辑，特区对投入的依赖程度较全国更为严重，特区的未来也更加令人担忧。

随着国内外经济的下行趋势持续蔓延，为了保持一定程度的经济增长，各个特区仍然在不断加大资本投入力度（尽管投资率较之前有了很大程度的下降，但仍然维持了相当大的比例）。从各个特区的要素增长率来看，资本的年均增长率明显高于劳动、技术要素，这表明特区的经济增长方式在根本上仍然没有转变。另外，随着特区经济增长速度的不断放缓，生态和环境污染、不断扩大的贫富和区域差距、医疗和社会保障、社会群体事件激增等问题也日益严峻和突出。

# 五　小结

进入 21 世纪以来，全球经济风云突变，对外贸易形势急剧恶化。内外交困之际，特区经济的资源禀赋和国内外环境都发生了深刻的变化，当前的经济增长方式越来越难以适应新形势。但是，尽管特区当前的经济增长方式不可持续，问题也已得到揭示，然而高投入和非均衡增长方式又确实引致了特区经济的高速增长，深刻改变了特区的贫穷面貌，甚至创造了世界经济发展史的奇迹。为了实现可持续的经济增长，是否应当摒弃当前的高投入增长方式？本书认为应当对这种非此即彼的思路保持谨慎，继续寻找深层次的原因。

另外，由于在本书的研究中并未区分体现式技术进步，而资本体现式技术进步和技能偏向型技术进步将内在地影响要素使用，因而几个特区对资本等要素投入的过度倚重可能有其合理性或深层次的原因，不过对于这一点到目前为止还没有充分的证据支持。那么在此之前，就不能轻易地否定要素投入。即使已经确定了特区当前经济增长方式的技术效率和技术水平不高，也无法轻易否定特区经济运行的技术效率①，毕竟特区经济高速增长了 30 多年。在长期，合理配置各种资源要素，提升全要素生产率水平，提高技术效率和促进技术进步当然是特区经济可持续增长的关键，但是如何平衡这几者的关系来具体实现特区经济的可持续增长是未知的。

---

① 技术效率是指投入与产出之间的关系。如果用既定的投入生产出了最大的产量，或者要生产既定产量时用的投入最少，就实现了技术效率。经济效率是指成本与收益之间的关系，当成本既定收益最大，或收益既定成本最小时，就实现了经济效率。在经济学中，技术效率通常属于生产论范畴，经济效率通常属于成本论范畴。因此，即使技术效率很低，也并不必然意味着经济运行效率也低。

# 第七章 中国经济特区经济增长方式的合理性检验

通常认为特区过度依赖投入的外延式经济增长方式是一种粗放的增长方式，因而是不可持续的，未来经济转型的关键在于改变以往过度依赖投入（特别是资本要素）的增长方式。但是到目前为止，并没有明确的证据表明特区经济的要素使用效率是低下的。此外，有必要注意这种投入是绝对过剩还是相对过剩，也就是特区经济增长和投资过程中的不平衡问题（区域和行业之间），本书认为问题的关键可能在于后者，比投入数量更为重要的是要素配置效率。

对于一个有活力的新兴经济体而言，投资机会通常也是比较多的。因此，对于快速增长的后发地区而言，依靠大量的要素投入（而不是技术进步等要素）来实现经济增长可能是合理的，接下来本书将通过要素（以资本要素为例）的使用效率来检验特区经济增长方式的合理性。由于要素这一抽象概念是附着于具体产业载体上的，产业构成了经济增长的实体内容，本书还将从产业角度分析特区经济增长方式合理性的前提条件。

## 一 特区经济"过度投入"问题的真实性

"过度投入"是否真的是一个问题？根据上一章的计量结果，30多年来，特区经济对要素投入的依赖程度是相当高的，特别是资本要素对经济增长的贡献率更是达到了惊人的程度，远远超过其他发达地区的资本贡献率，也比中国整体的资本贡献率高了1倍左右[①]。
因此，许多人认为特区"粗放"的经济增长方式比中国整体有过之
而无不及，造成了极大的资源浪费。由于特区经济增长中的要素投
入主要来自内地，或者中央的特殊政策支持，因此许多人认为特区
经济的高速增长是以牺牲内地发展为代价的，这是特区长期以来饱
受争议的重要原因之一。对于特区经济的未来，许多人认为应该改
变当前过度依赖投资的增长方式，从投资驱动的增长转变为消费驱
动的增长，从要素驱动的粗放式增长转变为效率驱动的集约式增长。

　　不过，本书认为这种观点很难成立。根据前文的分析结果，特
区经济增长过程中的全要素生产率（TFP）增长率并不低，1980～
2011年，深圳的 TFP 年均增长率为 5.5%，厦门的 TFP 年均增长率
为 1.7%，珠海的 TFP 年均增长率为 2.9%，汕头的 TFP 年均增长率
为 3.0%，海南的 TFP 年均增长率为 5.7%。分阶段来看，其中几个
特区在经济增长初期的 TFP 年均增长率还要更高。1980～1990年，
深圳、厦门、珠海、汕头、海南的 TFP 年均增长率依次为 8.8%、
7.5%、2.2%、1.5%、4.6%；1991～2000年，5个特区的 TFP 年
均增长率依次为 3.5%、- 5.5%、3.5%、4.0%、6.7%；2001～
2011年，5个特区的 TFP 年均增长率依次为 4.2%、- 1.5%、
3.3%、3.4%、5.9%。

　　与此同时，日本在经济高速增长的 1950～1973年的 TFP 年均增
长率为 5.1%（麦迪逊数据），中国台湾地区在 1970～1990年的 TFP
年均增长率为 4.5% 左右（其中 1970～1980年为 5.1%，1981～
1990年为 3.9%），韩国在 1970～1980年的 TFP 年均增长率只有
0.7%，但是在 1981～1990年则达到了 2.8%（Kawai Hiroki，1994）。

---

[①]　帕金斯（Dwight Perkins）和罗斯基（Tom Rawski）在《伟大的中国经济转型》一书中核
　　算了中国经济的增长过程，结果表明，1978～2005年中国的 GDP 年均增长 9.5%；资本
　　年均增长 9.6%，为 GDP 增长贡献了 44.7%；教育增强型的劳动力年均增长 2.7%，占
　　GDP 增长的 16.2%；TFP 年均增长 3.8%，贡献了 GDP 增长的 40.1%（张军，2014）。

东亚"四小龙"中经济增长表现较好的中国香港地区在 1960～1990 年的 TFP 年均增长率也仅为 2.4% 左右，而在美国经济增长过程中相当长的时间内，TFP 年均增长率从未超过 2%（张军，2014）。按照以上逻辑，以上国家和地区的经济增长方式都将是粗放的，但这些地区无一例外地都成功跨越了中等收入陷阱，成功跻身高收入群体之列，并且成为许多后发地区的榜样。但是，这些地区的 TFP 年均增长率表现并不绝对优于特区。

由此可见，特区经济"过度投入"的观点并不成立，高投入现象确实存在，但未必粗放，投入效率不一定低，同时带来了高速增长，迅速改变了特区贫穷落后的面貌。1980～2011 年，深圳、厦门和珠海的年均增长率甚至超过了 20%，深圳在 20 世纪 80 年代的年均增长率甚至接近 40%，这些地区的变化是翻天覆地的，创造了世界经济发展史上的又一奇迹。从劳动生产率的变化情况来看，特区的劳动生产率水平也有了显著提高，并且这种增长势头仍在持续（见图 7 - 1），这表明特区的生产力水平有了实质性的提高，特区经济增长是真实的。

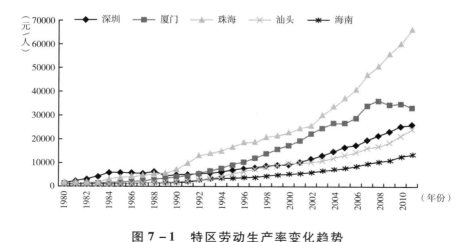

图 7 - 1　特区劳动生产率变化趋势

注：劳动生产率 = 经济总产出/劳动力数量，已按照 1980 年为基期消除了价格因素影响。

　　那么，为什么特区的 TFP 增长率并不低，对经济增长的贡献率却不高？原因在于这些地区经济增长的速度实在是太快了，通过残差法计算的必然结果便是 TFP 增长的较低贡献率。因此，本书认为特区经济的"过度投入"问题总体上并不成立（部分地区的 TFP 增长率确实较低，甚至拖累了经济增长，如厦门）。对于新兴的经济体，特别是考虑 20 世纪 80 年代初期中国整体的发展背景，以及特区的初始经济增长条件，特区的投资机会是非常多的，这是特区大量投入的合理性所在，结果也确实带来了特区超高速的经济增长。接下来本书将进一步考察各个特区具体的要素投入和使用情况，比较几个特区在各个阶段的要素使用效率是否存在差异。

## 二　特区经济的投资效率及其合理性检验

　　30 多年来，特区从一穷二白迅速实现了超高速的经济增长。要素，特别是资本投入在其中发挥了关键作用。特区经济超高速增长的同时，资本形成能力也在不断强化，投资率呈现周期性上涨趋势。与发达国家和地区乃至国内其他地区相比，除深圳以外，4 个特区的投资率始终维持在较高水平（见图 7－2）。当前，特区经济增长

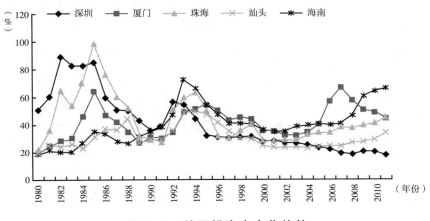

图 7－2　特区投资率变化趋势

在很大程度上仍然依赖资本投入的增加，那么这种投入是否真的有效？如果是，是始终有效还是阶段性有效？本书抽象出投资这一核心指标，对特区经济增长方式的合理性进行检验，检验依据是特区的投资效率，衡量指标为边际资本－产出比率。

## （一）投资效率的测算方法

根据 Solow（1957）的增长核算方程，在规模报酬不变、外生性技术进步和完全竞争市场的条件下，经济产出的增长可以分解为：

$$g_y = \alpha g_l + (1 - \alpha)g_k + g_{TFP} \qquad (7-1)$$

其中，$g_y$、$g_l$、$g_k$、$g_{TFP}$ 分别代表产出、劳动、资本和全要素生产率的增长率，$\alpha$、$1-\alpha$ 分别表示劳动和资本的产出弹性，经过变换可得：

$$g_k - g_y = \alpha(g_k - g_l) - g_{TFP} \text{ 或者 } g(K/Y) = \alpha g(K/L) - g(TFP)$$
$$(7-2)$$

式（7－2）表明资本－产出比率（资本生产率的倒数）的变化是由资本－劳动比率（人均资本量，也称为资本密度）的变化与全要素生产率变化之差（净效应）构成的。当资本密度不变时，全要素生产率的增长将全部转化为资本生产率的提高；当资本密度发生变化时，资本生产率将由两者变化的净效应共同决定。

进一步的，由于不同发展阶段的资本生产率通常存在很大差别，为了消除这种影响，通常使用边际资本－产出比率（Incremental Capital-Output Ratio，ICOR）来衡量资本的边际生产率。根据定义，资本的边际生产率是指资本存量的边际产出（$dY/dK$），资本存量的变动又等于投资流量，那么资本的边际生产率就可由 $dGDP/I$ 计算得出，又有 $ICOR = I/dGDP$。显然，ICOR 值越小，资本的边际生产率就越高。在完全竞争的市场条件下，ICOR 值应该很小或者接近于 0，原因在于投资效率的提高将趋于保持资本和产出的同步增长，因此全要素生产率的增长大体等于劳动份额与劳动生产率增长率的乘积（布兰德、费希尔，1998）。但现实中不同国家的 ICOR 存在显著差别，反映了不同地区具有不同的经济增长方式和不同的资本使用效率。例如，1960～1973 年，韩国、新加坡和中国台湾的 ICOR 值为 1.7～2.5，巴西的 ICOR 值最高时达到 3.8，印度和智利的 ICOR 值更是长期保持在 5.5 以上的高位区间。

## （二）投资效率的测算结果

根据以上方法，本书分别测算了 5 个特区 1980～2011 年的 ICOR 值，并将其 5 年移动平均值描绘成图，以便更准确地观察特区 ICOR 的长期变化趋势。其中，ICOR 值的上限和下限分别为 2.5 和 1.7，表示东亚较发达的韩国、新加坡和中国台湾的 ICOR 所在区间。由于 ICOR 的变化由资本 - 劳动比率和 TFP 的变化共同决定，本书分别测算并描绘了 5 个特区在这两方面的变化趋势，以观测 ICOR 变化的具体原因。

### 1. 深圳

深圳的 ICOR 变化规律与东亚发达国家的情形最为相似。20 世纪 80 年代深圳的 ICOR 迅速上升并长期维持在高位（见图 7 - 3），

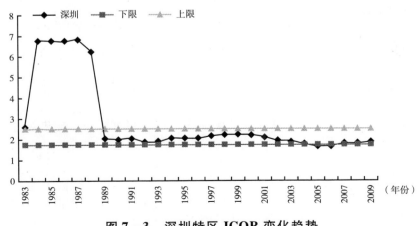

**图 7 - 3 深圳特区 ICOR 变化趋势**

这表明深圳的投资效率在这 10 年中并不理想。显然，这与深圳特区成立初期政府主导的大规模投资密不可分，资本密度从而迅速提高，TFP 的下降趋势更加明显，两种因素共同制约了资本配置效率的提高，导致对资本要素的粗放使用。

但是很快，大约从 1984 年开始，深圳的资本边际生产率下降趋势便得到遏制。进入 20 世纪 90 年代以后，深圳的资本边际生产率迅速提高并逐渐保持平稳，资本密度的提高与 TFP 的提高基本保持了同步变化趋势。这就说明，在大部分时间内，深圳的投资效率都是能够得到保证的，因此大量的资本投入是合理的。值得注意的是，尽管长期以来深圳的资本边际生产率始终较为平稳，但平稳的原因并不相同，大约在 20 世纪 90 年代中期之后，深圳的资本－劳动比率和 TFP 的增幅都出现了不同程度的下降，经济增长率的同期下降趋势同样明显（见图 7－4），因此寻找经济长期增长的新动力开始变得迫切起来。

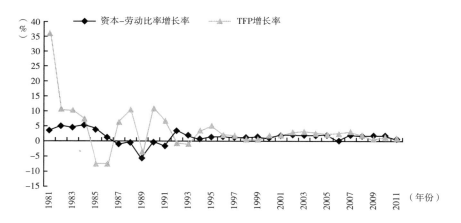

**图 7－4　深圳特区资本－劳动比率增长率和 TFP 增长率变化趋势**

2. 厦门

根据图 7－5 和图 7－6，厦门的 ICOR 呈现周期性上涨和下降的变化趋势，这表明厦门的资本使用效率也呈现周期性变化。厦门特区设立伊始，投资突发性增长一方面使得资本密度迅速提高，另一方面使得 TFP 急剧下降，共同导致厦门的资本边际生产率下降，这与深圳经济增长初期的情况是一致的。

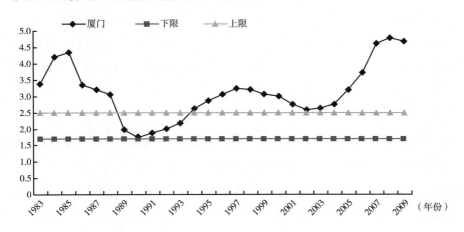

**图 7-5　厦门特区 ICOR 变化趋势**

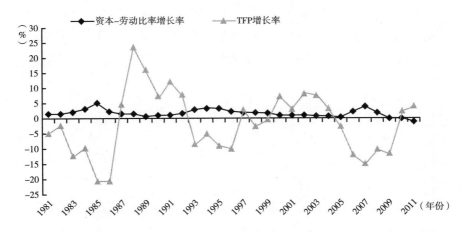

**图 7-6　厦门特区资本-劳动比率增长率和 TFP 增长率变化趋势**

但是，大约在 1985 年前后，厦门的 TFP 迅速上升，资本使用效率随之提高。但是进入 20 世纪 90 年代之后，之前的变化趋势再次反转，资本的边际生产率再次下降。90 年代中期有所提高，但进入

21 世纪后又急剧下降。导致资本边际生产率变化呈波浪形特征的主要原因在于 TFP 增长率的大起大落。总体来看，厦门的 ICOR 在 20 世纪 80 年代中后期和 90 年代中后期都呈现了下降趋势，表示这两个阶段的资本边际生产率是逐渐提高的，因而在这一时期增加投资也是合理的。进入 21 世纪，继续增加投资就将面临效率问题，但事实上厦门的资本密度始终保持平稳甚至略为下降，这表明影响厦门投资效率的原因并不在于资本投入，其根源仍然在于 TFP。

### 3. 珠海

珠海的 ICOR 演变轨迹与厦门非常相似（见图 7 - 7），这表明珠海的投资效率同样呈现周期性的上涨和下降趋势，造成这一结果的原因是 20 世纪 90 年代中期之前资本密度和 TFP 的交替上涨和下降。总体而言，20 世纪 80 年代以及 90 年代中期至 2005 年，珠海的资本边际生产率都呈现上升趋势，这表明这一时期的投资是合理的。与厦门不同的是，自 20 世纪 90 年代中期之后，珠海的 TFP 增长率逐渐平稳，而厦门的 TFP 增长率始终呈现剧烈波动的趋势。整体而言，珠海的 TFP 增长率要高于厦门（见图 7 - 8）。21 世纪以来，珠海的

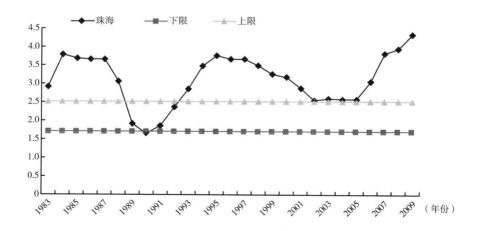

图 7 - 7　珠海特区 ICOR 变化趋势

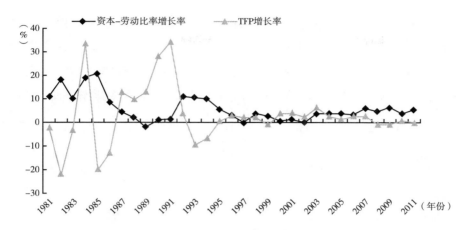

**图 7 - 8　珠海特区资本 - 劳动比率增长率和 TFP 增长率变化趋势**

资本密度有所提高，TFP 增长率却呈现下降趋势，从而造成资本的边际生产率迅速下降，继续增加投资就是不合理的，投资效率也将得不到保证。

4. 汕头

与其他几个特区相比，汕头的 ICOR 出现了一些不一样的变化趋势。汕头特区成立初期，其资本的边际生产率像其他特区一样经历了短暂的下降，但很快便开始上升，并且始终保持在较高水平。根据图 7 - 9，汕头的 ICOR 值在大多数年份为 1.7 ~ 2.5，21 世纪初期汕头的 ICOR 值更是出现了惊人的下降。本书推测这与汕头的国有企业比重远高于其他几个特区有关，与深圳、珠海等地设立特区时一穷二白的局面不同，汕头在设立特区之前便已具备一定的工业基础，长期以来也一直是广东省的经济重心。计划经济向市场经济的转轨迅速释放了汕头的生产潜能，大规模投资在市场经济体制下获得了较高的配置效率，于是产生了图 7 - 9 的变化轨迹。从图 7 - 10 可以看出，20 世纪 90 年代中期之前，汕头的资本密度不断提高，与此同时，汕头的 TFP 增长率也有了很大程度的提高，共同导致了汕头较高的投资效率。但是，尽管资本的边际生产率很高，但汕头的投资数量远远落后于深圳、厦门和珠海，经济增长率自然也远远低于这3个特区。与深圳类似，一个值得注意的倾向是汕头近年来的资本密度逐渐提高，TFP 增长率开始减缓，进而导致资本边际生产率逐渐下降。

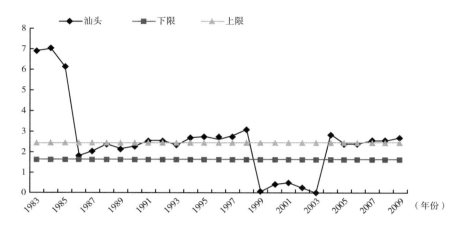

图 7-9　汕头特区 ICOR 变化趋势

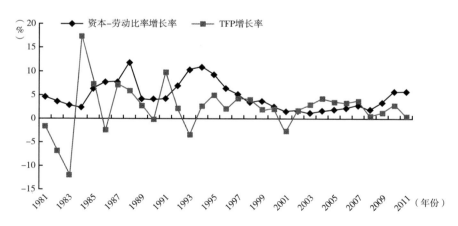

图 7-10　汕头特区资本-劳动比率增长率和 TFP 增长率变化趋势

## 5. 海南

与其他特区相比，海南的情况更加特殊，不仅设立特区时间较

晚，而且起点也较低。在发展定位上，海南始终不像其他 4 个特区
那样赋予工业过高的战略使命，反而是农业和旅游业在海南经济
中占了较大比重。从计算结果来看，海南的资本边际生产率始终
较低，远离东亚发达国家这一标准区间。但在 20 世纪 90 年代，海
南的资本边际生产率急剧下降，众所周知，这一时期房地产泡沫
将海南经济置于巨大的风险波动之中，结果导致这一时期的投资
效率急剧下降。总体而言，海南的 TFP 有了很大程度的提高，其
增长率在所有特区中表现都是最为突出的，对经济增长的贡献率
也最高。然而，海南的经济增长表现却明显劣于其他几个特区。
与此同时，海南的资本密度提高得非常快，这表明海南的劳动力
增速过慢（这与上一章的描述是一致的，见图 7 - 11、图 7 - 12）。
近年来，两者的变化趋势逐渐趋缓，但资本密度的增长率仍然显
著高于 TFP 的增长率，导致资本边际生产率继续下降，资本投入
的增长率也是持续下降，反映了海南的投资机会并不多。自然的，
伴随发生的是海南经济的持续缓慢增长。

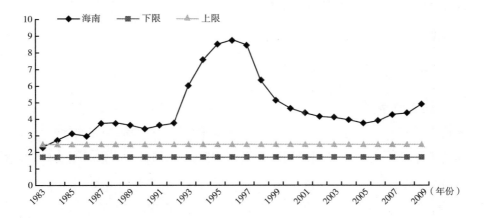

**图 7 - 11　海南特区 ICOR 变化趋势**

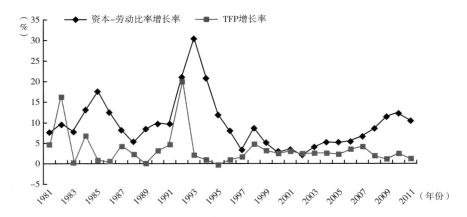

图 7 – 12　海南特区资本 – 劳动比率增长率和 TFP 增长率变化趋势

## （三）TFP 与资本投入的关系

5 个特区的 ICOR 变化趋势各不相同，原因也各不相同，反映了特区经济的差异化增长方式。可见，决定投资效率的不仅仅是投入数量，它是由资本密度和 TFP 共同决定的，两者之间的关系也并非简单的线性关系。接下来本书进一步考察特区 TFP 增长率与资本密度之间的关系。

### 1. TFP 与资本密度的关系

投资效率是由资本密度和 TFP 的增长率共同决定的。特区资本密度与 TFP 的不同变化轨迹表明两者之间不可能是简单的单调关系，而是存在更为复杂的非线性关系（Ohkawa，1984；张军，2010），这种关系进而体现在不同的发展场景中。根据 Toh 和 Ng（2002）的方法，本书将 TFP 的变化定义为资本密度的二次函数：

$$g(TFP) = \alpha_0 + \alpha_1 g(K/L) + \alpha_2 \left[ g(K/L) \right]^2 \qquad (7 - 3)$$

其中，$\alpha_0$ 是不能用资本密度变化解释的 TFP 变化的一部分，$\alpha_1$、$\alpha_2$ 分别是资本密度变化率及资本密度变化率平方项的参数。根据式（7-3）不难得出 TFP 变化率的最大值。通常认为，当资本密度达到临界值之前，TFP 的增长逐渐趋缓；当资本密度超过临界值之后，TFP 开始下降。以上过程体现为正的参数 $\alpha_1$ 和负的参数 $\alpha_2$，表示经济增长初期的投资主要用于资本深化，TFP 水平随之提高，但增长趋势是递减的，当资本投入达到一定程度时，TFP 也将开始下降。

### 2. 估计结果

为了验证以上结论，根据式（7-3），分别对 5 个特区进行估计，结果见表 7-1。

表 7-1  特区 TFP 变化特征的参数估计结果

| 特区 | $\alpha_0$ | $\alpha_1$ | $\alpha_2$ |
| --- | --- | --- | --- |
| 深圳 | 0.039 *** (6.896) | -0.152 * (-1.958) | 1.720 *** (3.350) |
| 厦门 | — | -0.424 ** (-2.371) | 2.326 ** (2.436) |
| 珠海 | 0.110 *** (2.880) | -0.881 ** (-2.106) | 2.220 * (1.907) |
| 汕头 | — | 0.656 *** (6.357) | -2.268 *** (-4.284) |
| 海南 | 0.093 *** (3.715) | -0.666 * (-1.904) | 2.336 ** (2.096) |

注：括号内的值为 t 检验值；*** 表示在 1% 的水平上显著，** 表示在 5% 的水平上显著，* 表示在 10% 的水平上显著。

根据表 7-1，估计结果与通常的观点存在很大不同。除了汕头，其他 4 个特区的参数 $\alpha_1$ 都为负，参数 $\alpha_2$ 都为正，这表明特区 TFP 变化与资本密度的变化之间呈现正 U 形曲线特征，而不是全国整体呈现的倒 U 形曲线特征，只有各方面特征都与全国相似的汕头的 TFP 呈现倒 U 形的变化特征。考虑更长的时期，两者之间的关系还可能呈现 W 形的变化特征，特区 TFP 增长率的波浪形变化特征证实了这一点，这表明资本密度和 TFP 的变化之间既可能呈现正相关性，也可能呈现负相关性。由此可见，在真实的发展场景中，TFP 的演变路径存在很大差异，提高 TFP 与资本投入之间并不存在必然冲突（U 形曲线的右侧和倒 U 形曲线的左侧），应当根据具体的发展阶段和发展特征，有针对性地提高 TFP，而不是简单否定投入。

### （四）特区经济增长方式的合理性检验结果

#### 1. 总体检验结果

综上所述，资本的边际生产率在特区成立初期出现了短暂的下滑，这主要是由突发的大规模投资造成的。短暂的调整之后，随着计划经济向市场经济的过渡，逐渐释放了经济增长的活力，要素配置效率大幅度提高，全要素生产率水平随之提高，投资效率转而开始提高，特区就此开始走上经济高速增长的道路。由此证明，大量的资本投入和持续的 TFP 增长在特定阶段可以同时实现，大量投入并不必然导致粗放的经济增长方式。

20 世纪 90 年代中期之前，也就是特区经济增长的前半阶段，与资本密度的变化趋势相比，特区 TFP 增长率的变化幅度都非常大，呈现周期性的升降特征。这在一定程度上表明了特区经济"外延式增长"的特征，通过承接发达国家和地区的产业转移，特区产业结构迅速转型升级，技术水平随之迅速提高。但是由于阶段性地承接先行地区淘汰下来的产业，许多地区并未考虑这些产业与原有产业之间的互补性，技术对整个经济体系的外溢效应并不明显，也就没能形成内涵式增长。最新承接的产业带来了新的技术进步，一段时期后随着新技术的潜力释放完毕，TFP 的增长也就遇到了瓶颈，增长率开始下降，于是体现为 TFP 增长率的周期性变化。不过总体上特区 TFP 和资本边际生产率的增长趋势仍然非常明显，因而这一时期的投资基本上是有效的。

20 世纪 90 年代中期之后，特别是 21 世纪以来，特区产业结构已经发展到相当程度，产业转型升级开始变得困难，新的技术进步失去了引进渠道，再加上技术效率又不能得到有效提高，TFP 也就无法继续提高。于是，这一时期各个特区的 TFP 增长率都开始变得平稳，甚至有所下降。随着全国其他地区的发展，特区对外来劳动力的吸引力逐渐下降。在这种条件下，如果继续增加投资，资本密度就会迅速提高，资本的边际生产率也将迅速下降，投资效率就得不到保证。只有资本密度与 TFP 的变化趋势保持一致，才能继续维持较高的投资效率，深圳的情况就是这样。而厦门、珠海和海南并未做到这一点，由于无法继续依靠引进外来技术提高 TFP，继续增加投资就会产生效率问题。

## 2. 特区之间的差异性

资本的边际生产率在几个特区的变化趋势并不一致，反映了不同地区投资效率的差异化特征。某一阶段（20 世纪 90 年代中期以来）一些地区（如厦门、珠海和海南）的投资效率的确较低，而另一些地区的投资效率却可能很高，因而不能简单否定所有地区的投资这驾马车，也就不能否定所有地区经济增长方式的合理性。根据 5 个特区的差异比较，可以得出以下几点结论。

第一，特区设立初期，计划经济向市场经济的转变迅速释放了各种要素的生产潜力，固定资产投资和引进外资数量迅速增长，不可避免地造成了特区不同程度的投资效率下降。但是短暂的调整之后，较计划经济时期，各个特区的 TFP 还是有了很大程度的提高，资本使用效率随之大幅提高。

第二，随着经济发展程度的提高，5 个特区的 ICOR 变化呈现分化趋势。市场化程度较高的地区的 ICOR 在经济发展到一定时期会逐渐平稳，平稳的原因不是在于资本投入量保持不变，而是在于 TFP 的增长与资本密度的提高基本保持同步。深圳和汕头的 ICOR 变化趋势与此相似，但相似的原因有所不同。深圳的资本－劳动比率增长率与 TFP 增长率的变化趋势都较为平稳，而这两者在汕头的波动幅度则要大得多①。另外，厦门和珠海的 ICOR 变化轨迹要复杂很多，呈现周期性震荡特征。可见，尽管厦门和珠海的经济发展程度远高于汕头，但资本使用效率不一定高，经济增长更快的原因只是在于获得了更快的技术引进、更多的投资机会和更大的资本投入。海南的 ICOR 在大多数年份较为平稳，但海南对工业化的重视始终不足，也就失去了承接国外产业转移和引进国外先进技术，进而增加投资机会的可能性，这是海南落后于其他几个特区的重要原因。

第三，进入 21 世纪以来，随着特区前期的经济超高速增长势头逐渐放缓，尤其是近年来经济增长下行压力逐渐增大，几个特区的资本密度都有了不同程度的提高，这将抵消 TFP 的缓慢增速。考虑到大部分地区自 20 世纪 90 年代中期以来 TFP 的增长便开始趋稳，甚至有所下降，继续增加投资以维持经济增长只能导致投资效率的进一步下降。

因此，大约在 20 世纪 90 年代中期，特区经济增长方式的转型开始变得非常必要，但大部分特区的转型并不成功（深圳除外），总体上依然延续了之前的经济增长方式。当然，这种转型并不意味着简单地减少要素投入，各个特区的投资增长率都有了不同程

---

① 汕头的表现非常特殊，根据我们的调研，汕头的市场化程度远远落后于其他几个特区，汕头的国有化程度依然较高，对内和对外开放程度都严重不足，但是汕头的资本边际生产率显著高于珠海、厦门和海南。经过分析，这是由汕头的资本投入增长率过低造成的，客观上却导致了汕头与深圳类似的 ICOR 变化曲线，反映了汕头对资本的吸引力严重不足。

度的下降，但是更加根本的是着力提高 TFP 水平。由于 TFP 的提高一方面由技术进步构成，另一方面由技术效率的改进构成，特区经济的可持续增长有赖于分别从技术进步和技术效率两个方面提高 TFP 和要素使用效率。根据上一章的分析结果，技术效率在当前尤为关键，否则，盲目追求技术进步很有可能产生大量不适应当前经济体系的、外生性的技术创新活动，很可能是低效甚至无效的，TFP 也就无法得到持续提高，这是许多特区转型失败的重要原因之一。

## 三　当前特区经济增长方式的合理性条件

上一部分检验了特区经济依靠大量投入的增长方式，从资本密度和 TFP 的角度对投资效率进行了分解。通过对特区 30 多年来的投资效率进行考察，结果表明，特区在 20 世纪 90 年代中期之前，投资效率总体上是较高的，源源不断的外来劳动力稀释了资本密度，通过引进国外先进技术提高了技术水平，TFP 也得到很大程度的提高。因此，大量投入在这一阶段是合理的。问题在于，20 世纪 90 年代中期之后，特区的 TFP 开始下降，而资本密度却不断提高，从而制约了特区投资效率的提高，逐渐导致特区粗放型经济增长方式的形成。那么，决定特区经济增长方式的合理性前提和条件究竟是什么？在不同阶段决定特区 TFP 的具体因素又是什么？由于要素配置是在产业这一具体的载体上发生的，因此本部分将产业因素从经济增长过程中提取出来，在两者分立的意义上考察特区经济高投入增长方式的合理性条件。

### （一）经济增长与产业转型升级的共生性

在大多数场合下，人们并未严格区分产业转型与经济转型，而是将两者作为同一事物的正反面①加以理解。事实上，产业构成了经济增长的具体内容，结构问题也是后发地区广泛存在的难题之一。产业转型升级在产品链上表现为产品形态的不断更新，在价值链上表现为高附加值产业对低附加值产业的逐渐取代，产业转型升级因而成为促进经济增长的重要动力。

从需求的角度，产业转型升级体现为随着收入水平的提高，人们对产品更新换代的需求日益强烈，带动实现了产业间或产业内的价值提升；从供给的角度，产业转型升级体现为新的技术和人力资本不断引入生产，知识不断更新，分工和专业化程度逐渐深化。伴随着该过程，资源配置朝着帕累托改进方向演进，要素生产率得到提高，此时的要素投入就是合理的，也能够引致进一步的经济增长。当然，一旦产业转型升级遇到瓶颈，继续增加投入将产生效率问题。

接下来本书通过对特区产业转型升级的过程进行分解（为简化分析，本书仅以三次产业之间的转型升级为例），进一步分析特区经济高投入增长方式的合理性条件，这首先需要测算特区产业转型升级的方向和速度。

① 总结归纳现有文献，关于两者之间的关系大致存在两种比较典型的观点：第一种观点重视经济增长的"总量效应"，如 Kwznets（1949）认为增长在本质上是一个总量过程，部门变化伴随总量变化，总量的高增长导致了产业结构的高频率变换，总量的足够积累是产业结构变化的前提条件；第二种观点以罗斯托（1988）为代表，他认为增长在本质上是一个部门变化的过程，部门技术的积累和扩散带来了经济总体的变化，经济绩效通过各个产业部门之间的资源配置和分工结构得到反映。结果前者强调伴随人均收入变化而出现的结构变化，后者则强调人均收入提高所必需的结构变化。那么究竟是经济增长引起结构变化还是结构变化带来经济增长呢？二者何为第一性？这种分歧至今未有定论，不同国家或地区、不同发展阶段的经济增长事实都或多或少地支持了以上两种观点。越来越多的学者开始意识到结构效应和总量增长在动态过程中互相促进的累积因果循环的可能性，这也就需要我们在实证检验过程中逐渐分辨经济增长与产业结构转换之间的互动机制。此外，Popov（2000）在格申克龙（Gerschenkron）后发优势理论的基础上指出一国经济增长不能忽视初始条件的作用，这种观点与上述演化主义思路具有契合之处，同时他认为产业结构转型升级是一种比市场化制度改革更为重要的增长要素，但最新证据表明制度变量通过作用于产业结构而传导至经济增长，结构效应与制度因素的相互作用和协同发展是经济增长不可或缺的条件。

## (二) 特区产业转型升级的方向和速度

### 1. 特区产业转型升级的方向测算

第四章直观地勾勒了特区三次产业结构伴随经济发展的变化趋势，可以看出，产业结构逐渐从附加值较低的第一产业向附加值较高的第三产业演进。为了更清晰地展现 5 个特区在不同阶段的产业转型升级方向及差异，本书通过产业结构超前系数再次进行测算。产业结构超前系数用来衡量某一产业相对于整个经济系统的超前程度，计算公式为：

$$E_i = a_i + (a_i - 1)/R_i \qquad (7-4)$$

其中，$E_i$ 表示产业 $i$ 的超前系数，$a_i$ 表示产业 $i$ 产值报告期比重与基期比重之比，$R_i$ 表示同期经济年均增长率。当 $E_i > 1$ 时，意味着产业 $i$ 超前发展，所占比重呈现上升趋势；当 $E_i < 1$ 时，意味着产业 $i$ 相对滞后，所占比重呈现下降趋势。本书分别计算了特区1980 ~ 1990 年、1991 ~ 2000 年和 2001 ~ 2011 年三个不同阶段三次产业的超前系数（见表 7 - 2）。

表 7 - 2　中国经济特区三次产业超前系数

| 特区 | 1980 ~ 1990 年 | | | 1991 ~ 2000 年 | | | 2001 ~ 2011 年 | | |
|---|---|---|---|---|---|---|---|---|---|
| | 第一产业 | 第二产业 | 第三产业 | 第一产业 | 第二产业 | 第三产业 | 第一产业 | 第二产业 | 第三产业 |
| 深圳 | - 1.53 | 3.12 | 1.39 | - 2.62 | 1.20 | 1.06 | - 5.41 | 0.56 | 1.52 |
| 珠海 | - 1.51 | 2.53 | 2.33 | - 2.22 | 2.13 | 0.64 | - 2.43 | 1.47 | 0.80 |
| 厦门 | - 1.58 | - 0.10 | 6.81 | - 1.72 | 1.46 | 1.06 | - 4.37 | 1.05 | 1.41 |
| 汕头 | 0.16 | 1.04 | 1.48 | - 2.23 | 3.08 | 0.67 | - 2.06 | 1.77 | 0.79 |
| 海南 | - 0.31 | 1.36 | 3.61 | 0.22 | 0.75 | 1.98 | - 0.69 | 2.65 | 1.45 |

可以看出，1980～1990 年，第一产业超前系数都小于 1，呈现萎缩现象，这一现象在深圳、珠海和厦门表现得更加明显。除厦门以外，第二产业超前系数都大于 1，所有特区第三产业超前系数都大于 1，这表明在这 10 年当中，第二、第三产业都获得了快速的发展。但在不同特区，产业转型升级的方向和路径并不一致，深圳和珠海在这一时期更多地强调工业化，而厦门、汕头和海南则更重视第三产业的超前发展，其中厦门的第二产业更是滞后于经济体系的发展。

1991～2000 年，除了第一产业继续萎缩之外，特区第二、第三产业的超高速增长都有了一定程度的回落。深圳第二、第三产业的发展更为协调，但第二产业相比第三产业仍然略为超前。珠海和汕头在这一时期更加倚重第二产业的发展，第三产业超前系数开始小于 1，滞后于经济体系。厦门的第三产业超前系数有了大幅回落，第二产业开始超前发展。而海南则将发展重点进一步转移到了第三产业，第二产业的发展开始滞后。

2001～2011 年，产业转型趋势继续得到强化。第一产业超前系数进一步缩小，深圳的产业发展重点逐渐转移到第三产业上来，第二产业超前系数开始小于 1。厦门的产业发展重点仍然是第三产业。珠海和汕头的产业发展重点仍然是第二产业，第三产业则是继续滞后于经济系统。海南在这一时期第二产业开始发展，第三产业的超前系数则有所缩小。

根据以上描述，可以得出这样的结论：尽管特区经济增长过程中产业转型升级的方向大体一致，但路径存在很大差异，这表明不同经济体增长过程中存在不同的结构问题。其中，深圳的产业转型遵循了先工业化再产业化的路径，而其他 4 个特区在发展初期过分偏重产业结构的高级化，即过早地重视第三产业，发展后期又不得不回过头重新弥补工业化的落后局面，导致产业结构的非合理化，产业之间的协调问题进而成为制约产业结构转型升级的关键因素。为了验证以上结论，还需要测算特区产业转型升级的速度。

2. 特区产业转型升级的速度测算

对产业转型升级速度的测算通常包括两种思路：第一种思路通过考察劳动力在各个产业之间的转移速度进行测定；第二种思路通过考察产值表征的产业结构变化速度进行测定。具体方法分别是 Lilien 指数模型和 More 值模型（谭晶荣等，2012）。

（1）Lilien 指数模型

定义 Lilien 指数模型为：

$$\Psi_{jT} = \left| \left[ \sum_{i=1}^{n} \frac{EMP_{ijT}}{TEMP_{ijT}} (\Delta \ln EMP_{ijT} - \Delta \ln TEMP_{ijT})^2 \right]^{1/2} \right| \qquad (7-5)$$

其中，$i$ 代表三次产业，$j$ 代表 5 个特区，$T$ 代表不同的时间段，$EMP$ 代表产业容纳的就业人数，$TEMP$ 代表总的就业人数。$\Psi$ 值越大，表示 $T$ 时间内劳动力在产业之间的再分配速度越快。计算结果列于表 7-3。

表 7-3　中国经济特区产业转型升级的速度（Lilien 指数）

| 特区 | 1980~1990 年 | 1991~2000 年 | 2001~2011 年 | 1980~2011 年 |
|------|------|------|------|------|
| 深圳 | 2.03 | 0.41 | 0.20 | 1.93 |
| 珠海 | 0.82 | 0.81 | 0.31 | 2.36 |
| 厦门 | 0.31 | 0.34 | 0.64 | 1.51 |
| 汕头 | 0.50 | 0.11 | 0.19 | 0.71 |
| 海南 | 0.23 | 0.06 | 0.23 | 0.70 |

整体而言，发展程度较高的地区产业转型升级的速度也较快，深圳、珠海、厦门的 Lilien 指数值明显高于汕头和海南。分阶段来看，各个特区的产业转型升级速度整体呈递减趋势。1980~1990 年，

深圳的产业转型升级速度远远高于其他特区；1991～2000 年，产业转型升级速度最快的是珠海；2001～2011 年，产业转型升级速度最快的则是厦门。可见，产业转型升级速度与经济增长的关系在不同阶段存在差异。

（2）More 值模型

More 值模型是根据空间向量理论，以向量空间中夹角为基础，将产业分为 $N$（本书中 $N=3$）个部门，构成一组 $n$ 维向量，定义两组向量在两个时期间的夹角为产业结构变化指标，即 More 值，计算公式为：

$$M^+ = \cos(\alpha) = \sum_{i=1}^{n} (w_{i0} \cdot w_{it})/(\sum_{i=1}^{n} w_{i0}^2 \cdot \sum_{i=1}^{n} w_{it}^2)^{1/2} \qquad (7-6)$$

其中，$M^+$ 表示 More 值，等于两组向量夹角 $\alpha$ 的余弦值 $\cos(\alpha)$，$w_{i0}$ 表示基期产业 $i$ 的比重，$w_{it}$ 表示报告期产业 $i$ 的比重，而

$$\alpha = \arccos(M^+) \qquad (7-7)$$

由于 More 值变化不大，人们通常以 $\alpha$ 值判断产业结构的转变速度。$\alpha$ 值越大，表示产业结构变化速度越快；$\alpha$ 值越小，表示产业结构变化越缓慢。另外，还可以使用产业结构年均变化值（$k$ 值）表示一定时期内产业结构年均变化程度，计算公式为：

$$k = \sum_{i=1}^{n} (q_{it} - q_{i0})/t \qquad (7-8)$$

其中，$q_{i0}$ 表示基期产业 $i$ 的比重，$q_{it}$ 表示报告期产业 $i$ 的比重，$t$ 表示基期到报告期之间的年份数。计算结果列于表 7-4。根据横向比较，30 多年来深圳的产业结构变化速度不是最快的，年均变动值也不是最大的；在时间序列上，各个特区的产业结构转型速度明显呈递减趋势。与 Lilien 指数模型一致，计算结果暗示了在初期产业结构转型可能对经济增长具有很大的促进作用，而当经济发展到一定程度时，这种结构效应却逐渐消失了。

**表 7 – 4　中国经济特区产业结构转型的速度（More 值）**

| 特区 | 矢量夹角 $a$(角度) | | | | 产业结构年均变动(%) | | | |
|---|---|---|---|---|---|---|---|---|
| | $T_1$ | $T_2$ | $T_3$ | $T$ | $T_1$ | $T_2$ | $T_3$ | $T$ |
| 深圳 | 27.72 | 2.44 | 3.91 | 30.81 | 4.96 | 0.60 | 0.74 | 1.71 |
| 珠海 | 25.64 | 8.49 | 2.88 | 37.33 | 4.40 | 1.85 | 0.61 | 2.18 |
| 厦门 | 25.75 | 4.83 | 2.88 | 29.69 | 4.70 | 1.05 | 0.59 | 1.77 |
| 汕头 | 4.70 | 14.00 | 3.98 | 22.23 | 0.34 | 2.74 | 0.78 | 1.24 |
| 海南 | 13.60 | 7.14 | 9.42 | 34.69 | 2.25 | 1.25 | 1.57 | 1.92 |

注：$T_1$、$T_2$、$T_3$、$T$ 分别指 1980～1990 年、1991～2000 年、2001～2011 年和 1980～2011 年四个阶段。

### （三）特区产业转型升级的增长效应分解

后发地区广泛存在的结构扭曲问题导致了资源要素的低效甚至无效配置，资源在不同产业间的配置效率往往具有较大差异，于是通过产业转型升级通常能够显著地改善经济增长绩效。一个地区越落后，这种效应可能就越明显。随着市场化的深入和产业层次的提高，产业转型升级在不同时期对要素配置效率很可能具有不同的作用机制。为了度量产业转型升级对要素生产率的影响，需要对要素生产率进行产业层面的分解。要素生产率又可分为单要素生产率和全要素生产率，相应的，本书分别考察产业转型升级对单要素生产率和全要素生产率的影响。

#### 1. 单要素生产率的分解

对于单要素生产率，本书以劳动要素为例对其生产率水平进行分解，方法为 Shift-share 模型（谭晶荣等，2012；靖学青，2008；王丽英、刘后平，2010）。假设 $g$ 为劳动生产率增长率，$G$ 为劳动生产率水平，$Y$ 为产出，$L$ 为劳动力数量，下标 0 表示基期，下标 $t$ 表示报告期，下标 $i=1$，2，3 分别表示第一、第二、第三产业，$S_i$ 表示

产业 $i$ 就业人数所占劳动力总数的比重。基期和报告期的劳动生产率分别为：

$$G_0 = \frac{Y_0}{L_0} = \sum_{i=1}^{n} \frac{Y_{i0} L_{i0}}{L_{i0} L_0} = \sum_{i=1}^{n} G_{i0} S_{i0} \qquad (7-9)$$

$$G_t = \frac{Y_t}{L_t} = \sum_{i=1}^{n} \frac{Y_{it} L_{it}}{L_{it} L_t} = \sum_{i=1}^{n} G_{it} S_{it} \qquad (7-10)$$

用式（7-10）减去式（7-9）得到报告期和基期的劳动生产率差额：

$$G_t - G_0 = \sum_{i=1}^{n} (G_{it} - G_{i0}) S_{i0} + \sum_{i=1}^{n} (S_{it} - S_{i0}) G_{i0} + \sum_{i=1}^{n} (S_{it} - S_{i0})(G_{it} - G_{i0})$$

$$(7-11)$$

式（7-11）两边同时除以 $G_0$ 得到 $g$：

$$g = \frac{G_t - G_0}{G_0} = \frac{\sum_{i=1}^{n} (G_{it} - G_{i0}) S_{i0}}{G_0} + \frac{\sum_{i=1}^{n} (S_{it} - S_{i0}) G_{i0}}{G_0} +$$

$$\frac{\sum_{i=1}^{n} (S_{it} - S_{i0})(G_{it} - G_{i0})}{G_0} \qquad (7-12)$$

式（7-12）右边第一项衡量的是产业内部的增长效应，表示每个产业维持原来要素份额即不存在结构变动时各个产业劳动生产率增长对总体劳动生产率增长的作用，这是各个产业内部的技术效率变化和技术进步导致的，这种效应记为 $\Delta_{int}$。

式（7-12）右边第二项衡量的是产业之间的静态转移效应，它反映了在各个产业劳动生产率不变的情况下，要素从低生产率产业流向高生产率产业所引起的增长效应。反之，当要素从高生产率产业流向低生产率产业时，就会降低总体劳动生产率水平，这种效应记为 $\Delta_{stat}$。

式（7-12）右边第三项衡量的是产业之间的动态转移效应，它反映的是各个产业劳动生产率变化和产业结构变化的综合作用。当该产业劳动生产率和就业比重同时上升或同时下降时，该项对总体劳动生产率的增长具有正向作用，当具有较高劳动生产率增长的产业的就业比重下降，或者具有较低劳动生产率增长的产业的就业比重上升时，该项对总体劳动生产率的增长具有负向作用，这种效应记为 $\Delta_{dyn}$。

根据式（7-12）对劳动生产率进行分解，并求得以上三种效应对要素生产率增长的相应贡献，结果列于表7-5。

表 7-5 劳动生产率增长的结构效应分解

单位：%

| 特区 | 1980~1990 年 | | | | 1991~2000 年 | | | | 2001~2011 年 | | | |
|---|---|---|---|---|---|---|---|---|---|---|---|---|
| | $g$ | $\Delta_{int}$ | $\Delta_{stat}$ | $\Delta_{dyn}$ | $g$ | $\Delta_{int}$ | $\Delta_{stat}$ | $\Delta_{dyn}$ | $g$ | $\Delta_{int}$ | $\Delta_{stat}$ | $\Delta_{dyn}$ |
| 深圳 | 100 | 88 | 42 | -30 | 100 | 100 | 3 | -3 | 100 | 100 | 1 | -1 |
| 珠海 | 100 | 75 | 15 | 10 | 100 | 101 | 7 | -8 | 100 | 105 | 0 | -5 |
| 厦门 | 100 | 86 | -2 | 17 | 100 | 94 | 2 | 4 | 100 | 96 | 4 | 0 |
| 汕头 | 100 | 93 | 5 | 2 | 100 | 88 | 1 | 11 | 100 | 97 | 2 | 2 |
| 海南 | 100 | 83 | 8 | 9 | 100 | 95 | 2 | 2 | 100 | 85 | 7 | 10 |

注：$g$ 表示劳动生产率增长率，$\Delta_{int}$、$\Delta_{stat}$、$\Delta_{dyn}$ 分别表示产业内部的增长效应、产业之间的静态转移效应和产业之间的动态转移效应对劳动生产率增长的贡献率。为消除价格因素，产出数据均已按照 1980 年不变价格进行平减处理。

整体而言，特区经济增长的 30 多年中，产业内部的增长效应是要素生产率提高的主要原因，而且随着经济发展程度的提高，要素生产率的进一步提高也更加依赖产业内部的增长效应。对于深圳、珠海、厦门和汕头而言，在发展初期，产业转型的结构效应对于经济增长仍然是非常必要的，到了发展后期，结构效应的贡献率越来越低，递减趋势明显。但是这种结构效应在海南表现得仍然非常明显，反映了结构不合理仍然是制约海南要素使用效率的关键因素，其他 4 个特区的产业结构问题则没有如此突出，要素生产率的进一步提高越来越依赖产业内的协调优化和技术升级。

2. 全要素生产率的分解

（1）计算方法

类似于单要素生产率，产业转型升级对全要素生产率增长的作用也是通过产业内部的增长效应和结构效应（静态结构效应和动态结构效应）实现的。结构效应可以通过比较总量水平的 TFP 增长率和部门水平的 TFP 增长率的差异得到。

假定生产函数为规模报酬不变、技术进步中性、连续可微的函数 $Y_i = A_i f(K_i, L_i)$，其中 $A_i$ 为产业 $i$ 的技术进步变量，可以求出产业 $i$ 的产出增长率为：

$$G(Y_i) = \alpha_i G(K_i) + \beta_i G(L_i) + G(A_i) \qquad (7-13)$$

其中，$G(Y_i)$、$G(K_i)$、$G(L_i)$ 分别表示产业 $i$ 的产出、资本和劳动要素的增长率，$\alpha_i$、$\beta_i$ 分别表示资本和劳动的产出弹性，$G(A_i)$ 表示产业的全要素生产率增长率。进一步的，经济总体的产出增长率可以表示为：

$$G(Y) = \sum_{i=1}^{n} \rho_i G(Y_i) = \sum_{i=1}^{n} \rho_i \alpha_i G(K_i) + \sum_{i=1}^{n} \rho_i \beta_i G(L_i) + \sum_{i=1}^{n} \rho_i G(A_i)$$

$$(7-14)$$

其中，$\rho_i$ 表示产业 $i$ 的产值比重。经济总体的产出增长率也可以在总量水平上求解：

$$G(Y) = \alpha G(K) + \beta G(L) + G(A) \qquad (7-15)$$

其中，$\alpha$、$\beta$ 分别表示经济总体的资本和劳动产出弹性，$G(A)$ 表示经济总体的全要素生产率增长率，于是产业转型的结构效应就可以由总体水平和产业水平的全要素生产率增长率之差得到：

$$TSE = G(A) - \sum_{i=1}^{n} \rho_i G(A_i) = \sum_{i=1}^{n} \rho_i \alpha_i G(K_i) + \sum_{i=1}^{n} \rho_i \beta_i G(L_i)$$

$$(7-16)$$

其中，$K_i$、$L_i$ 分别表示产业 $i$ 中资本和劳动量在资本和劳动总投入中所占比重，于是有：

$$G(Y) = \alpha G(K) + \beta G(L) + \sum_{i=1}^{n} \rho_i G(A_i) + TSE \qquad (7-17)$$

（2）数据说明

①产出 $Y$、$Y_i$。$Y$ 用按可比价格计算的国内生产总值来衡量，$Y_i$ 用按可比价格计算的各个产业产值来衡量。②资本存量 $K$。③劳动力 $L$、$L_i$。限于统计数据，劳动力投入 $L$ 采用年末社会劳动者总数指标，$L_i$ 采用产业 $i$ 就业人数指标，数据来源及其详细说明见第四章。根据式（7-16）和式（7-17）分别对 5 个特区的 TFP 增长率进行分解，还需要知道资本和劳动要素在总体水平和产业水平上的产出弹性，即 $\alpha$、$\beta$、$\alpha_i$、$\beta_i$ 的值。可以通过回归估计这一参数，也可以通过产出的弹性公式直接计算（刘伟、李绍荣，2002）。为了在数据和方法上与前文保持一致，本书通过回归方法来估计参数值。在收入法[1]统计的国内生产总值中，生产税净额、营业盈余和固定资产折旧三项构成了资本报酬，资本报酬占产出的比重可以作为 $\alpha$ 的近似值。在收入法统计的国内生产总值中劳动报酬占产出的比重可以作为 $\beta$ 的近似值，类似的还可以计算出 $\alpha_i$、$\beta_i$。计算结果整理后列于表 7-6 中。

---

[1]　收入法也称分配法，该方法是从生产过程形成收入的角度，对常住单位的生产活动成果进行核算。国民经济各产业部门收入法增加值由劳动者报酬、生产税净额、固定资产折旧和营业盈余四个部分组成。计算公式为：增加值 = 劳动者报酬 + 生产税净额 + 固定资产折旧 + 营业盈余。但是目前国家统计局并没有对外正式公布收入法 GDP 核算数据，而只在统计年鉴中包含部分地方 GDP 收入法核算数据，因此，通常我们都是通过统计部门编制的投入产出表分别得到以上四部分数据的，更详细的可参考许宪春等（2006）的文献。本书中相关数据根据特区历年统计年鉴及中国经济特区研究中心数据库采集，通过计算平均值得到各个阶段的近似值。

表 7 - 6　全要素生产率增长的结构效应分解

单位：%

| 特区 | 1980~1990 年 | | | | 1991~2000 年 | | | | 2001~2011 年 | | | |
| | 产出 = 100 | | 其中 | | 产出 = 100 | | 其中 | | 产出 = 100 | | 其中 | |
| | 投入 | TFP | TSE | TCE | 投入 | TFP | TSE | TCE | 投入 | TFP | TSE | TCE |
|---|---|---|---|---|---|---|---|---|---|---|---|---|
| 深圳 | 91.1 | 8.9 | 25.2 | 74.8 | 85.3 | 14.7 | 20.7 | 79.3 | 71.8 | 28.2 | 3.6 | 96.4 |
| 珠海 | 97.2 | 2.8 | 35.1 | 64.9 | 93.8 | 6.2 | 22.6 | 77.4 | 79.9 | 20.1 | 1.1 | 98.9 |
| 厦门 | 91.7 | 8.3 | 39.5 | 60.5 | 89.1 | 10.9 | 19.5 | 80.5 | 87.7 | 12.3 | 23.1 | 76.9 |
| 汕头 | 88.5 | 11.5 | 85.1 | 14.9 | 74.1 | 25.9 | 15.6 | 84.4 | 60.7 | 39.3 | 1.0 | 99.0 |
| 海南 | 70.0 | 30.0 | 14.2 | 85.8 | 55.2 | 44.8 | 16.1 | 83.9 | 49.8 | 50.2 | 6.4 | 93.6 |

注：投入、TFP、TSE、TCE 分别表示要素（资本和劳动）投入、全要素生产率、结构效应、净技术进步效应的增长对产出增长的贡献率，全要素生产率的贡献又可以分解为结构效应和净技术进步效应之和。

（3）结果解读

30 多年来特区经济增长对要素投入的依赖程度逐渐下降，但总体上仍然维持在较高水平，全要素生产率的贡献也有了大幅提高。根据横向比较，汕头和海南的全要素生产率增长的贡献率反而高于其他 3 个发展较好的特区，这显然与残差法计算全要素生产率这一方法本身有很大关联[①]。事实上，深圳、珠海和厦门在发展过程中获得了远高于汕头和海南的资本投入，外来劳动力也主要流向了前者，从而造成了前 3 个特区经济增长过分依赖要素投入的现象。而在较为发达的 3 个特区中，深圳的全要素生产率贡献值又明显高于珠海和厦门。这表明全要素生产率并非决定经济增长的唯一因素，要素投入对于经济长期增长仍然非常必要，尤其是在经济起步阶段（这与第六章的计算结果是一致的，表明这种分解方法是有效的）。

---

①　该方法没有考虑要素体现式技术进步，特别是资本体现式技术进步的存在可能造成对要素投入贡献的高估，一旦考虑要素体现式技术进步的贡献，海南和汕头的经济增长具有更高的全要素生产率贡献率也就不难理解了。对于要素体现式技术进步贡献率的测算可以参考宋冬林等（2011）的文献。

　　总体而言，产业转型升级通过资源再配置一方面提高了单要素生产率水平，另一方面也提高了全要素生产率水平。但是随着产业发展水平的提高，产业之间的转型升级对资源再配置的作用也就大大减小了，这在广东省内的 3 个特区——深圳、珠海和汕头中体现得尤其明显，产业转型升级的结构效应递减趋势非常明显，全要素生产率的进一步提高更加依赖产业内部的升级和优化。

　　另外，产业转型升级的结构效应在不同特区的变化轨迹也是不同的，这导致了各个特区不同的发展路径。

　　深圳和珠海原来都是极端贫穷落后的自然村落，产业层次虽然低下，但是由于工业基础接近于 0，因而不存在结构扭曲问题，经济起飞后各个产业都有了不同程度的发展，产业转型升级带来的结构效应也为全要素生产率的提高做出了不可或缺（但并不高）的贡献，全要素生产率的提高更多地依赖各个产业内部的增长效应。

　　汕头起步时的产业层次也很低，但是由于具备一定的工业基础和国有经济比重，因而还存在严重的结构扭曲问题，这是汕头在发展前期产业转型升级带来的结构效应如此巨大的原因。当产业结构扭曲问题得到解决后，产业转型的结构效应对全要素生产率增长的贡献也就大大降低了。

　　产业转型升级的结构效应在厦门则呈现"大一小一大"的变化趋势，反映了厦门产业之间的转型升级在前期对全要素生产率的巨大促进作用，这一结构效应像其他特区一样逐渐衰减，但衰减是由在产业转型时过分追求产业高级化造成的，这与第二部分分析产业转型方向时的结论是一致的，产业之间的非合理化导致产业之间的互补和协调程度大大降低，制约了全要素生产率的持续提高，使得厦门不得不在 21 世纪之后重新回头调整产业结构，着力实现产业之间的合理化。结果表现为，厦门产业转型升级的结构效应在促进全要素生产率增长方面再次发挥了重要作用。

海南则体现了另一种发展路径，农业在海南经济体系中始终占据较大比重，随后又以旅游、会展为主的第三产业作为经济发展重点，工业基础始终较为薄弱。海南因而面临产业高级化与合理化的双重挑战，这是产业转型升级的结构效应在海南长期显著甚至呈现上升趋势的原因，而且 21 世纪以来这一结构效应仍然显著高于深圳、珠海和汕头。

## （四）特区经济增长方式的合理性条件

产业转型升级对于提高要素（单要素和全要素）生产率的作用非常重要，也是增加要素投入的前提和提高要素使用效率的保证，但在不同阶段其影响方式存在很大差异。

在产业层次较低的阶段，通过产业之间的转型升级，如三次产业之间的升级，或者承接先行地区的产业转移，就能够极大程度地提高要素生产率；在产业层次较高的阶段，产业之间的转型升级开始变得困难，对要素生产率的提升作用开始减弱，持续提高要素生产率开始更多地依赖产业内的技术进步。此时进一步承接发达地区产业转移的空间已十分有限，技术进步的难度大大增加，技术进步的速度也迅速下降。按照这种逻辑，一旦特区产业发展到一定程度，转型升级和技术进步都开始变得困难，那么要素生产率也将下降，继续大量地投入要素就是不合理的①。为了提高要素生产率，只能依

---

① 这一点与 Sachs（1994）的观点在一定程度上是一致的，他认为中国过去 30 多年经济增长的核心在于产业结构转型升级，初始发展水平低下反而使得产业结构变迁为中国经济增长释放了巨大的潜能。但与 Sachs 的观点不同的是，我们不仅强调结构效应对经济增长的重要性，而且强调结构演变的不同路径对经济增长绩效造成的差异，这种结构演变又必然根植于现实的经济系统，整体环境与初始状态都将极大地限制产业结构的演进路径，从而造成经济总量与结构之间关系的不确定性。因此，严格地说，我们不能确定产业结构转型升级与经济总量增长谁决定了谁，或者何者更重要，两者在本质上属于硬币的两面。一方面，产业结构转型升级的确促进了要素生产率的提高，进而促进了经济增长；另一方面，经济增长阶段又限制了产业结构演化路径，结构变化作为经济增长的结果而发生，两者互为因果、相互掣肘、动态累积。

靠产业内部的分工，提高产业内部的技术水平和效率水平①。

由于地区之间的异质性（包括经济起飞之前的总量和结构差异），尽管产业转型升级的结构效应在长期的演化方向大体一致，但演化路径存在极大差异。因此，若要保证要素的使用效率，各地必须因地制宜，在产业合理化和高级化两个方向上正确选择，必须兼顾产业合理化和高级化，也就是说必须在产业协调和互补的基础上追求高新技术产业的发展。一旦产业之间的互补性出现问题，单纯追求产业的高级化也是无法从根本上提高要素生产率的，继续加大投入就失去了合理性前提，反而造成更大的资源浪费。

## 四　小结

在世界产业转型升级的重大历史机遇下，率先开放并且积极融入国际分工体系的城市将获得增长先机，深圳、珠海和厦门（其中深圳尤为突出）就是这样的城市。它们获得了较汕头和海南更为充足的资本，继而通过引进内地廉价劳动力，经济增长于是成为自然而然的事情，即使它们的全要素生产率以及技术效率、技术进步程度并不高，个别地区（如厦门和珠海）的投资效率甚至也不高。但是在当时，把握国际分工格局演变所带来的历史机遇迅速实现经济起飞显然更加重要，因而主要依赖资本投入的经济增长方式在特定的发展阶段有其合理性和积极意义，落后地区高投入、高增长的方式具有理论上的合理性。

通过建立一种对外开放的制度，特区很好地利用了当时国际产业转移提供的契机（海南除外），从而避免了单纯依靠自身的缓慢的原始积累阶段，迅速实现了经济起飞。在理论上，这种经济增长方

---

① 全要素生产率一般由技术进步和技术效率构成，其中技术效率更多的是指要素的跨部门流动，根据第六章的分析结果，技术效率，即要素的跨部门流动是影响特区当前全要素生产率增长的主要原因。

式体现为较高的储蓄率和快速的资本（物质资本和人力资本）形成能力；在现实中，这种经济增长方式体现为增长对要素投入的过度依赖。随着经济增长的动态累积，要素密度逐渐提高，要素的边际生产率开始递减，经济增长速度也将不可避免地下降（Lau and Kim，1996）。但是对于特区这样的先行的区域经济而言，它可以从全国其他地区吸引足够丰富而廉价的劳动力，决定了特区可以进一步加大投资力度而又不引起资本密度的快速提高，资本密度在理论上距离阈值更远也就保证了长期的投资效率。通过承接产业转移也可以持续提高技术水平，从而为经济增长提供了可能，因此特区经济高速增长 30 多年具备理论上的合理性。

　　但是，特区经济的高速增长并未一直持续下去，特区经济的增长速度逐年递减[①]，理论上的情形只维持了 15 年左右的时间。劳动力过剩的局面并没有延续太久，反而是"用工荒"现象不断困扰着几个特区，使资本密度迅速提高。当全要素生产率没有相应提高时，继续增加投资很快便导致投资效率的下降，进一步的经济增长只能借助寻求外生的新的增长点，于是体现为投资效率的周期性变化趋势。通过产业转型升级等各种手段在一定时期内能够维持或加大投资力度，但没有从根本上形成经济增长的内生动力。在国际分工和产业转移浪潮尚未结束时，特区还可以借助加工贸易维持经济快速增长，但是随着国际市场的逐渐饱和，特区不可能继续依靠出口廉价产品扩大再生产，这种经济增长方式就会产生可持续难题。

---

　　① 一些学者认为特区经济增长速度逐年递减的原因在于，我国经济因地方政府过度竞争而过早、过快地积累了相对过剩的资本形成能力，过度投资导致大量资本沉淀在生产能力过剩的领域，削弱了经济吸纳剩余劳动力的能力，从而制约了经济的持续增长（袁志刚、解栋栋，2002）。

# 第四篇
# 未来发展：中国经济特区的
# 转型路径与策略

# 第八章　中国经济特区经济可持续
## 增长的制度瓶颈

　　特区 30 多年来取得的巨大成就证实了高投入经济增长方式的合理性，要素投入在后发地区经济增长，特别是总量扩大过程中的作用非常关键。不过随着发展水平的提高和发展环境的变化，特区的 TFP 增长率不断下降，部分地区的 TFP 年均增长率甚至是负值，特别是技术效率的提高逐渐遭遇瓶颈，导致技术进步不能很好地作用于经济增长，这就意味着特区经济确实有沦为粗放式增长的危险。可见，任何一种经济增长方式的合理性都体现在特定的发展阶段。特区经济增长方式越来越不可持续，但是并不能简单地将原因归于过度投入。那么，为什么随着特区经济发展程度的提高，特区要素使用的效率却没有相应提高？这就需要从特区经济增长方式的形成路径上寻找根本原因。

## 一　特区经济增长方式的历史形成路径

### （一）特区经济增长方式的形成路径

　　作为中国最早由计划经济向市场经济转轨的区域，特区经济在很大程度上与欧美先行国家的增长模式不同，这体现在特区 30 多年的经济增长主要并不是由农业部门驱动的（尽管中国经济改革的起点始于农村家庭联产承包责任制），而是主要在于工业推动的新兴工业化战略。工业化特别是制造业的扩张贡献了特区经济增长的绝大部分，来自农业部门的贡献很少，类似的经济增长模式在东亚国家体现得同样明显。

从历史情境的分析视角，后发的特区在经济起步时面临更多的路径选择。先行地区发达的市场为特区率先实施工业驱动战略创造了条件，特区不必再由农业部门缓慢地积累原始资本，这是特区经济迅速起飞和高速增长的重要前提，也是特区高投入经济增长方式的现实背景和前提条件。

对外贸易在东亚国家和地区的经济增长过程中发挥了重要作用这一事实为此提供了佐证，而对外贸易又高度集中于来料加工和工业制成品等制造业部门，外商直接投资的绝大部分也流向了制造领域。以上事实在特区（特别是深圳）体现得更加明显，"内引外联"的增长模式在特区崛起过程中发挥了重要作用，快速推动了特区产业升级和结构调整，从而使经济持续超高速增长。

综上所述，特区经济总体上遵循了第五章图 5 - 5 所示的从 C 到 e 的增长路径。20 世纪 80 年代初，中央政府做出了从计划经济向市场经济转型的决定，市场经济体制的引入为特区利用当时的国际产业转移创造了条件，对外开放政策迅速吸引了大量内地的剩余劳动力，也吸引了大量的外来资本。20 世纪 80 年代初恰逢第三次工业革命方兴未艾时期，世界发达经济体纷纷向新经济转型，传统制造产业逐渐向东南亚地区转移。随着分工的深化和专业化水平的提高，劳动力等资源限制迫使东南亚地区对非核心产品和零部件的生产制造向外进行转移。

### （二）特区经济高速增长的特殊因素

伴随着改革开放的启动，一个一清二白的排头兵——特区，经历了传统农业的快速萎缩以及超乎寻常的工业化和城市化进程，通过充当连接海内外、特区内外商品和信息的集散地，在路径上形成了以加工贸易和出口导向为主的经济模式，在方法上依靠"内引外联"，对内引进丰富廉价的劳动力，对外联合以港澳台资本为主的外资共同开发，在主体上促进了企业家和政府共同完善社会主义市场体系，不断推动产业升级和结构调整以获得经济的持续高速增长，在保障上则以各种优惠、自主的政策制度为前提（Graham，2004；Fewsmith，1996）。

但是优惠性政策并非特区之所以"特"的根本原因，基本相同的优惠政策，包括最主要的放权让利措施、减免税政策和行政跨级赋权等一系列"超国民待遇"政策导致特区之间产生巨大的发展差异。本书也不赞成将特区的成功简单地归为解放思想、冒险精神、敢闯敢试、敢为天下先等主观品格，尽管这些都是必要的。否则，其他地区要么通过简单模仿特区就可以获得同样的增长效果，要么特区试验便无法为其他地区提供任何适用性的借鉴。相反，本书主张在具体的历史情境中综合考察各种因素对特区经济增长的作用。具体的，特区经济的成功离不开以下几个特殊因素。

1. 整体的突发制度演变

由于地理位置偏远，加上中国长期延续的计划经济体制，几个特区都极其贫困落后，起点极低。恰好中央选取该地区作为由计划经济向市场经济转变的试点区域，为中国整体向市场经济转制做先期试验，客观上耦合了特区发展的强烈意愿，短期内产生的突发性激励与传统计划经济体制下的激励严重不足形成强烈对比，结果表现为市场制度巨大的边际增长贡献和产业增长效应（袁易明，2010）。

2. 耦合世界经济增长和产业升级换代机遇期

特区的成长与世界经济的发展变迁息息相关，毗邻东南亚的先天优势，使得特区顺理成章地加入世界产品和产业大链条中，成为国际分工体系不可或缺的重要环节。基于此，很难想象一个只有优惠政策而没有外部条件匹配的区域能够快速发展起来，这也正是很多地方拥有大量优惠政策却依然无法摆脱落后面貌的原因。

### 3. 对市场主体的激励和可信承诺

除了经济发展和起飞的条件，市场主体还必须具备足够的动力参与并推动这一过程的具体实现[1]。在特区经济增长过程中，发展首先成为政府官员的共识，或是政绩考核和政治升迁的激励，或是政治理想与个人抱负的激励，或是同级和层级官员竞争压力的激励（张军、高远和傅勇等，2007；张军，2010；Litwack and Yingyi Qian，1998），或是舆论监督和社会力量的压力，始终坚定办好特区的中央意志使建设经济特区成为社会的共有信念[2]。在此前提下，特区政府初期引进外资时做出的种种承诺就是可信的，打消了港澳台资本家在特区投资设厂的疑虑，解决了资本要素稀缺这一难题（Firoz，Murray，2003）。此外，与我国内地相比，特区的国有企业力量相对薄弱，因而对民营经济的挤占和剥削威胁就少了很多，民营经济的强大也有利于政府业绩的实现。在特区内部，国有经济最薄弱的深圳民营经济发展得最好便印证了这一点。

### 4. 内地其他地区的不发展

作为先行一步的特区，在经济起飞时，国内大部分地区还较为落后、封闭，因此特区不会面临内部竞争。以劳动要素为例，特区

---

[1]　本书摒弃新古典经济学对市场完备和完全有效的"看不见的手"的理想假设，认为市场的失灵和不完全才是符合现实的常态。同样，我们认为政府和企业家以及其他要素所有者都是市场过程的重要参与者，但并不采取"善意的政府"假设，而是将政府等同于其他为自身谋求经济利益的市场参与者看待，他们同样具有个人利益诉求以及有限理性（施莱弗、维什尼，2004）。

[2]　在调研和走访过程中，我们发现经济特区各级政府以及部门之间的竞争非常激烈和明显，已由省与省之间、市与县之间、区与区之间扩展到街道与街道之间、社区与社区之间，不断深化的竞争压力使得经济发展成为政府官员共有信念的承诺变得可信。

主观上并不需要实际上也没有提供特殊的激励，这一点在 20 世纪 80 ~ 90 年代体现得尤为突出，相对于特区资本的 "超国民待遇"，特区对外来务工人员的保护明显滞后，血汗工厂的报道在当时时常出现（施尔，2000）。即便如此，相对于内地贫苦的生活，南下打工者的报酬仍然远高于在家乡的辛勤劳作所得，对城市生活的向往吸引了大量廉价劳动力。对于原居民等土地所有者，由于原户籍人口稀少，且居住分散，生活贫困，再加上缺少历史和传统束缚，对外来要素的抵触情绪不强烈，深圳、珠海和厦门在这方面表现得最为明显，也就更有利于要素的聚集。这样，资本、技术、劳动、管理和市场的结合，导致特区迅速发展。

　　5. 强有力的中央集权政府

　　特区经济能够迅速起飞的另一个极具争议的因素在于统一、完整的政治结构，强有力的政府主导（并非必然是专制的）是特区甚至所有后发地区经济起飞的先决条件。后发地区在经济增长初期，由于市场体制不够健全，面临的主要障碍包括两种：一种是掠夺性国家对产权的侵犯；另一种是囚徒困境带来的协调失败。对特区这样极度贫穷落后的后发地区而言，侵犯产权显然已不能带来更大的收益，既得利益集团的境况不能变得更好；第二种障碍却非常关键，改革意味着改变现状，既得利益集团的境况有可能变得更糟糕。因此，20 世纪 80 年代初，一个强有力的中央政府克服特区改革开放以来的分配冲突和解决反复出现的协调失灵，将成为决定特区经济绩效的关键（回顾特区设立初期在政治等领域引起的激烈争论，这一点将更加明显）。当然，随着特区经济发展到一定程度，第一种障碍有可能成为制约特区经济进一步增长的根本因素。

### （三）特区经济外延式增长的历史情境

　　作为后发地区，特区经济以资本和廉价劳动力投入为主的外延式增长方式在特定阶段的合理性已经得到证实，但是特区始终没有形成技术进步的内生机制，技术效率始终不高。一旦失去从国外引进先进技术的空间，要素使用效率就会迅速下降。

从世界上不同国家承接发达国家产业转移的过程来看，东南亚国家承接发达国家产业转移的过程远没有想象中那么顺利，面临多个国家和地区的竞争。最为典型的是亚洲"四小龙"，这些国家在世界分工体系中不仅面临垂直层面的压力，而且面临水平层面的直接竞争，迫使这些地区在经济增长初期就不得不注重提高经济内部运行效率。另外，这些地区在经济起飞时能够获得的外资数量也非常有限，昂贵而稀缺的资本也在一定程度上迫使其更加注重要素的使用效率（见附录1附表18）。

反观特区，20世纪80年代特区在国内率先通过改革开放融入世界分工体系时，承接的则是东南亚国家和地区的劳动密集型产业转移，此时在水平层面与特区形成直接竞争的国家或地区几乎没有，国内其他地区的发展程度和对外开放程度普遍较低，从这个意义上讲，特区在当时是作为"唯一的卖方"存在于世界垂直分工市场的（对于这一点，显然运气成分非常关键），当然也就缺乏足够的动力关注经济内部运行效率。此外，从国内条件来看，中国腹地之广阔、资源之丰富，进一步诱发并加剧了特区经济粗放运行的特征；从要素的丰裕程度来看，特区获得的外资数量也非常之大，特区招商引资的热情至今仍然高涨。特区的国有经济和集体经济成分较少，进一步激发了外来资本的投资热情。在当时，由于初始条件极端恶劣，忽略经济基础运行效率的弊端很快就湮没在了巨大的经济进步浪潮中，通过承接发达国家和地区的产业转移，特区也可以轻易地获得外生性的技术进步，因而投资效率在当时还不成为一个问题。然而随着承接国外产业转移的结束，特区产业已经达到相当程度，特区经济的外延式增长方式会立刻面临动力衰竭的问题。

## 二　特区经济不可持续增长的直接原因

### （一）特区经济不可持续增长的根本原因

显然，特区经济超高速增长的时代已经结束，经济下行的趋势非常明显①，并且成为难以改变的事实。根据前文所做的分析，以资本为代表的要素投入并非特区经济不可持续增长的根本原因，关键在于投资效率。一旦投资效率开始下降，可持续的经济增长就会遭遇挑战，特别是在资源约束趋紧的情况下。理论上导致投资效率下降的原因有二：一是资本密度的提高，过度投入和劳动力数量减少都将导致资本密度提高；二是 TFP 增长率的下降，TFP 又由技术进步和技术效率构成。可见，决定投资效率的是多种因素的综合作用，而不仅仅是要素投入数量。现实中，导致 5 个特区投资效率下降的原因有共性的一面，也有差异化的一面。

#### 1. 特区投资效率下降的共性因素

通过承接国外产业转移提高技术水平的方式接近尾声。特区经济已经发展到相当程度，承接发达国家和地区产业转移的空间已经非常有限，直接引进或模仿先进技术的方法已经行不通，导致 TFP

---

① 特区经济下行的趋势与全国整体经济的运行趋势是一致的，关于中国经济下行趋势的原因，韦森（2014）认为通常有三种代表性的观点：第一种观点认为中国依靠实体部门的发展逐渐转向依靠服务业的发展，重心开始由投资转向消费，这不可避免地造成经济下行；第二种观点认为是人口红利的快速消失导致劳动生产力供给下行，进而造成整个经济增速下行；第三种观点认为中国经济下行是人均收入水平达到一定程度后的必然结果，任何一个国家都经历了这一点。本书认为这三种观点在本质上是统一的，在第一种因素的作用下，中国经济难以依靠简单复制或引进国外先进工业来提高技术水平；在第二种因素的作用下，资本密度将迅速提高，两者共同导致投资效率下降；进一步的，这又是以国内经济发展到一定程度，资源禀赋和外部环境的变化为前提条件的。因此，本书认为历史情境的分析框架能够很好地将三者统一起来。

增长率逐渐下降，其中技术进步的增长率下降得尤其明显，这是 5 个特区整体上都面临的问题。

一味追求高新技术行业的政策倾向无法从根本上提高技术水平。为了提高技术水平和产品附加值，许多地区对高新技术行业表现出更强的偏好。或者大力引进国外先进技术和生产线，或者鼓励自主研发提高产业层次，却忽略了产业之间的互补性，导致技术溢出效应不明显，某一领域突破性的技术进步并不能持续提高整个经济的技术水平，于是表现为 TFP 增长率的大起大落，技术在整个经济体系的深化不足。

劳动生产力的供给大幅下降导致资本密度迅速提高。随着国内其他地区的发展，以及特区生活成本的上升，特区对外来人口的吸引力逐渐下降，劳动力增长率迅速下降，继续增加投入很容易造成资本密度提高，即使在 TFP 增长率不变的情况下，投资效率也会下降，导致粗放式增长。全国整体层面的人口红利正在消失，进一步加剧了这一问题。

较低的技术效率制约技术的应用。总体而言，特区技术效率增长率显著落后于技术进步增长率，在部分地区和阶段，技术效率甚至呈现下降趋势，这种局面持续至今并且有加剧趋势，这表明特区经济外延式增长方式根深蒂固。20 世纪 80 年代初期，这种经济增长方式是特定的国际环境下的产物，其合理性已经得到证明，但是随着特区发展程度的提高和国际市场的饱和，这种经济增长方式将面临可持续发展难题。

## 2. 特区投资效率下降的个性因素

20 世纪 90 年代中期之后，特区 TFP 增长率的大起大落现象逐渐消失，标志着特区承接国际产业转移时代的结束。TFP 失去了依靠外生技术引进获得增长的条件，其增长也更趋稳定（厦门除外），但稳中有降，近年来这种趋势更加明显。除了技术效率增长率始终较低之外，制约几个特区继续增加投入的原因也有所不同。

对于珠海而言，问题在于劳动力增长率的迅速下降，珠海的劳动力增长率从 20 世纪 80 年代的 7.02% 迅速下降到 21 世纪以来的 2.45%，继续增加投入必将引起资本密度提高和资本边际生产率下降；对于厦门而言，过早地追求产业高级化，忽视了产业之间的合理化，使产业之间缺乏互补性，导致外生的技术进步产生不适应性，要素配置极不合理，继续增加投入只能进一步加剧资源浪费现象；海南则兼具产业合理化和产业高级化两方面的问题，农业和服务业比重过高，工业基础十分薄弱，投资机会过少，投资效率始终较低。深圳和汕头的投资效率相对较高，因而相对于另外 3 个特区而言，继续增加投入是合理的。

### （二）进一步释放特区经济增长潜力的方法

与其他大部分国家和地区相比，我国腹地更为广阔，区域发展也更加不平衡，这使得特区在一定程度上存在通过产业转移和再调整进一步释放增长潜力的可能性。但是特区的产业转型越来越面临空心化困境，传统落后的产业转移出去之后，新兴的高技术产业并没有设想中那样蓬勃发展，新兴产业在国际市场上的竞争力有限。原因在于，为了提高要素使用效率，一种方法是提高技术水平，另一种方法是提高技术效率，但是由于特区产业层次已经达到相当程度，技术接近前沿，因而继续通过产业转型升级大幅提高技术水平的余地不大。

为了进一步释放增长潜力，一方面，要强调技术深化，提高技术革新的强度。通过产业之间的合理化实现更宽广领域对当前技术的采纳，增强技术溢出效应，实现技术边界循序渐进地外移，而不是盲目追求重要的技术突破。当前，大多数地区的发展并没有达到现有技术与生产能力所允许的最大产出边界，因此，现代技术并不构成经济进一步增长的瓶颈，真正的瓶颈在于广大低附加值行业对技术应用的限制。另一方面，要促进要素的自由流动，实现要素的跨部门再配置，进而提高技术效率。然而要素的自由流动在特区却面临严重的阻碍，特别是竞争性行业和垄断性行业之间的要素流动更加困难，从而制约了要素向高生产率行业的流动（见附录2）。最终，要素只能在生产过剩的行业领域集聚，要素生产率进一步下降。

但是由于市场化程度不高，特别是要素的市场化程度还很落后，特区相当一部分的资本投入主体主要还是国有企业或者政府。特别是在20世纪90年代中期以后，随着经济增长速度的减缓，为了维持一定水平的经济增长率，各地政府只能不断寻找新的增长点。在扭曲的经济环境和产业结构下，许多产业政策对经济主体的激励也必将扭曲甚至无效，要素的使用效率也是不可能得到提高的。经济增长过程中一些固有的问题没有得到解决，而是被掩盖起来，导致结构性矛盾不断积累，未来的经济增长也就变得更加困难。

## 三 特区经济不可持续增长的制度根源

特殊的历史情境决定了特区从一开始就走上了一条由"外"到"内"的发展道路，而不像欧美先行地区经由内部积累缓慢地实现经济增长。一方面借助国外发达国家和地区产业转移提供的广阔市场空间，另一方面利用国内其他地区尚未对外开放的制度洼地，特区经济的高速增长迅速拉开帷幕。但是，这种经济增长方式并不能永远持续下去，随着经济发展水平的提高和外部环境的变化，支撑要素使用效率的基础发生了重大变化，TFP的增长不能继续依靠外生的技术引进来实现。通过自主研发，迅速提升技术水平的空间不大，同时又面临技术效率问题，技术的适应性存在很大问题，导致特区经济增长方式不能发生适应性的变化。

无论是要素投入还是技术进步，抑或是产业转型升级，都仅仅体现了经济增长的客体部分。客体的正常运行需要特定的制度激励和保障，在资源禀赋和外部环境都已发生重大变化的同时，制度也必须发生适应性的变迁，形成三者之间的良性互动和循环。在新的发展阶段，如果不能形成有效的制度供给，就有可能沦为单纯依靠扩大投入规模来维持产出增长的简单模式（第五章图 5 - 5 中的通道 D - d 和 B - b）。

　　根据前文的分析，特区经济进一步释放增长潜力的方向是在扩大开放领域的同时，深入企业运行层面，从微观基础上提高企业的运行效率和内部治理水平，在此前提下以企业为主导将资源配置到技术研发和产品创新环节，实现增长的内生转型。例如，如果能够大幅缩小政府对经济活动寻租的空间，打破国有垄断局面，促进要素的跨部门流动，大力促进私营经济的发展壮大，创造良好的宜居、宜业环境，促进外来务工人员真正融入现代城市，深化城市化进程，等等，那么就将进一步促进经济增长，长期的经济增长也会令特区人均收入水平更上一个台阶。

　　但是事实上，这些变化并没有发生，特区经济增长开始面临可持续问题。原因在于以下两个方面。①制度刚性。制度的增长效应表现出递减特征，有利于经济起飞的初始制度并不能保证特区经济的长期可持续增长。因此，如果说一个好的制度体系是保证经济增长的前提条件，那么对于长期的经济增长而言，与其说制度重要，毋宁说适应性的制度变迁更重要，这提示人们要更多地关注制度变迁过程及其作用机制，而不是仅仅描述制度如何重要。②政府自上而下的制度建构具有明显的外生性特征，在新的发展环境下无法形成有效的制度供给，可持续增长从而失去了制度保障。尽管在特定阶段政府主导的强制性制度变迁有其合理性，但也影响了制度内生变迁机制的形成。以上两个原因共同导致了特区外生性的制度引进模式，在现实中通常表现为政府主导的强制性制度变迁，而制度的适应性变迁往往比较困难，进而导致特区经济增长方式的转换困难，造成特区经济的不可持续增长。接下来本书对以上论点进行验证。

## （一） 特区制度的增长效应及其递减特征检验

制度对经济增长的关键作用已经得到许多验证，对制度效应的检验大致包括以下两种思路。第一种思路致力于设定一个虚拟变量以区分不同的制度时期，最终通过类似于索洛余值的方法求得制度效应的值，代表性文献如张军（2005）的文献，但刘文革等（2008）认为快速变革的制度形式和结构使得这种处理方法有失精确性。此外，考虑到制度对生产要素的嵌入性，制度变迁还可能体现在要素质量改进上，进一步增大了对制度贡献分解的难度。第二种思路试图寻找合适的代理变量直接衡量制度的增长效应，如王小鲁（2000），傅晓霞、吴利学（2002），刘文革等（2008）通过加入时间趋势项以更精确地度量制度的增长效应，将制度要素作为解释变量直接引入生产函数，避免了第一种思路度量不精确的问题，但带来了另一个方向上的度量不精确问题，即在代理变量选取上的主观性，因此只能根据研究需要选择相应的方法，本书沿用第二种思路进行检验。

值得注意的是，无论精确与否，两种思路都只能证实"制度很重要"这一结论，并告诉人们制度的弹性系数和贡献率，然而本书更加关注的是制度的具体作用机制，这就需要在计量过程中注意区分不同发展阶段的制度效应差异。

### 1. 计量模型

在检验制度增长效应的生产函数选取方面同样经历了一个由简单到复杂的过程，从 C - D 生产函数、CES 生产函数、VES 生产函数逐渐发展到更复杂的边界生产函数、超越对数生产函数。为了与前文保持一致，本书继续选择最具一般性的 C - D 生产函数。

根据 C－D 生产函数，结合本书的时间序列数据，引入时间趋势项，设定特区的生产函数如下：$Y(K, L, I) = Ae^{\lambda t}K^{\alpha}L^{\beta}I^{\gamma}$。其中，A 代表常数项，e 为自然对数，$t$ 代表时间，$K$ 代表资本存量，$L$ 代表劳动量，$I$ 代表制度变量，上标 $\lambda$、$\alpha$、$\beta$、$\gamma$ 代表变量的弹性，表示其他变量不变的条件下，该要素每变化 1%，产出分别变化 $\alpha$%、$\beta$% 或 $\gamma$%。考虑到长时间序列数据的非平稳性，将生产函数进行对数化处理，同时引进白噪声变量，原函数分化为如下形式：

$$\ln Y = \ln A + \lambda t + \alpha \ln K + \beta \ln L + \gamma \ln I + \mu \qquad (8-1)$$

结合特区的实际情况，考虑到代理变量选择上的主观性，本书从四个方面（对内开放程度、对外开放程度、政府规模、非国有化程度）选择能够表征制度体系的代理变量，据此模型（8－1）分化为以下模型：

$$\ln Y = \ln A + \lambda t + \alpha \ln K + \beta \ln L + \gamma_1 \ln I_1 + \gamma_2 \ln I_2 + \gamma_3 \ln I_3 + \gamma_4 \ln I_4 + \mu$$
$$(8-2)$$

另外，即使制度决定增长绩效，但当期制度的作用往往要在随后相当长一段时间内才能得到体现，因此有必要怀疑制度的增长效应是否具有滞后性。在一个整体区域内，制度的增长效应暗含了区域水平方向上对制度的模仿和学习，但对于特区这样的先行、局部区域，对制度的学习和借鉴只能从自身前一期或前几期的发展经历中获得。因此，在相关模型检验同一区域不同制度体系作用机制的基础上，本书对制度变量进行滞后一期处理，模型修正为：

$$\ln Y = \ln A + \lambda t + \alpha \ln K + \beta \ln L + \gamma \ln I_i(-1) + \mu \qquad (8-3)$$

模型（8－3）中的 $I(-1)$ 表示当期产出受上一期制度的影响，当期制度又影响下一期的产出。

## 2. 变量含义

函数变量及数据来源的详细说明见第四章。其中，$Y$ 表示经济总产出，用按可比价格计算的国内生产总值来衡量；$K$ 表示生产总产出使用的资本总量；$L$ 表示劳动投入；$I$ 表示制度的代理变量。

在制度代理变量的选取上，不同文献的选取标准存在较大差异。考虑到特区主要的市场参与主体包括外资所有者、民营企业家、外来劳动者、政府，本书选取对外开放程度、非国有化程度、对内开放程度和政府规模四个方面（依次为 $I_1$、$I_2$、$I_3$、$I_4$）加以表征制度。其中，对外开放程度用每年实际利用外资总额占 GDP 比重来衡量；非国有化程度用工业总产值中非国有工业企业产值的比重来衡量，该指标反映了民营企业家参与特区经济发展的程度；对内开放程度用非户籍人口占户籍人口比重来衡量，使用比值可以消除各地城市规模不一的影响；政府规模用政府财政收入占 GDP 比重来衡量。

## 3. 计量步骤和计算结果

接下来对 5 个特区 1980～2011 年的数据进行面板回归，面板数据模型包括变截距模型和变系数模型，每种模型又都包括固定效应模型（Fixed Effects Model）和随机效应模型（Random Effects Model）两大类型，本书选择比较常用的变截距模型，由于 5 个特区涵盖所有总体，因而排除随机效应模型。然而在此基础上的回归结果却并不理想，在 10% 的水平以下，无论是模型（8-2）还是模型（8-3），制度的四个代理变量和产出的相关系数均不显著，这样的结果显然令人难以接受，对外开放以及计划经济向市场经济的转型对特区经济的起飞不可能没有任何影响。回顾前文分析，由于制度存在效应递减的可能性，这提示我们要注意制度在不同阶段的不同增长效应[①]。为了验证这一点，本书采取如下办法：以 1995 年为分界点（根据前文，特区经济增长方式在 1995 年前后出现了拐点，开始产生转型需求），分别对 1980~1995 年和 1996~2011 年两个阶段进行回归。

按照以上方法，首先对 5 个特区 1980~1995 年的数据进行回归，方法同上。然而回归结果显示模型（8-2）没有通过显著性检验。此外，根据模型（8-3）修正的回归方程中，滞后一期的制度变量 $\ln I_1$（-1）、$\ln I_2$（-1）、$\ln I_3$（-1）和 $\ln I_4$（-1）的系数都非常显著，回归结果见表 8-1。

表 8-1 制度增长效应的递减特征检验结果

| 变量 | 模型 1 | | 模型 2 | | 模型 3 | |
|---|---|---|---|---|---|---|
| | 系数 | t 检验值 | 系数 | t 检验值 | 系数 | t 检验值 |
| 常数项 | -0.14 | -0.15 | -0.36** | -2.03 | 0.10 | 0.12 |
| 资本 | 0.79*** | 8.99 | 0.82*** | 55.58 | 0.89*** | 9.46 |
| 劳动 | 0.39*** | 4.74 | 0.37*** | 14.61 | 0.11*** | 4.76 |
| 对外开放程度 | 0.04 | 1.05 | 0.06*** | 5.79 | 0.09 | 0.51 |
| 政府规模 | 0.25*** | 3.22 | 0.17*** | 5.37 | -0.17** | -2.21 |
| 对内开放程度 | 0.02 | 0.65 | 0.02* | 1.38 | 0.01 | 0.37 |
| 非国有化程度 | -0.02 | -0.07 | -0.04* | -1.89 | -0.03 | -1.19 |
| 调整后的 $R^2$ | 0.79 | | 0.89 | | 0.86 | |
| DW 检验 | 0.78 | | 1.48 | | 1.25 | |
| 样本区间 | 1980~2011 年 | | 1980~1995 年 | | 1996~2011 年 | |

注：*** 表示在 1% 的水平上显著，** 表示在 5% 的水平上显著，* 表示在 10% 的水平上显著。

之后重复以上的步骤，对特区 1996~2011 年的数据进行回归，结果显示，无论是 $\ln I_1$、$\ln I_3$、$\ln I_4$ 还是 $\ln I_1$（-1）、$\ln I_3$（-

---

[①] 根据经济运行现实分阶段进行回归和估计是避免滥用计量工具的有效方法，技术手段必须在深入了解经济运行的基础上进行，否则极有可能得出似是而非的结论。吴敬琏（2003）指出，1990 年前后中国经济运行机制发生了很大变化，因而增长分析应当充分考虑两个阶段的差异性，类似的做法还可参考傅晓霞和吴利学（2006）的文献。

1）、$\ln I_4$（－1）对产出的相关系数都不显著，即使将制度的滞后期数向后继续调整，结果仍然不显著。只有 $\ln I_2$（－1）的系数仍然显著，不过其系数却变成了负值。这就证实了本书对特区制度刚性的判断：制度在特区不同发展阶段的增长效应是不同的，发展初期有利于经济增长的制度创新，在经济发展到一定阶段后反而呈现制度僵化特征，制度的增长效应表现出递减特征。值得注意的是，政府规模和经济增长之间的关系是不确定的，在增长初期，伴随着特区经济的高速增长，特区政府规模也在不断扩大，但是当特区经济发展到一定程度之后，若政府规模继续扩大就会对经济产生不利影响。这与本书之前的判断也是一致的，即相对强势的政府是经济起飞和高速增长的必要条件，但不能保证经济的持续增长，当增长速度逐渐放缓时，强势政府反而可能成为经济可持续增长的阻碍因素。

### （二）特区自上而下建构制度的外生特征检验

随着发展阶段和环境的变化，制度的增长效应不可避免地出现递减趋势，制约了经济的持续增长。其中一个重要原因在于外生性的制度安排，特别是政府强制实施的、自上而下建构的正式制度，即使这种制度安排在一定阶段能够促进经济起飞和高速增长，但极易形成制度刚性，阻碍制度的适应性变迁，进而导致僵化的增长方式。考虑到在前文对制度增长效应的验证过程中，本书并没有区分这种制度是内生性的还是外生性的，也就没有足够的证据来说明政府强制实施的外生性制度变迁是制度效应递减和无效制度供给的原因。因此，这一部分继续考虑特区制度的内生性可能。

#### 1. 计量模型

参考世界银行的年度发展报告《从计划到市场》中德·梅洛使

用的方法（张军，2010；洪名勇，2004），本书设定如下计量模型：

$$经济增长速度\ i = \alpha_0 + \alpha_1 \times 增长条件 + \alpha_2 \times 制度变迁 + \varepsilon_i \quad (8-4)$$

为了验证特区制度变迁是否内生于经济体系，将制度要素作为增长条件的函数进行两阶段回归。第一步首先估计式（8-4）中的制度变迁变量：

$$制度变迁 = \beta_0 + \beta_1 \times 增长条件 + \nu_i \quad\quad (8-5)$$

通过计算式（8-5）中的随机误差项 $\nu_i$，可以得出与增长条件不相关的制度变迁的离差的估计值 $\nu_i^*$，作为外生性制度变迁的近似值，并在下一步中作为独立的解释变量使用：

$$经济增长速度\ i = \alpha_0 + \alpha_1 \times 增长条件 + \alpha_2 \times \nu_i^* + \varepsilon_i \quad (8-6)$$

在历史情境的视域下，无论是经济增长的条件还是制度改革，它们都应该具有多个维度的向量表征，当前文献对这一点的重视显然不足。对于增长条件，大多文献以农业人口比重、期望寿命或初始的人均 GDP 表示；对于制度变迁，或者以所有制调整表示，或者以合成的自由化指数或转型指数表示。这些表征方法要么过于笼统，要么在对向量比重赋值时过于主观从而有失精确。此外，对历史的重视不能只对"过去"和"现在"两个时间点之间的变化进行衡量，更重要的是对中间过程的具体分析，因此在计量过程中要注意避免过分简单化的倾向。

## 2. 变量含义

经济增长速度。以特区当年的人均 GDP 增长率表示，记为 $y_i$。

增长条件。包括特区经济的内部资源禀赋和外部环境两方面的发展情况，分别以上一年度的人均 GDP、社会消费品零售总额占 GDP 比重、固定资产投资占 GDP 比重、工业劳动力比重、服务业劳动力比重、工业产值比重、服务业产值比重和进出口比重加以表征，依次记为 $x_{1i}$、$x_{2i}$、$x_{3i}$、$x_{4i}$、$x_{5i}$、$x_{6i}$、$x_{7i}$、$x_{8i}$。

制度变迁。在特区制度变迁变量的选取上与前文保持一致，分别选取上一年度的对外开放程度、非国有化程度、对内开放程度和政府规模4个变量，依次表征特区经济主要参与者——外资所有者、民营企业家、外来劳动者、政府的制度反应和市场健全程度，计算方法与前文相同，依次记为 $I_{1i}$、$I_{2i}$、$I_{3i}$、$I_{4i}$。

### 3. 计量结果

与前文相同，分别应用以上两种模型进行面板回归，仍然选择比较常用的变截距模型，由于5个特区涵盖所有总体，因而排除随机效应模型。为了消除数据的波动性，首先检查各个序列数据的平稳性，并在协整检验通过后估计模型的参数。回归结果见表8-2。不过两种方法的拟合效果均不理想，制度变量对经济增长的作用均不显著，这与前文的检验结果也是一致的。因此，根据前文的处理方法，分别对1980~1995年和1996~2011年两个时间段的数据进行拟合，结果见表8-3和表8-4。

显然，两种方法的回归结果存在很大差异。第二种方法的拟合度在两个阶段都显著高于第一种方法。可见，制度和制度变迁在本质上也是内生于特定的历史环境和发展背景的，将制度作为一个外生变量来讨论制度的增长效应是不准确的。如果制度是内生于经济体系的，那么与初始条件无关的制度变量的增长效应将会很小。

1980~1995年，增长的初始条件和外生性的制度变迁与经济增长的相关性大多非常显著，而且外生性制度的系数也比较大，表明在这15年中，特区制度变迁尽管总体上源于中央政府自上而下的政策建构，但在客观上耦合了当时特定的国内外环境，因此促进了特区经济的高速增长。但是1996~2011年的回归结果表明，当经济发展到一定程度之后，继续依靠外生性的制度变迁将不能很好地促进

**表 8－2　制度变迁的外生性特征检验结果（1980～2011 年）**

模型 1：1980～2011 年　被解释变量：经济增长速度

| 解释变量 | | 解释变量 | |
| --- | --- | --- | --- |
| 截距 | 0.51**（2.02） | 服务业产值比重 | 0.24（1.56） |
| 人均 GDP | -0.00*（-1.05） | 工业产值比重 | -0.00（-0.57） |
| 社会消费品零售总额占 GDP 比重 | -0.03（-0.29） | 对外开放程度 | 0.00（0.57） |
| 服务业劳动力比重 | -0.00（-0.00） | 政府规模 | 0.07（0.31） |
| 工业劳动力比重 | -0.41*（-1.71） | 对内开放程度 | 0.02（0.31） |
| 进出口比重 | 0.04**（2.09） | 非国有化程度 | 0.08（0.41） |
| 固定资产投资占 GDP 比重 | 0.02（0.18） | | |
| 调整后的 R² | 0.35 | | |

模型 2：1980～2011 年

| 解释变量 | | 解释变量 | |
| --- | --- | --- | --- |
| 截距 | 0.43***（2.77） | 服务业产值比重 | 0.21（1.40） |
| 人均 GDP | -0.00（-1.12） | 工业产值比重 | -0.01***（-0.69） |
| 社会消费品零售总额占 GDP 比重 | -0.08（-1.03） | 对外开放程度（余值） | 0.24（1.56） |
| 服务业劳动力比重 | 0.06（0.35） | 政府规模（余值） | -0.53*（-1.72） |
| 工业劳动力比重 | -0.43**（-2.33） | 对内开放程度（余值） | 0.38（0.57） |
| 进出口比重 | 0.02（0.93） | 非国有化程度（余值） | -0.04（-0.36） |
| 固定资产投资占 GDP 比重 | 0.03（0.30） | | |
| 调整后的 R² | 0.32 | | |

注：括号内的值为 t 检验值；*** 表示在 1% 的水平上显著，** 表示在 5% 的水平上显著，* 表示在 10% 的水平上显著。

**表8-3 制度变迁的外生性特征检验结果（1980~1995年）**

被解释变量：经济增长速度

| 被解释变量:经济增长速度 | 模型1:1980~1995年 | 模型2:1980~1995年 | 解释变量(模型1) | 模型1:1980~1995年 | 解释变量(模型2) | 模型2:1980~1995年 |
|---|---|---|---|---|---|---|
| 截距 | 0.05 (0.79) | 0.08 (0.15) | 服务业产值比重 | -0.17 (1.36) | 服务业产值比重 | -0.00 (-0.58) |
| 人均GDP | -0.76*** (-3.81) | -0.72** (-2.15) | 工业产值比重 | 0.06** (2.29) | 工业产值比重 | 0.01 (-0.32) |
| 社会消费品零售总额占GDP比重 | -0.01 (-0.32) | -0.00*** (-2.72) | 对外开放程度 | 0.72 (1.46) | 对外开放程度（余值） | 0.76*** (3.80) |
| 服务业劳动力比重 | -0.00 (-0.09) | 0.01 (0.33) | 政府规模 | 1.23** (2.13) | 政府规模（余值） | 1.05* (2.15) |
| 工业劳动力比重 | 0.44* (1.75) | 0.35* (2.13) | 对内开放程度 | 1.43*** (2.82) | 对内开放程度（余值） | 1.41** (2.55) |
| 进出口比重 | -0.00 (-0.63) | 0.24** (3.14) | 非国有化程度 | 0.59 (0.92) | 非国有化程度（余值） | -0.57* (-1.75) |
| 固定资产投资占GDP比重 | 0.12 (2.68) | 0.21** (2.18) | | | | |
| 调整后的 $R^2$ | 0.54 | 0.68 | | | | |

注：括号内的值为 t 检验值；*** 表示在1%的水平上显著，** 表示在5%的水平上显著，* 表示在10%的水平上显著。

**表 8 – 4　制度变迁的外生性特征检验结果（1996～2011 年）**

被解释变量：经济增长速度

**模型 1：1996～2011 年**

| 解释变量 | 系数 | 解释变量 | 系数 |
|---|---|---|---|
| 截距 | 0.98*** (2.88) | 服务业产值比重 | -0.00*** (-3.46) |
| 人均 GDP | 0.43* (1.90) | 工业产值比重 | -0.01*** (-3.31) |
| 社会消费品零售总额占 GDP 比重 | 0.59 (1.32) | 对外开放程度 | -0.31 (-1.61) |
| 服务业劳动力比重 | -0.29* (-1.77) | 政府规模 | -0.34 (-0.89) |
| 工业劳动力比重 | -0.35 (-1.51) | 对内开放程度 | -0.07 (-0.28) |
| 进出口比重 | 0.04 (1.31) | 非国有化程度 | 0.14* (1.86) |
| 固定资产投资占 GDP 比重 | 0.00 (0.16) | | |
| 调整后的 $R^2$ | 0.60 | | |

**模型 2：1996～2011 年**

| 解释变量 | 系数 | 解释变量 | 系数 |
|---|---|---|---|
| 截距 | -0.18 (-0.45) | 服务业产值比重 | -0.01 (-0.02) |
| 人均 GDP | -0.00 (1.03) | 工业产值比重 | 0.63** (2.17) |
| 社会消费品零售总额占 GDP 比重 | 0.92* (1.96) | 对外开放程度（余值） | 0.00 (0.00) |
| 服务业劳动力比重 | 0.63** (2.17) | 政府规模（余值） | -0.51** (-2.51) |
| 工业劳动力比重 | -0.10 (-0.54) | 对内开放程度（余值） | 0.37 (1.27) |
| 进出口比重 | 0.13 (1.02) | 非国有化程度（余值） | -0.08 (-0.91) |
| 固定资产投资占 GDP 比重 | -0.02 (-1.30) | | |
| 调整后的 $R^2$ | 0.81 | | |

注：括号内的值为 t 检验值；*** 表示在 1% 的水平上显著，** 表示在 5% 的水平上显著，* 表示在 10% 的水平上显著。

经济增长，两者之间的相关性逐渐消失。另外，政府规模和经济增长的相关性依然显著，但其系数由正数变成了负数，再次表明强势政府既可能促进经济增长，也可能成为经济增长的制约因素。归根结底，特区制度变迁仍然是一种外生性的、强制性的制度变迁，随着国内外环境的变化，当前制度很难适时地发生变迁，难以形成有效的制度供给。

### （三）特区经济增长方式不可持续的制度瓶颈

至此可以证明，由计划经济向市场经济转变的制度要素在初期对特区经济增长的促进作用非常明显且关键，但后半阶段出现了制度僵化现象，经济增长不再伴随制度创新而发生，进而导致特区经济高速增长的后 15 年中，增长的质量和效率并不高，甚至逐渐沦为单纯依靠要素投入的规模扩张（第五章图 5 - 5 中的路径 D - d 和 B - b）。制度并未伴随经济增长发生适应性变迁的事实同时表明，从整个制度体系来看，特区的制度变迁仍然过度依赖模仿或者自上而下的政策建构，并没有形成内生的适应性变化机制，其中释放增长红利的机制主要来源于 20 世纪 80 年代初期由计划经济向市场经济的制度转轨。

第一，在经济增长的不同阶段，制度的增长效应具有差异性。在特区经济的起步阶段，从计划经济向市场经济转型对于当地经济增长具有很大的促进作用。但当特区经济发展到一定程度时，原有制度的正向作用就存在递减趋势，甚至不发挥作用。当制度红利释放完毕时，必须随着环境变化提供新的制度保障。

第二，制度对于经济增长的作用非常明显，但是制度在不同区域发挥作用的机制并不相同。对于先行地区，尤其是对于作为试验田的特区经济而言，由于制度刚性的存在，像特区这样的先行地区必须有所担当，主动探索新的制度形式。增长初期特区可以通过简单模仿西方的市场经济运行方式，实现经济的迅速增长。但当经济发展到一定程度时，特区就有必要主动推动制度的适应性变迁，创新制度安排，而不是一味地进行制度模仿。

第三，经济增长方式转型的背后也是一个制度转型的过程。每个经济体的增长都存在于具体的历史阶段，不同经济体具有不同的经济增长和制度变迁过程。伴随着该过程，要素投入方式逐渐发生变化，要素配置效率不断提高，产业结构在合理化和高级化两个方面不断加以协调，社会阶层结构流动性不断提高。在该过程中，主导产业不断继起并通过结构效应辐射关联其他经济部门，分工不断深化，专业化程度不断提高，对知识和信息的要求越来越高，政府再也无法全盘掌控经济活动的方方面面，只能通过自身的行动影响其他参与者的预期。在如此复杂的过程中，危机将会成为一种常态，政府治理的思路必须从通过设计完美政策体系解决危机向通过可自我调整的社会体制机制应对危机进行转变。

## 四　小结

从长期来看，经济增长是一个在区域和行业之间不断继起的过程，要素在其中不断优化配置，要素使用效率在该过程中不断提高。随着特区经济发展到一定程度，外延式增长方式的效率越来越低。但是，解决问题的方法不在于简单地减少投入，要素生产率也不会就此提高，而是要转变以往依靠外生性技术引进保证要素使用效率的方式，增强技术的溢出效应，形成技术进步的内生机制。这就需要通过适应性的制度变迁，形成新的制度供给和制度保障。从计划经济向市场经济的制度体系转型促进了特区20世纪80年代的飞速崛起，然而随着特区经济发展到新的高度，特区制度体系面临僵化风险，制度改革逐渐步入深水区，缺乏适应性的制度变迁将使特区经济增长从根本上失去保障。

特区的制度创新一旦停滞，僵化的经济体制下社会利益结构也会逐渐固化，市场参与主体的利益无法通过诚实和勤恳的努力得到实现，只能被动地接受利益分配，那么个体自我实现的动力就会消失，经济发展的动力也随之消失。如果不能从扩大再生产中获得财富，既得利益集团为了维护既得利益只能加快设租和寻租步伐，甚至转移财富。实际上，特区在经济增长方式和社会形态上向全国传统的回归和收敛趋势已经显现，进一步的增长越来越依赖政府主导的固定资产投资，随着世界经济危机的持续恶化，过度依赖外贸和加工贸易的特区面临的形势将更加严峻。

与此同时，地方政府一方面通过各种投资和促进消费措施维持一定速度的经济增长，另一方面加大产业转型升级力度寻求技术进步。但是这样的措施多半不能奏效，原因在于特区产业结构已经处于较高水平，而且属于世界分工体系的一部分，无法像特区设立初期那样通过简单模仿和学习发达经济体成熟的技术和制度体系。在新的制度供给出现之前，探索新的经济增长方式的激励不足，经济可持续增长也就失去了动力。

但是，新的制度供给不能由国家或政府这一主体独立主导，尽管政府在我国各地经济增长过程中的作用非常突出。在根本的意义上，无论是经济增长还是制度变革，它们都是由大量的市场参与者，包括个体和企业在追逐自身利益的基础上发生的，这些个体具有广泛的异质性。因此，对于经济增长和转型，最终都必须将重点放在正确的主体基础上，而不仅仅是增长的客体——产业结构，或者其他生产要素——资本、劳动和政策制度等。进一步的研究方向是如何将政府作为一个像厂商和消费者那样极具自利性倾向的市场参与者进行分析，并且关注不同类型参与者之间的互动，在此基础上讨论制度变迁如何发生。

# 第九章　中国经济特区经济增长方式
## 转型的路径和策略

　　新的发展环境下，特区经济增长方式的转型势在必行，但是转型意味着新的利益分配机制和分配格局，必然会遭遇各种阻碍。根本性的保障因素在于制度，只有通过新的制度供给形成转型激励，转型才有可能实现。然而，前文已经证明，以政府为主导的外生性制度变迁已经不能适应新的发展形势，因而并不能形成有效的制度供给。随着经济发展程度的提高和经济体系的复杂化，有效的制度供给必须根据特定的资源禀赋特征和发展环境，将经济增长的主体地位归还企业等市场参与者，通过广大市场主体之间的合作来实现，但合作是有成本的。如何保证市场参与者协同努力？根据前文的理论分析，本书认为不能继续局限于经济领域看待这一问题，接下来本书的研究重心也将从增长的客体（要素的投入和产出分析）转向增长的主体（要素所有者的行为分析），从制度需求角度转换到制度供给角度[1]。

---

[1]　在传统的经济研究中，政治结构以及对政府的制约都成为经济分析的前提，而不是研究的对象，因此进一步追问适应性的制度如何发生时就会遭遇困境，新制度经济理论也刻意回避了将政府内生化于经济体系中，而是退回到意识形态的争论中（爱泼斯坦，2011）。诺斯也坦率地承认制度变迁理论对国家的分析明显不足。事实上，市场嵌入真实的社会和政治环境中，在存在交易费用的现实世界中，市场在许多场合并不能自动产生最有效率的后果，第三方强力介入就成为必然。尽管政府干预并不能从根本上解决类似的问题，甚至可能产生更加严重的腐败和寻租问题，但这并不能成为将政府清除出市场的充分理由，因为市场同样对此无能为力。因此，人们应该将精力集中于有效的公共治理体系研究中，以及政府、市场和社会三者之间的关系上，在主体互动的基础上寻找制度供给和经济转型的微观基础。

# 一 特区经济增长方式转型的路径

## （一）特区经济增长方式转型的目标

特区经济存在于特定的历史情境中，在不同的发展阶段，特区适用的经济增长方式也有所不同，欧美先行地区并不能先验地成为特区经济转型的模板。特区经济增长方式在当前存在的各种问题已经得到说明，归根结底，在新的发展环境中，特区经济可供利用的资源数量已经接近极限，如资本、劳动和技术等要素，都不再可能简单地引进来满足特区经济增长的要求。那么，特区经济转型在根本上就是要实现资源约束条件①下的要素高效、合理使用，在新的发展环境中通过转变经济增长方式提高要素的使用效率，实现持续、稳定、和谐的经济增长，事实上也只有依靠长期的、内涵式的增长才能真正实现一个地区的崛起，这意味着人与自然的和谐相处及投入要素的高效利用。

## （二）特区经济增长方式转型的路径

特区经济起飞时面临的是国内其他地区极其落后、国外先行地区高度发达的环境，如今的转型则面临国内其他地区经济高速增长、

---

① 在经典经济学理论中，将资源约束单独提出来似乎是多余的，因为一切经济行为和决策都是在既定约束条件下的最优化计算，然而其中隐含的一点是所有决策的主体和基本单位都是单个行为人。对于将一个国家或经济体作为分析对象而言，资源的"公共性"和"外部性"特征似乎不可避免，特别是在具体的历史情境中，特区的经济增长方式印证了这一点，这是本书提出资源约束的原因，并且笔者认为资源约束抓住了特区经济增长方式转型的核心背景和条件。其中，资源又分为自然资源和社会资源，是指一国或一个地区内拥有的物力、财力、人力等各种物质要素的总称，土地、矿产、森林、海洋、石油、劳动力、资本、知识、信息等都属于资源范畴，因此，本书的资源泛指生产过程中所有投入的生产要素。世界银行认为中国未来的经济增长必须在"与国际社会、环境和自身社会结构相互适应而非严重冲突的情况下实现"（世界银行，2012），这也表明，转型是一个自身资源禀赋、国内外发展环境相互协调的过程。

国外先行地区经济持续低迷的环境，继续依靠特殊政策获得增长优势的方式不再可行。已经发展到一定程度的特区不得不在面临国内外双向竞争的背景下，争取进一步深化分工格局，一方面要在更高价值环节获取竞争优势，另一方面要扩大市场规模，寻求新的经济增长点。因此，对于特区经济转型，至少包括以下几个相互关联的有机部分。

1. 从增长的"速度"和"总量"向增长的"长度"和"质量"转型

在新的国内外形势下，继续追求高速经济增长已经很难实现，区域竞争主题将由增长的"速度"和"总量"转换成"长度"和"质量"之间的竞争。因此，如何尽可能长时间地维持中等速度的经济增长将成为新的常态，也是跨越中等收入陷阱的关键。

目前，特区经济已经发展到相当程度（特别是深圳），特区经济超高速增长的时代已经一去不复返。但是考虑到世界其他赶超型国家和地区的增长情况，特区当前的经济增长速度仍然是相当高的。例如，日本在战后的经济高速增长时期，即 1955~1973 年的年均增速为 8.89%，1975~1990 年的年均增速降为 4.29%（韦森，2014）；韩国的情况与之类似，韩国经济在 20 世纪 90 年代之前高速增长，特别是在 70 年代年均增速为 25%，进入 90 年代后逐渐开始减速，年均增速降低了近 10 个百分点，但是仍然保持 6% 的年均增速，从而保证了韩国人均收入达到中等收入国家水平后能够继续提高，避免了像拉美国家一样陷入中等收入陷阱（姬超，2014）。

因此，尽管特区当前的经济增长速度有所下降，只要能够维持足够长时间的增长，特区也必定能够跨越中等收入陷阱。那么，特区经济的未来就不再是继续通过要素驱动维持超高速的经济增长，而是在日益紧张的资源约束条件下，通过创新驱动实现尽可能长时间的增长，哪怕增长速度进一步下降，如增速为 5%~6%，即从追求"速度"和"总量"的经济增长方式逐渐转向追求"长度"和"质量"的经济增长方式。

**2. 从"以开放促改革"向"以改革促开放"转型**

从转型的方向来看,欧美发达地区并不能先验地成为特区未来转型的模板,特区经济存在于特定的历史情境中。对于特区,更为现实可行的转型方向在于从"由外到内"向"由内到外"的转变,即从"以开放促改革"向"以改革促开放"的思路转变,轻率地否定外向型经济方式在当前并不可行,无论是特区还是中国,在短时期内迅速转型为内向型增长方式并不现实。在当前外贸形势不断恶化的背景下,传统的经济增长方式很难持续下去,特区必须以全新的姿态加入世界分工体系中,改变传统的生产、加工、制造等低端位置,在更高附加值的设计、研发等环节与发达国家展开竞争,而不是简单地否定外向型增长方式。

**3. 从投资的"数量"向投资的"主体"和"流向"转型**

可持续的经济增长方式并不意味着简单减少要素投入,经济持续增长依靠的是要素质量的提高、要素配置效率的改善以及内生性的技术进步,单纯减少要素投入不但无法实现经济转型,反而可能恶化经济增长。因此,对于特区的经济增长方式转型,需要反思的不是投资本身,而是投资的主体和投资的流向,通过投资主体和投资流向的改变,继续提高投资效率,实现要素驱动向创新驱动的转变。在此基础上投入生产要素,继续维持一定水平和一定时间的经济稳定增长,实现跨越中等收入陷阱的目标。

**4. 从技术革新的"速度"和"高度"向技术革新的"强度"转型**

对于特区未来经济的可持续增长而言,制约瓶颈并不是可以应用的技术的缺乏，而是对技术应用本身的限制。为了实现"斯密式内生增长"，特区必须在实践中强调对原有技术的更好采纳，强调技术边界循序渐进地外移。当经济和技术层次发展到一定程度时，继续依靠重要的技术突破维持长期的增长并不现实，更为可行的方法在于通过激励广大部门的组织方式更新，将经济体系的专业化推向新的高度，从而提高整个经济体系的技术强度。在此基础上形成技术进步的内生机制，保证新的技术突破的适应性，而不是盲目地追求技术的高度。

这就提示各地重新反思以往的增长策略，进一步的增长只能依赖改革的持续深化，将改革触角伸向更加微观的企业中，致力于提高经济基础单位的运行效率，在此基础上加大技术研发力度，提高创新水平，形成技术进步的内生机制，实现要素的高效、合理配置。

5. 从"为市场而生产"向"为市场而竞争"转型

对于大部分后发地区而言，供不应求和短缺现象都是经济增长初期面临的主要问题，因此只要能够引进先进的技术，将更多的产品更快地生产出来，就能够获得丰厚的收益，竞争性市场的缺乏使人们很少有进行深层次技术自主革新的积极性。但是随着经济发展程度的提高，大部分领域逐渐面临生产过剩和投资效率下降的局面，因此有必要调动人们为市场而竞争的积极性，打破行业和地区之间的垄断格局，在更加广阔的领域鼓励人们加强市场竞争，实现对生产的投资向对竞争的投资的深刻转变，从根本上提高要素的使用效率。

每一个经济体的发展都存在于具体的历史情境中，在全球化的开放环境中，一个经济体的增长无法脱离其他经济体而存在，一个产业也无法脱离产业链而独立存在。在这个意义上，经济增长并不是由国家或政府这一主体主导的，而是由类型多样的个体和企业在追逐自身利益的基础上作为结果而实现的。在实际的经济活动中，企业行为及其决策依据是产品和要素的相对价格，这一点在根本上是由一国的资源和要素禀赋结构决定的。无论是劳动还是资本，中国的要素丰裕程度都要优于其他国家和地区，这在客观上导致了许多地区经济增长方式的粗放特征。

在一定时期和一定条件（有利的国际市场环境）下，无论是外延式增长方式还是内涵式增长方式都能够支撑后发地区的高速增长。随着世界大市场的逐渐饱和，可持续的经济增长要求要素禀赋结构相应提升，迫使企业为了生存而提高其产品品质。这一方面要求产品价格反映国际市场的需求状况，另一方面要求要素价格反映要素禀赋结构中各种要素的相对稀缺程度，因而自由开放、充分竞争的市场环境是价格机制发挥传导功能的先决条件。

这就要求政府在制定发展策略时更加注重维持经济的开放性和市场的竞争性，在基础领域完善市场经济运行机制，从根本上改变政府与企业之间的关系，迫使企业在国内国际市场展开更为公平而激烈的竞争，在严峻的市场竞争过程中逐渐成长壮大，发挥资源禀赋优势，优化资源配置，提高要素使用效率，培育动态的竞争能力和适应能力，创造经济可持续增长的内生动力。

### （三）特区经济增长方式转型的个体差异

上一部分从总体上概括了特区经济转型路径的主要内容，但是在历史情境的视角下，特区之间的增长差异也必须得到重视。同样是后发地区，面临大致相似的政策和国内外发展环境（特别是深圳、厦门、珠海和汕头4个特区），但是不同的地区在利用发展机遇方面存在很大差异，经济增长方式也有所不同，增长的结果因而也存在很大差异。例如，特区经济起步时，汕头和海南的初始资源禀赋显著优于深圳、厦门和珠海。但是很快，深圳、厦门和珠海积极融入世界分工体系，主动承接利用国外产业转移，通过内引外联，迅速实现了工业化和城市化，完成了对汕头和海南的全面赶超。在特定的资源禀赋、发展环境和制度条件下，汕头和海南并没有充分挖掘最有效的经济增长方式，经过 30 多年的差异化增长，特区之间的差序格局逐渐形成。在新的发展阶段和发展环境中，各个特区也面临相应的问题和困境，转型的重点因而有所不同，能够率先创新突破制度瓶颈、转变经济增长方式的地区也将获得新一轮的增长优势，甚至改变当前的差序格局。

### 1. 第一层次：深圳

深圳的人均收入水平已经接近高收入国家，相对于其他 4 个特区，深圳的技术高度和技术效率都显著占优，产业层次也已达到相当程度，通过承接发达国家和地区产业转移的空间已经很小，这就意味着深圳提高全要素生产率的空间并不大，进一步的增长必须依靠技术边界的外移，实现新的技术突破，与世界其他发达国家和地区展开直接的竞争。另外 4 个特区在现有的技术边界以内，仍然具有很大的潜力可供挖掘，也就具有进一步提高全要素生产率和快速追赶深圳的空间。

### 2. 第二层次：厦门和珠海

厦门和珠海的主要问题在于较低的技术效率水平，也就是外生性的技术进步，这种差异意味着厦门和珠海像深圳一样，基本上已经不具备继续承接发达国家和地区产业转移的空间。由于产业转型升级是通过要素再配置提高要素生产率（包括单要素和全要素）水平传导至经济增长的，增长的本质要求人们重点关注要素质量的提升而不是要素数量的增减。然而在扭曲和僵化的市场结构体系下，单纯强调发展高新技术产业或许能够在短期内促进经济增长，但会导致市场参与者的短视行为，不利于经济结构的长期优化。

过分追求产业高级化而忽略产业合理化，导致产业之间的互补性不足，无法发挥协同效应。因此，对于这两个特区的经济转型而言，继续追求产业高级化并不可行，通过产业合理化实现产业之间的协调互补才是关键，如重点推动资源要素的跨部门流动，通过技术外溢效应提高各个行业的技术强度，最终提升整个经济体系的技术水平，这也是厦门和珠海继续追求高新技术产业和技术边界外移的基础和前提。

### 3. 第三层次：海南和汕头

海南和汕头的主要问题则是较低的技术进步水平，这表明这两个特区仍然可以有选择地承接发达地区的产业转移，尽快提高技术水平，通过工业深化实现经济的快速增长。其中，海南的困境在于过分庞大的第一产业和第三产业比重，导致海南同时面临产业合理化和高级化的困境，薄弱的工业基础导致海南无论是农业还是服务业都无法走得更远，区域一体化和对外开放显然还没有达到足以弥补这种产业体系失调的程度。汕头的困境类似于我国整体的情况，过分庞大的国有经济比重仍然是制约汕头经济活力的重要因素。1980 年以来，汕头通过改革大幅提升了国有企业效率，技术效率和技术进步都有了很大程度的提高，但是程度相对较高的国有市场垄断制约了外来资本和劳动力的进入，导致汕头无法像深圳、珠海和厦门那样尽快融入世界分工体系，从而制约了汕头的经济增长。

因此，对于这 4 个特区（深圳除外）的转型，结构调整是首要的，尽管调整的重点有所不同。可以推断，全国类似于不同特区的区域类型，也都相应地面临各自的转型困境。总体而言，各个特区最为关键的问题在于继续提高全要素生产率水平，但是全要素生产率是由技术进步和技术效率构成的，不同地区在这两个方面存在很大差异。由此可见，较低的全要素生产率水平不一定是因为技术水平低[①]，也有可能是经济运行的技术效率低和外生性的技术进步造成的。

### （四）特区经济增长方式转型的难点

显然，明确了转型目标和转型路径并不意味着转型可以一蹴而

---

[①] 从长期来看，经济的可持续增长与福利的提高在根本上仍然依赖人均产出的持续增长，也即技术水平和生产率的提高，我们并不否认这一点。我们想要强调的是当前的国内现实，技术水平的提高有必要以技术效率为前提，从而实现技术的内生进步。

就，转型不会自动实现，反而经常遭遇各种阻力。随着特区经济制度增长效应的递减和增长潜力的逐渐耗尽，特区经济的可持续增长要求新的制度供给，促使和激励更广泛的市场主体主动参与到经济活动中。但是在当前的大部分研究中，转型似乎成为一个不言自明的概念，认为只要厘清改革过程中的关键环节和存在的问题，特别是通过政治体制改革转变传统的政府职能和公共治理体系，经济转型就能从根本上得以实现①。然而问题的关键在于既得利益集团不会自愿实施调整，各个经济主体如何才能实现合作，共同推动经济转型的实现？这在理论上需要一个统一的框架，将政府角色内生地融入经济转型模型中。基于此，本书将以上问题抽象化、一般化，综合考虑经济、社会和政治因素，着眼于资源约束条件下的经济增长方式如何转型，重点讨论如何才能实现有效的制度供给。

## 二　特区经济增长方式转型的策略

### （一）经济域中的资源可持续利用困境

#### 1. 经济发展到一定程度之前的资源可持续利用

在新的发展阶段，特区经济增长方式转型即如何实现资源投入的高效和可持续利用，这需要社会全体成员或者绝大部分成员共同

---

① 以世界银行为代表的专家团提出中国深化经济体制改革的六大战略措施：通过结构性改革强化市场经济基础；加快创新步伐；抓住绿色发展机遇；完善基本保障，促进机会均等；建立与政府职能转变相适应的可持续财政体系；与世界建立互利共赢的关系。以樊纲、王小鲁等（2011）为代表的学者通过构建指标体系测算了中国历年来的市场化指数；上海财经大学多名学者（徐国祥，2013）测算了 2010 年和 2011 年中国各地的转型发展指数。这些研究有助于系统评估各地经济转型的动态变化，认识转型过程中亟须改进的环节，但本书希望强调的是如何实现经济的内生转型，实现经济的自我增长机制，而不是通过外部力量实现转型。

协作才能真正实现。那么，是什么力量迫使经济参与者实现合作？根据 Young（1993，1998）和青木昌彦（2001）在进化博弈框架下的讨价还价模型，本书首先描述在没有第三方理性设计的情况下，自利且有限理性的经济人（不同地区政府之间或同一地区不同类型企业）在为增长而竞争的过程中如何竞争稀缺资源并自发生成资源利用的合理秩序，以及均衡如何被打破。

为了简化分析，本书假设只有 A 和 B 两个人（地方政府、企业等为增长而竞争的所有经济参与者）竞争性地使用资源。在时期 $t$，A 希望使用 $x_t$ 单位的资源，B 希望使用 $y_t$ 单位的资源，资源总量以一定速度再生出来，以维持资源的可持续利用。但若 $x_t + y_t$ 超过一定数量 $c$，资源的正常循环将遭到破坏，生态平衡与自然环境也将遭受影响，结果对双方都不利，在极端情况下，甚至引起暴力争端，影响双方和谐相处。

当 $x_t + y_t \leqslant c$ 时，双方都可以得到他们希望的资源数量，此时 A 和 B 的效用函数分别设为 $u$（$x_t : y_t$）和 $v$（$y_t : x_t$），两者均为凹函数。效用函数的斜率（$u'$ 和 $v'$）用以衡量随着资源使用量的变化，双方效用的增减程度。当经济发展程度较低时，资源使用量的增加能够迅速提高个人效用水平；但当经济发展到一定程度时，资源数量对个人效用水平的提升幅度开始减缓。效用函数的曲率（$-u'/u'$ 和 $-v'/v'$）用以衡量双方对纠纷风险的偏好程度。由于一定的资源投入对于任何一方都是必需的，又有 $u$（$0 : y_t$）$= v$（$0 : x_t$）$= 0$。为增长而竞争的经济特征决定，当 $y_i \leqslant y_j$，且 $x_i + y_i \leqslant c$，$x_j + y_j \leqslant c$ 时，$u$（$x_i : y_i$）$\geqslant u$（$x_j : y_j$），其中 $i$，$j = 1$，$2$，$\cdots$，$t$，$i \neq j$；同样的，当 $x_i \leqslant x_j$，且 $x_i + y_i \leqslant c$，$x_j + y_j \leqslant c$ 时，$v$（$y_i : x_i$）$\geqslant v$（$y_j : x_j$）。

不考虑双方的寿命特征，假定它们之后的继任者拥有相同的效用函数，重复同样的博弈。在进化博弈模型中，由于有限理性，每个人都不能确定对方的效用函数，唯一的决策依据是通过收集过往信息，包括过去 $t$ 期中对方的资源使用数量及风险偏好类型。由于信息不完全，每个人只能得到过去 $t$ 期中 $m$（$k$）期的不精确信息，$i$（$k$）$= m$（$k$）$/t$ 表示个人 $k$（$k =$ $A$，$B$）的信息收集能力。考虑到复杂的经济体系中具有类型多样的参与者，以上假定对于近似表征资源使用这一演化博弈是合适的，并且不失一般性。根据对对方资源使用的概率分布进行估计，A 和 B 分别计算可以实现自身效用最大化的资源使用程度，即求解：

$$\max \sum_{0 \leqslant y \leqslant c-x} \frac{n(y:A)}{m(A)} u(x:y) ; \max \sum_{0 \leqslant x \leqslant c-y} \frac{n(x:B)}{m(B)} v(y:x)$$

其中，$n$（$y:A$）和 $n$（$x:B$）分别表示 A 在 $m$（$A$）中对于 B 的资源使用数量 $y$ 的记录和 B 在 $m$（$B$）中对于 A 的资源使用数量 $x$ 的记录。可以证明①，当双方的信息收集能力不完备且足够小时（至多不超过 1/2），由于对过去信息的收集是随机的，重复多次博弈后的资源使用随机序列 $\{x_t，y_t\}$ 将达到均衡，收敛于（$x^*$，$y^*$），其中 $x^* + y^* = c$。除非发生剧烈的随机扰动，这一均衡将在一定时期内保持稳定，任何一方都没有主动打破均衡的积极性，资源可持续利用得以实现。

## 2. 经济发展到一定程度之后的资源使用困境

显然，对资源利用不可能永远固定在某个特定的均衡序列（$x^*$，$y^*$）。随着经济发展水平逐渐提高，人们对资源的使用强度也逐渐提

---

① 青木昌彦（2001）给出了这一结论的简要证明。假设 $m(A) = m(B) = m$，假定介于第 1 期到第 $m$ 期的时间内，A 和 B 总是选择相同的样本，它们由介于第 $1-m$ 期和第 0 期之间的数据构成（$2m < t$），双方的资源使用情况分别为 $x$ 和 $y$；接下来的 $m+1$ 到 $2m$ 的时期内，A 和 B 总是抽取由先前从 0 到 $m$ 期的样本，那么 A 和 B 的最优资源使用数量分别是 $c-y$ 和 $c-x$；在第 $3m+1$ 期到第 $3m+k$ 期之间，A 的样本只包括从第 $m+1$ 期到第 $2m$ 期的 $c-x$，B 的样本只包括从第 1 期到第 $m$ 期的 $x$。那么自第 $2m+k+1$ 期之后，A 和 B 的最优资源使用数量分别是 $x$ 和 $c-x$，也就意味着一种均衡的实现。只要 $t$ 足够长，上述情形将以正概率 $1 > p > 0$ 发生，在 $t(2m+k)$ 个时期内均衡不能实现的概率是 $(1-p)^t$，当 $t$ 趋于无穷大时这种概率将趋近于 0。

高，资源约束日益显现，这在模型中表现为均衡不断被打破和新均衡不断形成，以及 $x^*$、$y^*$ 越来越接近超越 $c$ 这一门阀限制。事实上，即使没有剧烈的随机扰动，经济参与人偶尔犯错也是难以避免的，小错误的日积月累同样会导致对均衡的偏离，从而形成不同的均衡时间序列。Young（1998）称之为"类稳定"均衡。在该动态演化过程中，均衡的实现由双方的风险偏好类型和信息收集能力共同决定。

假设时期 $t$ 经济参与人 A 和 B 就资源使用达成了某种协调（$x^*$，$c-x^*$），在 $t+1$ 期，由于经济率先起飞等因素，A 希望获得更多的使用资源，如由 $x^*$ 增加至 $x^*+1$，为了使 B 接受 $c-x^*-1$ 这一新的资源使用安排，A 不得不进行多次边际调整和试验以改变 B 的信息收集样本，最终使得 B 不得不接受这一调整，条件为：

$$v(c-x^*-1:x^*+1) \geqslant \left[1 - \frac{p}{m(B)}\right] v(c-x^*:x^*)$$

其中，$p$ 是 $A$ 的最小试验次数。

计算得：

$$p \geqslant -m(B)[v(c-x^*-1:x^*+1) - v(c-x^*:x^*)]/v(c-x^*:x^*)$$

进一步整理得：

$$p \geqslant -m(B)v'(c-x^*:x^*)/v(c-x^*:x^*)$$

其中，$v'$ 表示 B 的资源使用量减少 1 个单位引起的效用减少程度。根据对称性，当 A 的资源使用量由 $x^*$ 减少 1 个单位至 $x^*-1$ 时，B 的最小试验次数为：

$$p \geqslant -m(A)u'(x^*:c-x^*)/u(x^*:c-x^*)$$

动态均衡时，A 朝正反两个方向进行调整也应该达到相应的平衡，据此：

$$m(A)u'(x^*:c-x^*)/u(x^*:c-x^*) = m(B)v'(c-x^*)/v(c-x^*:x^*)$$

方程两边同时除以 $t$ 然后积分求解可得：

$$x^{**} = \mathrm{argmax}u(x^*,c-x^*)^{I(A)} \cdot v(c-x^*,x^*)^{I(B)}$$

上式界定了动态均衡时 A、B 双方的资源分配情况。显然，风险偏好程度和信息收集能力较强的一方将获得更大的资源使用份额。同时，该均衡实现了社会整体福利的最大化，这样的资源使用配置将得到全体社会成员的遵从，资源的利用在长期也将得到动态优化和调整。然而随着经济发展水平的进一步提高，一方（如 A）的财富积累逐渐增加，风险承受能力因而得以提高，信息加工能力可以通过对知识和学习的投资得到增强，那么 A 也将被驱使追求更大的资源使用权力，此时动态均衡的收敛就变得困难，迫于压力，B 也只好加大对资源的掠夺性使用，最终导致资源的可持续利用困境。

可见，在为增长而竞争和缺失第三方治理的背景下，经济增长在一定时期内提高了资源的利用程度，优化了资源配置。但是当各地经济都增长到一定程度时，将出现严峻的资源可持续利用难题，经济增长方式亟待转型。不过在现有的经济体系中，特别是存在路径依赖的情况下，这种经济增长方式很难在短期内通过自身的演化得到转变，而是会陷入一个囚徒困境。考虑到特区这一局部区域的特点，资源约束已经日益成为当地经济可持续增长的制约条件。

### （二）　转型发展中有效制度供给的条件

前文说明了随着经济体系自身的演化，资源约束终将限制原有经济增长方式的继续实施，特别是对公共资源的掠夺式开发不可避免。在现有的博弈框架下，任何一方都不会有主动改变资源使用方式的动力，除非双方合作，或者由第三方强制实施。但是根据上一章的实证结果，当经济发展到一定程度后，以政府为第三方的强制性制度变迁已然无效，政府规模的扩大反而造成更坏的经济结果。为了实现有效的制度供给，进一步的制度变迁必须经由更加广泛的市场主体之间的互动与合作来实现。

与求诸政府的观点不同，一些学者从私有化、人口控制、污染者付费、管制与规范等方面讨论了解决"公地悲剧"的方法。值得一提的是"公地悲剧"概念的提出者 Hardin（1968）将公共资源问题延展到了道德领域，这为本书提供了新的思路，即从社会规范角度寻求地方政府和企业集约使用资源，积极改变经济增长方式的自发秩序形成的可能性和条件，也就是内生性制度变迁的条件，这在理论模型中体现为关联博弈对经济域和社会域的连接。因此，本部分从合作的角度出发，对以上博弈模型加以扩展，将对资源的使用问题从经济域延展到具体的社会域，从关联博弈的角度寻找有效制度供给的实现条件。

根据经验事实，经济发展程度较高的地区或经营较为成功的明星企业通常更注重承担社会责任，并且具备积极回馈社会的经济条件，因此这类参与者与社区生活的联系更为紧密。积极参与社会活动不仅可以提升自身形象，由于情感因素也更容易被社会接纳，从而积累更多的社会资本，赢得更多的经济利益。以先行的特区为例，积极承载深化经济体制改革的历史使命，充当全国改革开放排头兵、试验田和示范窗口的功能无论是对当地政府、地方官员还是当地市民而言都是莫大的荣誉和激励①。

假定存在 $k$（$k = A$，$B$，…）个经济参与者，他们同时参与探索

---

① "社会资本"的概念最早由社会学家 Coleman（1990）提出，与此类似，格兰诺维特（2007）提出了"社会嵌入性"概念，在一批富有包容心的社会学家的努力下逐渐形成了经济社会学这一新兴学科，开始了社会学家与经济学家对话及学科融合的进程，与之呼应的是新制度经济学派。在他们的共同努力下，许多传统的经济学问题得到了更加深刻的解答。在华人学者群体中，周雪光（2003，2005，2010）、郑永年（2014）等人在相关领域都发表了有价值的文献。

经济转型，集约使用资源（博弈 1）和社会活动（博弈 2）两个博弈，重复无限多次博弈。博弈 1 将令每个参与者都付出代价不菲的转型成本 $C_{kt}^1$（$t=1$，$2$，$\cdots$，为博弈期数），协作实现经济转型将为全体带来更大的经济收益，每期每个参与者获得的收益为 $R_{kt}^1$，如果有 $n$（$n \in k$）个参与者不合作，收益则减少为 $R_{kt}^1 - nd_{kt}$。对于博弈 1 而言，每个参与者都有不合作的动机，以此节省转型成本，又可以非排他地享受转型成功带来的好处，也即经济转型具有外部性，这意味着 $C_{kt}^1 > d_{kt}$ 且 $kd_{kt} > C_{kt}^1$。

在博弈 2 中，参与社会活动同样需要付出成本 $C_{kt}^2$，同时获得收益 $R_{kt}^2$，其中收益是该博弈参与人数的非递减函数，这意味着并非所有参与者对社会活动都是必要的，即存在 $\dot{k} \in K$，使得对于所有满足 $\dot{k} \leqslant n \leqslant k$ 的 $n$ 有 $R_{nt}^{2'} = 0$，这表示当参与者达到一定数量时，增加更多参与者并不能相应地产生更大效用。考虑人们在博弈 2 中合作的条件为 $C_{kt}^2 < \delta \left[ R_{kt}^2 - C_{kt}^2 \right] / (1 - \delta)$，整理得 $C_{kt}^2 < \delta R_{kt}^2$，其中 $\delta$ 为时间贴现率，该条件意味着参与社会活动未来收益总和的贴现应大于参与社会活动所花费的成本。显然，无论收益大小，只要人们对未来足够关注，那么人们将积极遵守社会规范。否则，参与者选择不合作和不遵守社会规范，相应地会遭到社区驱逐。

进一步的，本书将博弈 1 和博弈 2 放在同一个框架下进行考虑，每个人同时参与两个博弈。如果参与者在上一期的两个博弈中都选择不合作，那么当期仍然选择不合作，否则在两个博弈中都选择合作；如果参与者在博弈 1 中选择不合作，不论其在博弈 2 中如何选择，其他参与者都将对其进行驱逐。原因在于，只要博弈 1 中不合作的参与者数量小于 $(k - \dot{k})$，其他参与者在博弈 2 中就没有必要与这些人合作。另外，如果参与者在博弈 1 中选择不合作，那么他在以后的博弈中无论如何选择都不可能提高收益；如果参与者在之前的博弈中都选择合作，那么他在未来的转型博弈中继续选择合作的条件是当期和未来所有收益的贴现值大于两个博弈中花费的成本，即 $C_{kt}^1 + C_{kt}^2 < \delta R_{kt}^2 + d_{kt}$，整理可得 $C_{kt}^1 < \delta R_{kt}^2 - C_{kt}^2 + d_{kt}$。比较博弈 1 的激励相容条件，即使 $C_{kt}^1 > d_{kt}$，但只要满足条件 $C_{kt}^1 < \delta R_{kt}^2 - C_{kt}^2 + d_{kt}$，人们仍将共同协作，改变资源使用方式，努力实现经济转型。

由此可见，将社会域融合到经济域有助于推动经济转型的快速实现。值得一提的是，满足以上条件是以强大的社会力量为前提的，人们要有足够的动力和积极性驱逐那些缺乏社会责任和公民责任的不良企业，这就要求人们不仅要关注眼前的经济收益，而且要注重营造和谐的社区环境以及平衡的生态资源环境。而当一个地区经济发展到一定程度后，将对后者赋予更高的偏好序，这是建设市民社会的理论价值所在，也是一个地区寻求通过社会力量促进经济转型的前提条件①。

① 关于经济发展程度较高地区更具经济转型的动力这一点，许多学者从其他角度得出了类似的结论，以石磊、刘伟明（2012）的文献为例。具体的，他们构建了中央政府、地方政府和代表性居民的三方数理模型，其中中央政府为中性政府，地方政府关心自身升迁，代表性居民的效用由收入水平和环境质量两方面因素共同决定。地方政府既可以选择直接促进经济增长（$e_1$），也可以选择通过提供良好的环境质量间接促进经济增长（$e_2$），地方政府的努力程度和努力方向决定了代表性居民的效用水平，代表性居民的满意程度又传导至中央政府进而决定地方政府官员的升迁。假设经济产出等于地方政府付出的努力，即 $Y = C = C(e_1, e_2) = \frac{1}{2}b(e_1 + e_2)^2$，其中 $b$ 为参数，交互项表示有限的经济资源在两个方向上存在替代关系。地方政府的决策依据为 $\max \sum PW + (1-P)w - C$，其中 $P$ 为官员获得晋升的概率，$W$ 为晋升获得的效用，$w$ 为未获得晋升的效用。代表性居民的决策依据为 $\max \sum U_T = \frac{C^{1-\delta}}{1-\delta} + \lambda \frac{G^{1-\gamma}}{1-\gamma}$，其中 $U_T$ 为 $T$ 期总效用的贴现值，$\delta$、$\gamma$ 分别为居民对经济增长和环境质量的贴现因子，$\lambda$ 为参数。居民效用分别对经济增长和环境质量进行一次和二次求导后得到，即 $\frac{\partial U_T}{\partial Y} > 0, \frac{\partial^2 U_T}{\partial Y^2} < 0; \frac{\partial U_T}{\partial G} > 0, \frac{\partial^2 U_T}{\partial G^2} < 0$。可见，当经济发展程度较低时，提高居民收入水平能够为居民带来更大的效用，但当经济发展到一定程度时，继续提高居民收入水平并不能产生更高的效用，居民转而关注环境质量的改善。据此，地方政府在两个方向配置资源将以不同方向的边际收益相等为依据（由 $e_1$、$e_2$ 的对称性可知）。

### （三）转型发展中对掠夺性政府的约束

根据前文所述，政府在经济增长与转型过程中的作用同样不可或缺并且至关重要，尽管在新的发展阶段，政府不能继续主导经济增长和制度供给，这种情形在特区以及东亚许多后发地区的经济增长过程中都非常明显。既然不能简单否定政府的作用及其存在，同时又要约束政府对经济增长的不恰当干预，那么如何做到这一点？市民社会能否有效约束政府的掠夺行为？这是本书接下来要讨论的内容。由于之前的模型暗含博弈参与者同质的假设，对博弈参与者类型未加区分，因此这一部分将理论模型进一步扩展到政治域，考察政府与企业互动如何影响经济增长。任何考察政府在经济发展过程中所扮演角色的文献首先要面对这样一个政治悖论：强大到足以保护产权和合同实施的政府也同样强大到足以掠夺公民的财产（Weingast，1995）[①]。

假定经济体系中存在两种类型的企业（公民、组织、利益集团等经济活动参与者）A 和 B，正常情况下政府（G）对 A、B 两种类型企业一视同仁，每期分别征税 $T_{kt}$，并为企业提供基础设施等公共物品和服务，维护经济体系的正常运行，企业从中获得正的效用 $U_{kt}$，其中 $k = A$，$B$，$G$，$t = 1$，$2$，$\cdots$。从某一期（$j$）开始，政府试图对某种类型企业（假设为 A）增税（等价于对另一种类型企业减税，或赋予其更优惠的发展权），以获取额外收益 $a$。对于这种掠夺行为，A 和 B 可以选择默许或抵制，抵制成本为 $c_{kt}$。如果 A 和 B 都选择抵制，政府的掠夺行为将无法得逞，同时承担成本 $c_{kt}$；如果只

---

① 类似的，施莱弗和维什尼（2004）在分析政府作用时归纳了"扶持之手"的政府模型、"看不见的手"模型以及"掠夺之手"的政府模型；青木昌彦（2001）将政府类型区分为民主型、剥夺型和勾结型。我们发现越来越多的文献开始摒弃新古典经济学中将政府角色定位成经济活动完美"守夜人"这一做法，而是逐渐明确政府是一个具有自身目标和私人利益的策略性参与者，是否尊重私人权利、促进还是阻碍经济增长或转型都取决于此行动是否符合政府官员的自身利益。

有一方选择抵制，则掠夺行为得逞，企业对政府和未来经济的信心开始下降，整体经济将会蒙受损失，A、B 各承担损失额 $\Delta$；如果双方均不抵制，抵制成本得到节省，但仍然各自承担损失额 $\Delta$。

当 $\Delta \leq c_{Bt} \leq c_{At}$ 时，由于抵制成本过高，A 和 B 都将选择默许。重复多次博弈后，企业对于政府的掠夺行为总是不予抵制，并且在很长一段时期内都将锁定这一均衡，直到经济形势恶化到一定程度，即政府掠夺所获得的额外收益贴现值已不能弥补掠夺导致的经济效率损失造成的效用减少值 $\{at \leq \sum^{t} [U_{Gt} - U_{G(t-1)}]\}$。

当 $\Delta > c_{At} \geq C_{Bt}$ 时，A 和 B 共同抵制政府掠夺行为符合双方的利益，但是当 $\Delta - C_{Bt} < a$ 时，政府可以通过向 B 支付一定数量的好处 $S$（$\Delta - C_{Bt} < s < a$）换取 B 的默许，结果就演变为政府联合 B 类型企业共同剥削 A 类型企业。

当 $C_{At} > \Delta > C_{Bt}$ 时，A 对于政府掠夺自身行为会选择默许态度，而 B 则有与 A 合作共同抵制政府的愿望。这种情形对应于富有社会责任感并关注未来的企业，即使政府掠夺行为并不直接损害自身收益，其仍会奋起抵抗。但双方都不能确信对方是否会与自己共同抵制，因而政府掠夺行为在这种情形下能否得逞是不确定的。然而联系前文所述的经济域和社会域的关联博弈模型，如果 B 企业可以付出一定程度的努力（$e$）来建立或维护亲密的社区组织，将有助于两者协调一致地抵制政府，其中 B 类型企业的努力成本满足条件：$\Delta > c_{At} + e \geq C_{Bt} + e$。

当 A 和 B 对政府掠夺行为都采取默许态度时，如果经济处在起飞和高速增长阶段，可以想象企业 A 并不会立刻退出市场，当且仅当 $(a + \Delta) t \leq \sum^{t} [U_{At} - U_{A(t-1)}]$，该式表明经济高速增长给 A 带来的效用增加值足以弥补政府掠夺和未来效率损失之和。当经济发展到一定程度并开始遭遇增长瓶颈而无法满足该条件时，政府会继续对企业实施有差别和歧视性的征税以及其他掠夺行为，这将进一步恶化经济形势。

此外，如果政府掠夺失败后支付的成本（$c_{Gt}$）过小，即使掠夺行为不能得逞，政府也会不断地选择掠夺。因此，令政府掠夺行为面临相当程度的风险，形成对政府的有效约束是避免掠夺性政府出现的关键。

接下来的问题是，政府掠夺行为为何针对 A（B）而不是 B（A）？还是随机地选择 A 或 B？现实中，政府常常对企业类型加以区分，如小微型企业和大中型企业、民营企业和国有企业、内资企业和外资企业、夕阳企业和战略性新兴产业等。假如将前者概括性地称为 A 企业，后者称为 B 企业，在强大的市民社会建立之前，政府在绝大部分场合会将掠夺对象选择为 A，因为同等条件下 A 企业的抵制成本通常远大于 B 企业的抵制成本，B 企业通常更具备建立和维护社会规范的实力。

因此，轻易分辨 A 和 B 的企业类型是政府掠夺行为得逞的关键条件。假如所有企业公平竞争，享有相同的发展权利，或者企业类型足够多样化，致使政府无法分辨掠夺何种企业类型更容易成功。在这种情况下，政府只能随机地选择 A 或 B 进行掠夺，A 和 B 被侵犯的概率各为 1/2。当一方受到政府侵犯时，如果另一方未选择抵制，那么在下一期对方被侵犯时，另一方也会选择不抵制，否则它们将总是共同抵制政府掠夺行为。此时政府将尊重每一方的权利，否则政府便随机选择掠夺某一方。

假设政府以 1/2 的概率随机选择掠夺对象，如果另一方不抵制，则其未来损失之和的贴现值为 $\frac{1}{2} \times \frac{\delta(a+2\Delta)}{1-\delta}$；如果另一方抵制，则当期成本为 $C_{kt}-\Delta$。共同抵制的条件为 $\frac{1}{2} \times \frac{\delta(a+2\Delta)}{1-\delta} > c_{kt}-\Delta$，整理得 $\delta > \frac{2(c_{kt}-\Delta)}{2c_{kt}+a}$。可见，只要满足条件 $\delta > \frac{2(c_{kt}-\Delta)}{2c_{kt}+a}$，即使 $\Delta > C_{At} \geqslant C_{Bt}$，且 $\Delta - C_{Bt} < a$，政府与企业 B 联合剥削 A 的企图也无法实

现，A 和 B 将共同抵制政府掠夺行为，一个致力于长期增长的经济体系得以形成，政府与不同类型的企业将共同推动这一进程。而所有企业公平竞争，令政府选择掠夺对象时面临高度不确定性则是实现该进程的前提条件。

综上所述，在纯粹经济域的环境中，随着经济发展程度的提高，资源约束终将成为经济持续增长的限制条件。为了迅速实现经济转型发展，必须打破现有的博弈框架，为市场参与者提供新的规则约束和激励。但是，随着经济发展到一定程度和经济体系的复杂化，简单复制和学习发达地区的先进经验不再可行，通过政府等第三方实施的强制性制度变迁并不能提供有效的制度约束和保障，有效的制度供给必须经由市场主体之间的互动来实现。

此时，通过经济域和社会域的互动将为此提供新的解决方案。通过增长方式转型实现再均衡，即资源要素高效、合理利用的实现条件在于向社会域的扩展，强大的市民社会将有助于新的均衡实现和制度的内生变迁。与此同时，强大的市民社会和社会力量反过来又进一步推动政治环境的改善，一个平等和公平竞争的市场参与和竞争平台有助于遏制掠夺性政府的出现，从而为打破行业垄断和要素的跨部门流动创造了前提条件。因此，当一个地区的经济发展到一定程度后，便开始具有建立市民社会的有利条件，同时也会产生更强的转型动力，特别是类似于深圳特区这样的经济发达地区，必须在未来的经济与社会转型中发挥带头和示范作用，率先创新制度安排，实现有效的制度供给。

## 三 特区经济增长方式转型的关键

### （一）先行先试还是共同转型

根据前文的分析结果，即使像深圳特区这样的先行地区，民营

经济较内地更为发达，市场经济体系也更为健全，但创造深圳奇迹
的主要因素仍然是依赖大量资源投入。众所周知，率先开放、政策
优惠和毗邻港澳的地缘优势在特区经济高速增长过程中发挥了重要
作用，特区借以吸引了大量外资和内地劳动力，从而获得了充足的
资源投入。随着国内外发展环境的变化，特区经济增长方式的效用
开始递减，当前制度的增长潜力逐渐耗尽，特区经济的可持续增长
要求新的制度供给，否则特区经济进一步增长的动力便会逐渐衰竭，
特区的使命恐怕也会真的终结。根据前文的分析，当特区经济发展
到一定程度后，特别是类似深圳这样的发达城市具有建设市民社会
的内在优势，经济增长率不断下降也为经济转型提供了内在动力，
因此可以考虑将特区作为新的试验区，赋予其新的历史使命和功能，
着力探索建设市民社会的路径和方法，不断壮大社会力量，通过先
行先试，逐步扩展至其他地区。

### （二）重点突出社会制度变迁

当经济发展到一定程度后，制度变革的机会成本也更高，许多
既得利益者因此对深化改革持保守态度甚至阻挠改革。另外，许多
期望从制度变革中提高个人收益的市场参与者却没有能力或动力促
进制度创新，因为他们无法保证完全或大部分占有创新收益，反而
不得不承担创新的大部分成本。舒尔茨（1990）认为人的经济价值
的提高是制度变迁的主要原因。但在特区，大量外来劳动者长期享
受不到与户籍人口同等的待遇，民营企业家逐渐面临更大的创业和
经营压力，包括用工成本、环境成本、土地成本以及不断增加的税
负成本，实体经济的萎缩客观上增加了外来资本和风险资本的投资
风险，结果导致各个市场参与者对经济转型持悲观或观望态度。

因此，首先，特区经济转型发展需要激励和保证最广泛的市场
参与者和要素所有者的一切正当权益，促使和激励更广泛的市场主
体主动参与到经济活动中，主动参与产业分工体系，形成参与式发

展，突出和保证人的能动性、创造性和异质性，促使他们完成自我实现和个人价值提升，也只有这样才能从根本上避免政府的掠夺式行为。为了实现这一点，要重点推动社会制度改革，充分调动社会和民间力量，鼓励企业特别是有实力的企业参与到社会活动中，推动各类社会组织的发展，促使社会和全体公民共同关注经济可持续发展，关注人类共同的家园和未来，以社会规范来约束和激励经济主体高效、合理利用资源，实现经济转型。

其次，社会资本的积累也有利于发挥市场主体间的协调与互补作用，通过社会自身解决社会问题和内部矛盾。良序的市民社会能够产生强大的社会力量，促进社会规范的自发演化，从而减缓严重的社会冲突，为经济转型营造和谐的社会环境。

最后，随着特区经济发展到一定程度，国内外环境也已发生重大变化，当前经济制度的收益递减趋势明显。与此同时，各地的政治制度改革举步维艰（特别是对于局部区域而言，政治制度改革并不能由地方单独实现），不失时机地重点推动社会制度改革反而可能成为一个很好的突破口，并对另外两个方面的制度体系改革形成推动和补充作用，为创新制度安排、优化制度供给提供新的思路。

## 四　小结

经济增长是一个由不同类型主体参与和互动的过程。经济增长作为市场参与者行为互动的结果而发生或者不发生，但是经济增长并非任何市场参与者的直接目的，而只是作为参与者追求和长期占有自身利益的诉求手段而发生。在均衡的政治与社会环境下，各个市场参与者为了获得和占有更大的利益而寻求社会交往。当然，并非每个参与者之间都发生互动，互动的程度也因利益大小而有所不同。但是每个参与者要想获得更大的利益就必须尽可能地满足他人的需求，当大多数人在从事服务于他人的活动，同时自己也被他人所服务时，大部分主体的效用函数就能得到实现，整体的经济增长将作为自然的结果而实现。然而，资源约束却成为任何经济体都无法逾越的限制条件，随着经济发展程度的提高，均衡终将被打破。传统的经济增长方式难以适应新的发展环境，适应性的、有效的制度供给亟待发生，但制度变革以大多数人的合作及其共有信念的改变为条件，继续依靠政府主导的外生性制度变迁已不能适应新的发展形势。

在转型过程中，一些参与者的利益与集体利益是一致的，但也存在与集体利益相悖的参与者（如既得利益集团），这类群体没有动力促进增长甚至极力阻挠经济转型。一方面，追求经济转型需要付出成本，不同主体所要付出的代价是不同的；另一方面，不同主体从经济转型中获得的利益也是不一样的。这意味着经济转型通常不是普惠性的，而是既有获利者也有受损者。此外，还有一部分人可能通过搭便车的方式不劳而获，免费享受经济转型带来的好处。为了解决该问题，转型的思路也有必要进行转变，在一个综合经济域、社会域和政治域的统一框架下，这一问题反而可能得到更有效的解决。

# 第十章 结论与展望

## 一 研究结论

经济增长发生在特定的历史情境中，特殊的资源禀赋和发展环境特征，决定了不同地区经济增长方式的广泛差异，经济起步时特定的国际背景和国内禀赋在很大程度上决定了一个经济体随后的增长路径。例如，迫于垂直和水平层次的双向竞争压力，一些地区经济开始起步时便非常重视经济内部的运行效率，而不是仅仅依赖出口来达到经济增长的目的，因此导致了"内涵式增长"路径的形成。

然而在我国，尤其是特区经济起步时面临的国际环境完全不同于先行地区，与东亚发达地区也有所不同。特区经济起步时面临的水平层面的竞争压力几乎为零，导致了特区经济外延式增长特征的形成。但是总体而言，发达国家产业转型升级为新兴工业化国家的经济起步创造了条件，不仅扩大了新兴工业化国家的市场规模，为其扩大生产、提高劳动生产率创造了条件，更重要的是通过世界范围的竞争为后发地区形成"内涵式增长"路径创造了条件，但这种机会是可遇而不可求的。综合全书，根据特区过去30多年的经济增长历程，至少可以得出以下几个结论。

（1）特区的经济增长经验证实了融入世界分工体系对经济增长

的重要性。积极融入世界分工体系是后发地区经济起飞的重要前提，也是后发地区实现跨越式发展的关键，但不能保证长期的可持续增长。随着资源禀赋和国内外发展环境的变化，后发地区要着眼于世界分工格局的演变，适时转变增长策略，抢抓先行机遇，发挥本地的比较优势，争取占据世界分工体系更有利的位置。

（2）特区经济高速增长依赖的是以要素投入为主的"外延式增长"，尤其是对资本生产力的释放是特区经济高速增长的主要动力，也是导致特区经济差序格局的主要原因。但是这种增长方式的效率总体上并不低，因而不能全盘否定"外延式增长"方式的合理性。在当时特定的国际产业转移背景下，抓住机遇迅速实现经济起飞和跨越式发展有其积极意义与必要性，毕竟增长在当时更具第一性。

（3）30多年来，特区经济的全要素生产率水平有了很大程度的提高，这主要是由经济结构的迅速变化和简单复制先行地区技术带来的快速技术进步造成的，而通过要素跨部门流动和再配置实现的技术效率增长始终较慢，对特区经济增长的贡献率始终较低。这是特区经济不能形成内生性技术进步机制和"内涵式增长"的主要原因，导致特区经济即使发展到一定程度，也依然面临竞争力不强的问题。

（4）随着经济发展到一定程度，以及国内外发展环境的变化，特区对外来资本和劳动力的吸引力开始下降，也不再可能通过结构变化和引进国外技术提高要素生产率，当前的经济增长方式就会产生适应性问题。特区经济增长速度减缓不可避免，但为了跨越中等收入陷阱又必须维持相当长时间的增长，只能进一步增加要素投入，造成投资效率下降，最终形成一个恶性循环，这是特区经济当前面临的主要困境。

（5）特区经济增长方式转型势在必行，但转型的关键并不在于投资数量的增减，减少投资并不必然提高投资效率，投资对于任何经济体的持续增长都必不可少①。解决问题的关键在于投资的主体和流向（谁来投、向哪投），在于促进区域之间和行业之间的要素跨部门自由流动（不同地区资本和劳动等要素投入的边际生产力变化趋势指明了再配置的方向，见附录 1 附表 16、附表 17），以此创造更多的投资机会。

为了提高要素使用效率，一方面，要强调技术深化，提高技术革新的强度。通过产业之间的合理化实现更宽广领域对当前技术的采纳，增强技术溢出效应，实现技术边界循序渐进地外移，而不是盲目追求重要的技术突破。另一方面，要促进要素的自由流动，实现要素的跨部门再配置，特别是打破垄断性行业的进入障碍，进而提高技术效率。

但是随着特区经济发展程度的提高和增长速度的趋缓，特殊利益集团日益占据高生产率行业，一方面是区域之间的非均衡发展导致的市场分割，限制了劳动力等要素的自由流动；另一方面是行业之间的非均衡发展导致的市场分割，限制了资本等要素的自由流动，也就限制了要素生产率的进一步提高。

（6）通过深化改革形成适应性的制度变迁是打破特区当前日益僵化的增长方式的关键。促进特区早期实践成功的外生性制度体系并不必然保证特区未来的持续繁荣，显然，从计划经济向市场经济的制度转型促进了特区 20 世纪 80 年代的飞速崛起，然而特区的制

---

① 在一本被誉为当前研究全球经济增长，也是同类书籍中研究中国和亚洲经济增长最为全面和深刻的著作——《经济增长动力：对亚洲经济政策的比较分析》（*The Dynamics of Economic Growth：Policy Insights from Comparative Analyses in Asia*）中，Khuong Vu Minh（2013）写道：资本积累作为经济增长的驱动力，并不仅仅对亚洲重要，对世界其他国家也很重要……这一增长源泉不仅对人均资本存量低的发展中国家重要，对人均资本存量高的发达国家也起着很大的作用……在 G7 经济体中，有形资产投资是经济增长中最重要的来源，同时，对任何阶段的任何国家而言，资本投入的贡献都超越了全要素生产率（TFP）的贡献。同样，本书也强调重新审慎地看待要素投入问题，特别是要素投入对于中间产品的增长以及劳动分工深化的重要意义。进一步的，本书还必须强调这一点：随着经济发展程度的提高和分工的深化，后发地区不得不在同一平台上与发达地区展开水平层面的竞争，此时要素投入的效率就开始变得重要起来。

度变迁仍然过度依赖模仿或者自上而下的政策建构，并没有形成内生的适应性变化机制。缺乏适应性的制度变迁致使特区经济的持续增长在根本上失去了保障，当既有的制度红利逐渐释放完毕时，就迫切需要实现新的制度供给。

（7）为了实现有效的制度供给，必须通过社会大多数成员的共同努力和合作。如果将经济域延展至社会域，资源高效、合理使用的均衡条件将会放松，社会大多数成员更有可能通过合作实现新的有效制度供给和增长方式转型。与此同时，强大的市民社会和社会力量也有助于约束掠夺式政府，有助于约束特殊利益集团对市场的垄断，促进要素的自由流动和跨部门再配置。因此，当特区经济增长到一定程度并面临转型瓶颈时，有必要率先创新制度安排，以社会领域的制度变革为突破口，继而带动经济和政治制度改革的全面深化，从而优化制度供给，并为全国其他地区提供示范效应，这也是特区继续存在下去必须承担的新的历史使命。

需要特别指出的一点是，本书提出的（在新的发展形势下）以社会领域的制度变迁为突破口，继而带动经济和政治领域的制度变迁的观点并不意味着经济和政治体制改革在当前不重要。本书所要强调的是，改革开放30多年来，特区经济和社会发展"一条腿长一条腿短"的矛盾日益凸显，社会体制改革长期滞后于经济体制改革，相对于总体仍然较高的经济增长率和稳定的政治局面而言，社会发展长期滞后于经济增长。由于改革是一个整体，没有社会体制改革或社会体制改革滞后，经济体制改革、政治体制改革也会步履维艰，因此可以考虑以社会领域的制度变革为突破口，带动经济制度变革和政治制度变革的全面深化。特别是对于特区超高速的经济增长而言（如深圳在20世纪80年代的年均增长率达到37%），社会建设的滞后问题也会更加突出，这也是本书提出在局部的、较为发达的特区（而不是全国层面）试验社会制度改革的现实基础。因此，如果说20世纪80年代初特区承担的历史使命主要是通过改革开放试验社会主义市场经济体制改革的话，那么在新的发展阶段，特区如果要继续"特"下去，其所承担的新的历史使命便是试验社会制度变革，以此为突破口带动经济制度变革和政治制度变革的全面深化，实现经济、社会和政治的协调发展。

在新的历史情境中，尽管特区之间的转型重点存在差异，但是总体而言，特区经济增长方式的转型在于：通过市民社会建设创建公平、开放、平等的市场竞争环境，形成制度的适应性变迁，优化制度供给，实现要素驱动向创新驱动的转变，在新的基础支撑条件下继续保障要素的使用效率，从而实现资源的高效利用和经济的持续稳定增长。在新一轮的经济转型发展进程中，能够率先打破制度瓶颈、实现经济增长方式转变的地区，也将获得新的竞争优势。具体的，特区经济增长方式转型包括以下几个方面的内容。

（1）从追求增长的"速度"和"总量"转向追求增长的"长度"和"质量"。新的发展阶段，经济持续增长更长时期，而不是短期高速增长的地区也将率先跨越中等收入陷阱。

（2）从"以开放促改革"转向"以改革促开放"。新的发展阶段，简单复制和引进发达地区技术、制度等增长要素的空间已非常有限，必须通过主动改革，探索新的适合自身资源禀赋特征的增长方式。

（3）从强调投资的"数量"转向投资的"主体"和"流向"。新的发展阶段，经济增长必须实现要素驱动向创新驱动的转变，通过投资主体和投资流向的转变，保证投资效率，创造更多的投资机会和新的经济增长点。

（4）从强调技术革新的"速度"和"高度"转向强调技术革新的"强度"。新的发展阶段，大多数地区经济持续增长的瓶颈不在于高新技术的缺乏，而在于通过技术强化，增强技术的溢出效应，提高各个行业的技术层次，在此基础上实现内生的技术进步机制，保证技术创新的适应性。

（5）从"为市场而生产"转向"为市场而竞争"。新的发展阶段，供给不足转变为生产的相对过剩，卖方市场转变为买方市场，各地必须强化市场竞争观念，通过激烈的市场竞争提高产品品质和要素配置效率，从而提高经济增长的质量，实现"内涵式增长"。

# 二　政策建议

特区经济转型不能仅仅依靠特区自身完成，国家层面的支持必不可少。在具体的政策支持层面，中央和地方政府都有必要发挥适当作用，共同推动特区经济的转型①。在政策制定思路上，政府应该化被动为主动，更加积极、稳妥地推动政策制度的适应性变迁；在政策制定方向上，政府应该考虑从"以开放促进改革"向"以改革带动开放"逐渐转变；在政策制定原则上，政府应该改变非均衡的、带有倾向性的政策，而要以平等和公平竞争为准则。

## （一）坚持渐进式转型，继续发挥特区先行一步的试验功能

与我国特区发展模式相似的东南亚发达国家和地区，如韩国、新加坡、中国台湾都已通过迅速地转型成功跨越了中等收入陷阱。例如，韩国从20世纪70年代初到80年代末，用了大约10年的时间完成了经济转型。经济转型的成功与这些国家的自身经济发展条件不无关系，特别是在当时的发展情境中，这些国家和地区在经济起

---

① 从18世纪开始，人们开始越来越多地关注个人权利，个人权利逐渐从君主和国家权利中脱离出来，亚当·斯密的《国富论》便产生于这一时期。在该书中斯密极力为追求个人自由辩护，认为个人的自我利益和自由决策是产生更多社会财富的力量源泉，其中对个人自由选择的神圣性时至今日仍然处于经济思想的中心地位。随后的许多经济学家，如弗里德曼等人进一步巩固了个人自由的核心地位。他们坚信市场中不存在强制，政府不应该干预市场，自愿交易中互相同意和意见一致成为有关市场的一般信念的核心。然而市场与政府一样存在不可避免的强制，人们并没有不参加交易的自由，市场的出现和演变必然伴随着政府介入。如果没有政府在财产和契约上施加的限制，市场交易也不可能得到保证；如果没有强制性的货币使用规定，交易过程也不可能进行得如此顺利。

步时就非常重视经济运行的微观基础，在经济高速增长的同时主动提高经济运行的技术效率，这为之后的转型创造了有利条件。但是在特区经济起飞和快速增长的同时，并不需要特别关注经济运行的微观基础，也没有必要和动力主动提高经济运行的技术效率，这为之后的转型埋下了隐患。时至今日，特区经济增长方式逐渐陷入路径依赖，转型时面临的阻碍、遇到的问题、产生的矛盾等，在某种程度上都要比东南亚国家和地区更为复杂。因此，特区经济在转型方式上仍然要尽可能地不引起社会动荡，摒弃激进式转型，在渐进的过程中实现深层次的变革。

从转型的步骤来看，类似深圳这样的发达城市，以及其他特区发展程度较高的中心区和街道，也会具有率先转型的内在优势，经济增长率不断下降为经济转型提供了内在的动力来源。因此，在新的发展阶段，特区应当再次充当全国经济转型的排头兵和试验田，探索创新社会全面发展的新模式，率先实现有别于 20 世纪 80 年代初改革开放背景下的二次转型，这也是新的形势下赋予特区的新的历史使命。在具体的转型路径上，经济较为发达的地区有必要且有责任率先探索转型路径，主动承担转型风险，创新制度安排，而不是继续复制发达地区的先进经验。

## （二）发挥市场主体的能动性，促进"内涵式增长"

特区过去的增长体现为一种以开放促改革、从宏观到微观、自上而下的发展模式，未来的转型方向应是一种以改革促开放、由内到外、由微观到宏观、先改善经济运行的技术效率再注重技术进步的增长方式。随着特区经济发展到一定程度，以及外部市场环境的变化，继续以往过度依赖要素投入的增长方式已经行不通。尽管我国腹地广阔，区域发展也极不平衡，这使得特区在一定程度上存在通过产业转移和再调整进一步释放增长动力的可能性，但特区的产业转型越来越面临空心化困境，传统落后的产业转移出去之后新兴的高技术产业并没有像设想中那样蓬勃发展。一方面，新兴产业在国际市场上的竞争力有限；另一方面，也导致国内产业体系陷入低水平的恶性循环。

解决问题的根本方法和着力点仍然在于深化改革，重新激发改革活力，释放新的制度红利。政府制定政策时必须转变思路，改变以往的倾斜性和重点支持政策，对所有行业和领域一视同仁，建立一个平等、公平的市场竞争环境，发挥广大市场主体的能动性，在扩大开放领域的同时深入经济运行的微观基础，提高企业的运行效率和内部治理水平，在此前提下以企业为主体对资源进行合理配置，在新的基础支撑上提高资源使用效率，实现"内涵式增长"。

### （三）调整产业发展政策，摒弃盲目追求"高、精、尖"技术行业的思路

特区产业之间和产业内部都存在很多协调难题，导致部门之间的互补性不足，增长初期忽略的问题现在不得不回过头来重新解决。从长期来看，健康、可持续的经济增长要求总量与结构相互适应，但很多地区过分追逐产业高级化而忽略产业之间的合理化，造成无序和混乱的经济结构，最后不得不回头重新调整，代价高昂。这就需要各地政府深刻反思当前的产业发展思路，反思一味追求做大经济总量的思路，摒弃"一刀切"式的盲目追求拥有"高、精、尖"技术含量的新产业的思路，要更加注重产业间和产业内的协调与互补，在此前提下发挥经济参与主体的能动性和创造性，实现内生性的技术进步机制和可持续的经济增长。

### （四）适时调整政府与企业的关系，优化制度供给

在真实的发展情境中，特别是在后发地区的赶超过程中，经济增长通常离不开政府的参与。随着资源禀赋和发展环境的变化，政府要善于甄别并发挥本地的比较优势，根据世界分工体系的变化趋

势灵活调整增长策略，为争取世界分工体系的有利位置发挥指导性作用。这要求各地政府在制定政策时更加注重保持经济的开放性和市场的竞争性，大力调整政府与企业间的关系，不断完善公共治理体系，优化制度供给，提高公共治理水平。

（1）将经济增长的主体地位交还企业，在增长路径和增长策略的选择上加强引导，鼓励企业在国内国际市场展开更为公平而激烈的竞争，在严峻的市场竞争过程中逐渐成长壮大。

（2）在政府决策时致力于发挥本地资源禀赋优势，通过提高资源配置和使用效率，培育动态的竞争能力和适应能力，创造经济持续增长的内生动力。

（3）通过产业政策、行业监管、战略规划等手段，制止大企业对中小企业的排斥和对行业的垄断，引导中小企业按照市场原则进行运作，发挥行业协会在维护中小企业利益、开展行业自律活动中的作用，推动行业协会成为凝聚各类企业的重要载体。

（4）在特区以及我国大部分地区出现生产过剩的同时，与人民生活息息相关的公共配套服务和市政基础设施却未能得到相应的关注，城市建设水平与经济发展水平相比有很大的差距。因此，政府投资主要应用于建设完善的基础设施，包括综合可达的交通系统、优良的学校、良好的信息系统、良好的能源和水系统、人人都能享用的公共空间开放系统以及建设健康、可持续、高质量的社区，来支持经济和社会的协调发展。

## （五）加强顶层设计，全面深化社会与政治制度改革

经济体系并非独立地存在，而是存在于一定的历史和文化语境中，经济、社会和政治相互嵌入，这种相互嵌入既维系了一定的稳定性，又通过相互作用影响着彼此的发展。30多年前特区面临的迫切问题是通过经济增长摆脱贫穷，选择经济体制改革和以经济建设为核心的路径适应了当时的需求，从而具有极大的收益递增效应，

经济活力得到空前的释放。但是经过 30 多年的超高速增长之后，特区经济、社会和政治发展的失衡局面较全国其他地区也更为严重，社会制度和政治制度严重滞后于经济制度，社会发展严重滞后于经济增长，社会矛盾日益尖锐。

在新的发展阶段，特区应当承担新的历史使命，着力推动社会建设和政治完善，特别是强化各类社会力量，促进各类社会团体的自发形成，积极创建良序的市民社会，为经济制度和政治制度的深化变革创造条件。这就需要政府通过顶层设计把社会制度建设摆在突出位置，同时积极稳妥推进，发展更加广泛和健全的人民民主，尤其要注意改进政府的领导方式，注重健全民主制度和丰富民主形式，保证人民依法实行民主选举、民主决策、民主管理、民主监督，保证人民依法享有广泛的权利和自由，通过经济、社会和政治领域相互继起的、渐进的改革，促进经济、社会与政治协调发展。

## 三 未来展望

本书通过对特区这一特殊区域的研究，依次从资本、劳动、全要素生产率、产业结构和制度等不同要素维度解析了特区经济增长方式，通过相互印证，展现了特区 30 多年来经济增长的完整图景。通过以上分析，本书得出了许多有趣的结论，也认识到许多经济现象并非表面看到的那样简单，解决问题的思路也不是简单地祛除问题，而是要在问题产生的根源和路径上找到症结所在。

（1）经济增长中的过度投入问题。提高资源效率的思路并不在于简单减少投入，而是要在一个相互关联的视域下通过区域之间和产业之间的再平衡来实现要素的跨部门流动，实现内生的技术进步机制，从而在新的基础上继续提高投入效率。

（2）经济增长中的技术进步问题。技术进步对于提高要素生产率和产业发展水平的作用是显著的，对于提高一个国家的竞争力也具有巨大作用。但是随着经济发展程度的提高，大多数地区并没有达到现有技术与生产能力所允许的最大产出边界，现代技术并不构成经济进一步增长的瓶颈，真正的瓶颈在于广大低附加值行业对技术应用的限制。可持续的经济增长强调的是技术深化，以及提高技术革新的强度。要通过产业之间的合理化实现更宽广领域对当前技术的采纳，增强技术溢出效应，促进技术边界循序渐进地外移，而不是盲目追求重要的技术突破。

（3）经济增长中的政府作用。通常认为掠夺性国家对产权的侵犯是许多国家和地区经济落后的根源，但是对于后发地区而言，一个强势的政府能够克服因徒困境带来的协调失败，因而往往是经济起飞和快速增长的必要条件。在特定的发展环境中，通过强制性地引进国外市场体制和组织方式，后发地区迅速实现了经济起飞甚至高速增长。当经济发展到一定程度，增长速度逐渐趋缓时，强势的政府又可能成为影响经济持续增长的负面因素，但是解决这一问题的有效方法可能并不在于简单地消除政府干预或压缩政府规模，通过建设市民社会，利用社会力量实现政府治理的内生变化可能是更好的思路。当然，本书只是沿着这一方向提出了大概的思路，需要在将来的研究中展开深入的讨论，在经验证据上提供更加充分的支持。

### （一）借鉴并融合交叉学科的最新进展

经济学和其他学科一样，其发展是随着科学与哲学的分离，在经验主义思潮下将焦点集中于客观世界，在某一领域、从某一角度、就某一现象进行实证分析，逐渐积累并构筑起自身的理论体系。就经济增长而言，成熟的现代经济增长理论体系是以经济现象抽象分离出现实的社会、政治和文化环境为条件的，这可以使经济学者集中精力就经济增长领域的具体现象进行深入分析，也有利于收集处理相关数据以便进行证实或证伪，最终建立一个统一的、标准化的分析框架。进一步的，世界各个角落的经济学者可以在一个相同的话语体系内沟通交流，共同促进经济学理论体系的完善和发展。

但是，随着人们在某一方面对经济现象的理解越来越深刻和自信，也就越来越难以摆脱现有框架的束缚，认为掌握了经济增长的全部知识，一些地区的不增长只是因为在实践中没有完全遵守理论。然而，科学的最新发展和事实已经撼动了这种陈旧的实在论。旧的实在论者相信科学和真理是独立于观察者的实在，科学的发展，特别是现代物理的最新研究已证明，真实的存在依赖观察者，一切科学理论都不能摆脱人类的意志[1]。因此，任何科学包括经济学所呈现出来的只是就一个角度而言的分世界，经济学必须谦逊地吸收借鉴其他学科的最新进展，才有可能逼近实在的、整全的世界。也只有在这个过程中，经济增长理论才能获得进一步的发展。

### （二）客体世界向主体世界的回归

在逻辑实证主义哲学的影响下，经济学者深刻地剖析了各种复杂的经济增长现象，并收集了大量经验数据对经济增长理论进行证实或证伪，经济增长理论获得了长足发展，然而也面临越来越深刻的逻辑困境。这种困境集中体现在探索国民财富增进和经济增长根源时无穷的循环论证上，在具体的现实生活中，经济增长也面临可持续发展困境，伴随增长的是严重的社会分化、价值失序、道德沦丧、环境污染、生态破坏等问题。结果，增长本身越来越成为人们追求的目标，对于增长的终极价值和意义人们却越来越不知所措。

---

[1] 随着经济学理论的发展，经济学者越来越无法避免对社会发展的关注，正如英国剑桥大学三一学院院长、诺贝尔经济学奖获得者阿马蒂亚·森在国际社会发展联合会第15届研讨会上的发言：我们当然有充足的理由追求经济增长，但这并不是因为它本身，而应该像亚里士多德所说的那样，是"以他物为目的"，也就是说，是为了人类生活的进步。我们不能仅仅局限在发展经济上，还要将眼光放长远一些。比起经济发展本身所能提供的前景来，社会发展所带来的前景更全面、影响更深远。作为一名经济学家，我认为，在本次讨论社会发展的重大会议的开幕式上将此阐明，是我应尽的责任。

可见，当经济增长理论发展到一定程度时就必须回归到主体上来，人必须具有形而上的追求才能够摆脱动物界的生存状态。如上所述，所有的经济现象和事实并非独立于人格的实在，人这一主体是一切经济现象的主导者和承载者，那么对于经济现象的追根溯源必然要回归到主体上来。经济增长理论接下来需要做的就是为不同主体的主观立场寻找一个客观的价值尺度，也就是必须建立一整套话语体系以容纳主体之间的互动。

### （三）博弈论方法和对历史、过程的重视

基于前两点，未来的经济增长理论必须更加注重对行为主体以及主体互动的研究，那么在工具的选择上博弈论将获得更加广泛的使用。为了更准确地描述现实世界和刻画经济主体的特征，博弈论有必要在理性人假设和原子式个体假设方面做出改进，将有限理性和异质性个体的经济、社会特征纳入语言概念体系。同时，真实的主体存在于具体的历史和社会情境中，博弈论还必须重视时间变量，对主体的过去、现在和未来进行衔接，对主体行为和主体之间互动的过程加以分析，才有可能理解真实的存在，才有可能更合理地解释经济现象。那么，以进化博弈论为代表的博弈方法在这一进路中可能获得更多的应用和发展。

沿着以上方向，本书的研究只能算作开始，更深入的讨论和成果亟待出现。事实上，对于人类来说不可能存在绝对的真理，至少在理论的意义上不可能存在。如果任何结论意味着人们对所提出问题的最终回答的话，那么人们必须明确地拒斥这种对结论的欲求，因为每一种作为思想过程之结论的真理，都必然为思想活动设置了一个终点。真正的思想活动并不是为了传达结论，而是为了刺激其他人的独立思考；它并非出于其他目的，而仅仅是为了带来思想者之间的对话（汉娜·阿伦特，2006）。

# 参考文献

〔德〕阿尔伯特·O.赫希曼：《欲望与利益：资本主义走向胜利前的政治争论》，李新华、朱进东译，上海文艺出版社，2003。

〔美〕阿尔伯特·O.赫希曼：《退出、呼吁与忠诚——对企业、组织和国家衰退的回应》，卢昌崇译，经济科学出版社，2001。

〔印度〕阿马蒂亚·森：《以自由看待发展》，任赜、于真译，中国人民大学出版社，2009。

〔冰岛〕埃格特森：《经济行为与制度》，吴经邦译，商务印书馆，2004。

〔美〕安德烈·施莱弗、罗伯特·维什尼：《掠夺之手：政府病及其治疗》，赵红军译，中信出版社，2004。

〔英〕安格斯·麦迪森：《世界经济千年史》，伍晓鹰等译，北京大学出版社，2003。

〔美〕奥尔森：《国家的兴衰：经济增长、滞胀和社会僵化》，李增刚译，上海人民出版社，2007。

〔美〕奥利维尔·布兰查德、斯坦利·费希尔：《宏观经济学（高级教程）》，刘树成、沈利生等译，经济科学出版社，1998。

〔美〕奥维尔·施尔：《改革开放后深圳的发展及其问题》，《马克思主义与现实》2000年第4期。

〔俄〕B.波尔佳科夫、B.斯捷帕诺夫：《海外学者论中国经济特区》，俞可平译，中央编译出版社，2000。

〔美〕保罗·克鲁格曼：《萧条经济学的回归》，刘波译，中信出版社，2012。

〔英〕波斯坦等主编《剑桥欧洲经济史（第五卷）：近代早期的欧洲经济组织》，王春法等译，经济科学出版社，2004。

〔法〕布罗代尔：《菲利普二世时代的地中海和地中海世界》（上卷），唐家龙、吴模信等译，商务印书馆，1998。

〔法〕布罗代尔：《历史和社会科学：长时段》，《史学理论》1987 年第 3 期。

陈文鸿：《深圳的问题在哪里？》，《广角镜》1985 年第 152 期。

蔡洪滨：《维持高社会流动》，《新世纪周刊》2011 年第 13 期。

〔英〕大卫·李嘉图：《政治经济学及赋税原理》，周洁译，华夏出版社，2005。

〔英〕大卫·休谟：《道德原则研究》，曾晓平译，商务印书馆，2001。

〔美〕丹尼尔·W. 布罗姆利：《经济利益与经济制度——公共政策的理论基础》，陈郁等译，上海人民出版社，2007。

〔美〕道格拉斯·C. 诺斯：《经济史上的结构与变革》，厉以平译，商务印书馆，1992。

〔美〕道格拉斯·C. 诺斯：《时间进程中的经济成效》，《经济社会体制比较》1995 年第 6 期。

〔美〕道格拉斯·C. 诺斯、罗伯特·P. 托马斯：《西方世界的兴起》，厉以平、蔡磊译，华夏出版社，2009。

丁溪：《从大宇集团的破产看韩国经济》，《黑龙江社会科学》2001 年第 4 期。

〔德〕恩格斯：《法德农民问题》，曹宝华、毛岸英译，人民出版社，1951。

〔德〕恩格斯：《关于普鲁士农民的历史》，载《马克思恩格斯全集》（第二十一卷），人民出版社，1965。

樊纲、王小鲁、朱恒鹏：《中国市场化指数：各地区市场化相对进程 2011 年报告》，经济科学出版社，2011。

樊胜根、张晓波：《中国经济增长和结构调整》，《经济学（季刊）》

2002 年第 1 期。

冯素玲、后小仙：《当代产业组织理论研究综述》，《经济纵横》2007 年第 7 期。

〔德〕弗里德里希·李斯特：《政治经济学的国民体系》，陈万煦译，商务印书馆，1961。

〔英〕弗里德里希·奥古斯特·哈耶克：《通往奴役之路》，滕维藻等译，商务印书馆，1962。

傅晓霞、吴利学：《制度变迁对中国经济增长贡献的实证分析》，《南开经济研究》2002 年第 4 期。

干春晖、郑若谷、余典范：《中国产业结构变迁对经济增长和波动的影响》，《经济研究》2011 年第 5 期。

〔瑞典〕冈纳·缪尔达尔：《亚洲的戏剧：对一些国家贫困问题的研究》，方福前译，首都经济贸易大学出版社，2001。

〔德〕贡德·弗兰克：《白银资本：重视经济全球化中的东方》，刘北成译，中央编译出版社，1998。

郭金兴：《技术进步、制度变迁与资源暴利：中西方历史大分流的解释与启示》，《经济评论》2009 年第 2 期。

〔美〕哈罗德·德姆塞茨：《竞争的经济、法律和政治维度》，陈郁译，上海三联书店，1992。

〔德〕汉娜·阿伦特：《黑暗时代的人们》，王凌云译，江苏教育出版社，2006。

何枫、陈荣、何炼成：《SFA 模型及其在我国技术效率测算中的应用》，《系统工程理论与实践》2004 年第 5 期。

〔秘鲁〕赫尔南多·德·索托：《资本的秘密》，于海生译，华夏出版社，2000。

胡晓鹏：《产业结构变迁视角下经济增长的系统性分析》，《财经科学》2004 年第 1 期。

姬超、杜英：《新制度经济学视角下的组织可持续发展》，《湖南商学院学报》2010 年第 6 期。

姬超、颜玮：《经济内生化转型：综合政治和社会因素的考察》，《福州大学学报》（哲学社会科学版）2013 年第 4 期。

姬超、颜玮：《可持续和过程视阈下的中国经济模式再讨论》，《理论月刊》2012 年第 11 期。

姬超、袁易明：《中国经济特区差距的变动趋势及其影响机制》，《亚太经济》2013 年第 5 期。

〔美〕加里·贝克尔：《人力资本理论》，郭虹等译，中信出版社，2007。

〔韩〕金承权：《岔路口上的韩国经济与金泳三的经济政策及其影响》，《国外社会科学》1994 年第 4 期。

靖学青：《上海产业升级测度及评析》，《上海经济研究》2008 年第 6 期。

〔德〕柯武刚、史漫飞：《制度经济学：社会秩序与公共政策》，韩朝华译，商务印书馆，2000。

〔英〕克拉潘：《简明不列颠经济史：从最早时期到一七五〇年》，范定九、王祖廉译，上海译文出版社，1980。

〔英〕克里斯托弗·戴尔：《转型的时代：中世纪晚期英国的经济与社会》，莫玉梅译，社会科学文献出版社，2010。

孔祥、Robert E. Marks、万广华：《国有企业全要素生产率变化及其决定因素》，《经济研究》1999 年第 7 期。

〔法〕雷吉娜·佩尔努：《法国资产阶级史——从发端到近代》，康新义等译，上海译文出版社，1999。

洪名勇：《初始条件、市场化改革与区域经济非均衡增长的实证研究》，《中国软科学》2004 年第 5 期。

姬超：《韩国经济增长与转型过程及其启示：1961～2011——基于随机前沿模型的要素贡献分解分析》，《国际经贸探索》2013 年第 12 期。

李芳：《改革以来中国特区私有财产权演进模式研究》，《社会科学辑刊》2009 年第 2 期。

林毅夫：《新结构经济学：反思经济发展与政策的理论框架》，北京大学出版社，2012。

〔英〕刘易斯：《经济增长理论》，梁小民译，上海人民出版社，1997。

刘伟、李绍荣：《产业结构与经济增长》，《中国工业经济》2002年第5期。

刘伟、张辉：《中国经济增长中的产业结构变迁和技术进步》，《经济研究》2008年第11期。

刘文革、高伟、张苏：《制度变迁的度量与中国经济增长——基于中国1952～2006年数据的实证分析》，《经济学家》2008年第6期。

刘小玄、郑京海：《国有企业效率的决定因素：1985～1994》，《经济研究》1998年第1期。

刘永波：《经济全球化与韩国经济腾飞——韩国现代化成因浅析》，《山东大学学报》（哲学社会科学版）2003年第5期。

刘元春：《经济制度变革还是产业结构升级——论中国经济增长的核心源泉及其未来改革的重心》，《中国工业经济》2003年第9期。

刘志彪：《产业升级的发展效应及其动因分析》，《南京师大学报》（社会科学版）2000年第2期。

刘志铭、郭惠武：《创新、创造性破坏与内生经济变迁》，《财经研究》2008年第2期。

〔美〕罗斯托：《从起飞进入持续增长的经济学》，贺力平等译，四川人民出版社，1988。

〔德〕马克思：《1844年经济学哲学手稿》，人民出版社，2008。

〔德〕马克思：《德意志意识形态》（节选本），人民出版社，2003。

〔德〕马克思、恩格斯：《马克思恩格斯全集》（第二十三卷），人民出版社，1972。

〔德〕马克思、恩格斯：《马克思恩格斯全集》（第四卷），人民出版社，1958。

〔德〕马克思、恩格斯：《马克思恩格斯选集》（第三卷），人民出版社，1995。

〔德〕马克思:《资本论》(第一卷),人民出版社,1975。

〔德〕马克斯·韦伯:《新教伦理与资本主义精神》,郑志勇译,江西人民出版社,2010。

〔美〕马克·格兰诺维特:《镶嵌:社会网与经济行动》,罗家德译,社会科学文献出版社,2007。

马克垚:《西欧封建经济形态研究》,中国大百科全书出版社,2009。

马颖:《发展经济学60年的演进》,《国外社会科学》2001年第4期。

马颖、袁东阳:《要素连接与市场效率关系研究新进展》,《经济学动态》2012年第10期。

毛世平:《技术效率理论及其测度方法》,《农业技术经济》1998年第3期。

〔美〕Poncet、Sandra:《中国市场正在走向"非一体化"?——中国国内和国际市场一体化程度的比较分析》,《世界经济文汇》2002年第1期。

潘士远、史晋川:《内生经济增长理论:一个文献综述》,《经济学(季刊)》2002年第4期。

潘叔明:《改革开放前锐:中国经济特区》,《福建行政学院学报》2010年第5期。

彭金荣:《韩国经济再现"江汉奇迹"的原因和启示》,《中国人民大学学报》2000年第6期。

钱颖一、许成钢、董彦彬:《中国的经济改革为什么与众不同——M型的层级制和非国有部门的进入与扩张》,《经济社会体制比较》1993年第1期。

〔日〕青木昌彦:《比较制度分析》,周黎安译,上海远东出版社,2001。

〔美〕R.科斯、A.阿尔钦、D.诺斯:《财产权利与制度变迁:产权学派与新制度派译文集》,刘守英译,上海人民出版社,1994。

〔美〕S.R.爱泼斯坦:《自由与增长:1300~1750年欧洲国家与市场的兴起》,宋丙涛译,商务印书馆,2011。

沈承诚：《经济特区治理困境的内生性：地方政府核心行动者的动力衰竭》，《社会科学》2012 年第 2 期。

石磊、刘伟明：《"腾笼换鸟"和"承接转移"相互矛盾吗》，《经济学家》2012 年第 5 期。

世界环境与发展委员会：《我们共同的未来》，王之佳、柯金良译，吉林人民出版社，1997。

世界银行：《2030 年的中国：建设现代、和谐、有创造力的高收入社会》，2012。

〔德〕斯宾格勒：《西方的没落》，陈晓林译，黑龙江教育出版社，1988。

宋冬林、王林辉、董直庆：《资本体现式技术进步及其对经济增长的贡献率（1981～2007）》，《中国社会科学》2011 年第 2 期。

〔日〕速水佑次郎、〔美〕拉坦：《农业发展的国际分析》，郭熙宝等译，中国社会科学出版社，2000。

孙振峰：《论韩国经济结构调整中的政府作用》，《亚太经济》2001 年第 2 期。

谭晶荣、颜敏霞、邓强等：《产业转型升级水平测度及劳动生产效率影响因素估测——以长三角地区 16 个城市为例》，《商业经济与管理》2012 年第 5 期。

唐任伍、余维国：《论韩国经济发展模式的终结》，《亚太经济》1999 年第 1 期。

陶一桃、鲁志国：《中国经济特区史论》，社会科学文献出版社，2008。

〔英〕托马斯·罗伯特·马尔萨斯：《人口原理》，王惠惠译，陕西师范大学出版社，2008。

〔英〕托马斯·孟：《英国得自对外贸易的财富》，李琼译，华夏出版社，2006。

〔美〕V..奥斯特罗姆、D. 菲尼、H. 皮希特：《制度分析与发展的反思：问题与抉择》，王诚译，商务印书馆，1992。

汪丁丁：《经济学思想史讲义》，上海人民出版社，2008。

汪丁丁：《永远的徘徊》，四川文艺出版社，1996。

汪丁丁：《中国奇迹的历史与未来》，财新网，2014 年 5 月 23 日，http：//opinion. caixin. com/2014 - 05 - 23/100681644. html。

王晋新：《都铎王朝对教会地产的剥夺及其意义》，《历史研究》1991年第 2 期。

王丽英、刘后平：《产业结构变迁对劳动生产率增长的贡献及其区域差异——基于 Shift-Share 模型的实证分析》，《西部论坛》2010 年第 5 期。

王天义：《中国经济改革的理论与实践》，中共中央党校出版社，2005。

王曦、舒元：《"摸着石头过河"：理论反思》，《世界经济》2011 年第11 期。

王小鲁：《中国经济增长的可持续性与制度变革》，《经济研究》2000年第 7 期。

〔美〕威廉·伊斯特利：《在增长的迷雾中探索：经济学家在欠发达国家的探险与失败》，姜世明译，中信出版社，2004。

〔英〕威廉·配第：《政治算术》，马妍译，中国社会科学出版社，2010。

韦森：《世界经济新格局与中国经济长期增长前景》，《南方经济》2014 年第 2 期。

文贯中：《中国的疆域变化与走出农本社会的冲动——李约瑟之谜的经济地理学解析》，《经济学（季刊）》2005 年第 2 期。

吴敬琏：《当代中国经济改革》，上海远东出版社，2003。

吴敬琏：《中国经济转型的关键及发展走势》，《小康》2011 年第3 期。

吴晓明：《马克思主义的存在论革命与通达社会现实的道路》，《云南大学学报》（社会科学版）2011 年第 6 期。

伍晓鹰：《测算和解读中国工业的全要素生产率》，财新网，2013 年12 月 10 日，http：//magazine. caixin. com/2013 - 12 - 10/100615706. html。

〔美〕西奥多·W. 舒尔茨：《论人力资本投资》，吴珠华等译，北京经济学院出版社，1990。

习明明、张进铭：《民主、投资与经济增长》，《经济学（季刊）》2014 年第 4 期。

肖建华：《参与式治理视角下地方政府环境管理创新》，《中国行政管理》2012 年第 5 期。

徐国祥：《全国各省市转型发展指数研究》，上海财经大学应用统计研究中心，2013。

徐现祥、陈小飞：《经济特区：中国渐进改革开放的起点》，《世界经济文汇》2008 年第 1 期。

许经勇：《论经济特区的演变趋势：从政策驱动为主向创新驱动为主转变》，《福建论坛》（人文社会科学版）2010 年第 9 期。

许宪春、齐舒畅、杨翠红等：《我国目前产业关联度分析——2002 年投入产出表系列分析报告》，《统计研究》2006 年第 11 期。

〔英〕亚当·斯密：《国民财富的性质和原因的研究》，郭大力、王亚南译，商务印书馆，1974。

〔俄〕亚历山大·格申克龙：《经济落后的历史透视》，张凤林译，商务印书馆，2012。

阎照祥：《英国近代贵族体制研究》，人民出版社，2006。

颜鹏飞、王兵：《技术效率、技术进步与生产率增长：基于 DEA 的实证分析》，《经济研究》1994 年第 12 期。

杨天宇、刘贺贺：《产业结构变迁与中印两国的劳动生产率增长差异》，《世界经济》2012 年第 5 期。

杨文进：《从长波关系看我国的特区经济发展》，《山东财政学院学报》2002 年第 1 期。

姚洋：《非国有经济成分对我国工业企业技术效率的影响》，《经济研究》1998 年第 12 期。

〔美〕伊斯雷尔·科兹纳、穆雷·罗斯巴德：《现代奥地利学派经济学的基础》，王文玉译，浙江大学出版社，2008。

于刃刚:《配第－克拉克定理评述》,《经济学动态》1996 年第 8 期。

袁易明:《中国经济特区产业发展路径》,《深圳大学学报》(人文社会科学版) 2010 年第 4 期。

袁易明:《中国所有制改革对效率改进的贡献》,《中国经济特区研究》2008 年第 1 期。

袁志刚:《中国就业报告》,经济科学出版社,2002。

袁志刚、解栋栋:《中国劳动力错配对 TFP 的经验分析》,《经济研究》2011 年第 7 期。

〔奥〕约瑟夫·熊彼特:《经济发展理论——对于利润、资本、信贷、利息和经济周期的考察》,何畏、易家详等译,商务印书馆,1991。

〔奥〕约瑟夫·熊彼特:《资本主义、社会主义和民主主义》,顾准译,商务印书馆,1979。

〔美〕詹姆斯·布坎南:《成本与选择》,刘志铭、李芳译,浙江大学出版社,2009。

张军:《分权与增长:中国的故事》,《经济学(季刊)》2007 年第 1 期。

张军:《改革、转型与增长:观察与解释》,北京师范大学出版社,2010。

张军:《改革以来中国的官员任期、异地交流与经济增长:来自省级经验的证据》,《经济研究》2007 年第 11 期。

张军、高远、傅勇等:《中国为什么拥有了良好的基础设施?》,《经济研究》2007 年第 3 期。

张军:《中国经济增长粗放吗?》,FT 中文网,2014 年 1 月 16 日,http://www.ftchinese.com/story/001054418?page=1。

张军:《资本形成、投资效率与中国的经济增长——实证研究》,清华大学出版社,2005。

张晓晶:《增长放缓不是"狼来了":中国未来增长前景展望》,《国际经济评论》2012 年第 4 期。

张永生:《厂商规模无关论:理论与经验证据》,中国人民大学出版社，2003。

郑永年：《社会发展与社会政策：国际经验与中国改革》，东方出版社，2014。

中共浙江省委宣传部课题组：《经济发展方式转变的国际趋势与启示》，民营经济研究中心网站，2010 年 6 月 18 日，http：//www. crpe. cn/06crpe/system/2010/06/18/016694177. shtml。

周长城：《经济社会学》，中国人民大学出版社，2011。

周黎安：《中国地方官员的晋升锦标赛模式研究》，《经济研究》2007年第 7 期。

周苗苗、张光南：《广东经济路在何方？——对广东经济增长全要素生产率的分析和思考》，《中山大学研究生学刊》（社会科学版）2004 年第3 期。

周雪光：《"逆向软预算约束"：一个政府行为的组织分析》，《中国社会科学》2005 年第 2 期。

周雪光：《组织社会学十讲》，社会科学文献出版社，2003。

周雪光、艾云：《多重逻辑下的制度变迁：一个分析框架》，《中国社会科学》2010 年第 4 期。

周英章、蒋振声：《我国产业结构变动与实际经济增长关系实证研究》，《浙江大学学报》（人文社会科学版）2002 年第 3 期。

朱灏：《韩国经济的复苏及其启示》，《亚太经济》2007 年第 5 期。

Acemoglu D. , Guerrieri Veronica, "Capital Deepening and Nonbalanced Economic Growth", *Journal of Political Economy*, 2008, 116 (3).

Acemoglu D. , Johnson S. , Robinson J. , "The Colonial Origins of Comparative Development: An Empirical Investigation", *American Economic Review*, 2001, 91 (5).

Afriat S. N. , "Efficiency Estimation of Production Functions", *International Economics Review*, 1972, 13 (3).

Alfred Leslie Rowse, *The England of Elizabeth: A Structure of Society*, New York: Macmillan Company, 1950.

Allyn Young, "Gold into Base Metal: Productivity Growth in the People's Republic of China during Reform Period", *Journal of Political Economy*, 2003, 111 (6).

Allyn Young, "Increasing Returns and Economic Progress", *The Economic Journal*, 1928, 38 (152).

Allyn Young, "Learning by Doing and the Dynamic Effects of International Trade", *The Quarterly Journal of Economics*, 1991, 106 (2).

Allyn Young, "The Razor's Edge: Distortions and Incremental Reform in the People's Republic of China", *The Quarterly Journal of Economics*, 2000, 115 (4).

Andrew Schotter, *The Economic Theory of Social Institutions*, Cambridge: Cambridge University Press, 1981.

Aoki M., "Toward a Comparative Institutional Analysis", *Journal of Institutional & Theoretical Economics*, 2001, 1 (4).

Arrow K. J., "The Economic Implications of Learning by Doing", *Review of Economics Studies*, 1952, 29 (3).

Barro R. J., "Government Spending in a Simple Model of Endogenous Growth", *Journal of Political Economy*, 1990, 98 (5).

Barro, Robert, Xavier Sala-i-Martin, *Economic Growth*, New York: Mcgraw-Hill, 1995.

Baumol W. J., Panzar J., Willig R. D., *Contestable Markets and the Theory of Industry Structure*, New York: Harcourt Brace Jovanovich, 1982.

Baumol, W. J., "Productivity Growth, Convergence and Welfare: What the Long-run Data Show", *American Economic Review*, 1986, 76 (5).

Becker G., Murphy K., Tamura R., "Human Capital, Fertility, and Economic Growth", *Journal of Political Economy*, 1990, 98 (5).

Boserup, Mogens, "A Note on the Prehistory of the Kahn Multiplier", *Economic Journal*, 1969, 79.

Calvert, R. L., *Rational Actors, Equilibrium, and Social Institutions*, Ann

Arbor University of Michigan, 1995.

Cass, David, "Optimum Growth in an Aggregative Model of Capital Accumulation", *Review of Economic Studies*, 1965, 32 (3).

Chenery H. B. , Robinson S. , Syrquin M. , *Industrialization and Growth: A Comparative Study*, Oxford University Press, 1986.

Chenery H. B. , "The Two Gap Approach to Aid and Development: A Reply to Bruton", *The American Economic Review*, 1969, 59 (3).

Coleman, James S. , "Rational Organization", *Rationality & Society*, 1990, 2 (1).

Dale T. Mortensen, Christopher A. Pissarides, "Technological Progress, Job Creation, and Job Destruction", *Review of Economic Dynamics*, 1998, 1 (4).

Dale T. , Mortensen, "Alfred Marshall Lecture: Growth, Unemployment, and Labor Market Policy", *Journal of the European Economic Association*, 2005, 3 (2).

Dewald J. , *The European Nobility 1400 – 1800*, Cambridge: Cambridge University Press, 1996.

Dixit, Avinash K. , Stiglitz, Joseph E. , "Monopolistic Competition and Optimum Product Diversity", *American Economic Association Quarterly*, 1977, 67 (3).

Dobb M. , *Studies in the Development of Capitalism*, New York, Kessinger Publishing, 1954.

Domar, Evsey D. , "Capital Expansion, Rate of Growth, and Employment", *Econometrica*, 1946, 14 (2).

Domar, Evsey D. , "Depreciation, Replacement, Growth and Fluctuations", *The Economic Journal*, 1957, 67 (268).

Durlauf, Steven N. , Fafchamps, Marce, "Social Capital", NBER Working Paper Series, *National Bureau of Economic Research*, No. 10485, 2004.

Echevarria C. , "Changes in Sectoral Composition Associated with Economic Growth", *International Economic Review*, 1997, 38 (2).

Edwad M. Graham, "Do Export Processing Zones Attract FDI and Its Benefits: The Experience from China", *International Economics and Economics Policy*, 2004, 1 (1).

Eicher, Theo S., Turnovsky, Stephen J., "Non-Scale Models of Economic Growth", *Economic Journal*, 1999, 109 (457).

Farrell M. J., "The Measurement of Production Efficiency", *Journal of Royal Statistical Society*, Series A, General, 1957, 120 (3).

Foellmi, Reto, Zweimuller, Josef, "Structural Change, Engles Consumption Cycles and Kaldors Facts of Economic Growth", *Journal of Monetary Economics*, 2008, 55 (7).

Galor O., Weil D. N., "Population, Technology, and Growth: From Malthusian Stagnation to the Demographic Transition and Beyond", *American Economic Review*, 2000, 90 (4).

Gordon Mingay, *English Landed Society in the Eighteenth Century*, London: Routledge & Kegan Paul, 1963.

Greif, Avner, "Historical and Comparative Institutional Analysis", *American Economic Review*, 1998, 88 (2).

Grief, Avner, "Cultural Beliefs and the Organization of Society: A Historical and Theoretical Reflection on Collectivist and Individualist Societies", *Journal of Political Economy*, 1994, 102 (5).

Grief, Avner, "Cultural Beliefs and the Organization of Society: A Historical and Theoretical Reflection on Collectivist and Individualist Societies", *Journal of Political Economy*, 1994, 102 (5).

Grossman, Gene M., Helpman, Elhanan, "Comparative Advantage and Long-Run Growth", *The American Economic Review*, 1990, 80 (4).

Hans Christoph Binswanger, *The Growth Spiral*, Springer-Verlag Berlin and Heidelberg GmbH & Co. K., 2012.

Hans Christoph Binswanger, *Vorwarts zur Massigung: Perspektiven Einer Nachhaltigen Wirtschaft*, Hamburg: Murmann, 2009.

Hardin, Garrett, "The Tragedy of the Commons", *Science*, 1968, 162 (3859).

Harrod R. F., "An Essay in Dynamic Theory", *Economic Journal*, 1939, 49 (193).

Hayami, Yujiro, Ruttan, V. W., "Factor Prices and Technical Change in Agricultural Development: The United States and Japan, 1880 – 1960", *The Journal of Political Economy*, 1970, 78 (5).

Hayek F. A., *Individualism and Economic Order*, Chicago: University of Chicago Press, 1948.

Helpman, E., Trajtenberg, M., "A Time to Sow and a Time to Reap: Growth Based on General Purpose Technologies", *International Library of Critical Writings in Economics*, 2004, 179 (2).

Herlihy D., "Population, Plague, and Social Change in Rural Pistoia: 1201 – 1430", *Economic History Review*, 1965, 18 (2).

Hilton R. H., *The English Peasantry in the Later Middle Ages*, Oxford University Press, 1980.

Hirschman, Albert O., "Underdevelopment, Obstacles to the Perception of Change, and Leadership", *Daedalus-American Academy of Arts and Sciences*, 1968, 97 (3).

Hui Ying Sng, *Economic Growth and Transition: Econometric Analysis of Lim's S-curve Hypothesis*, Singapore: World Scientific Publishing Co. Pte. Ltd., 2010.

James M. Buchanan, "Politics, Policy, and the Pigovian Margins", *Economica*, 1962, 29 (113).

Joan Robinson, "The Production Function and the Theory of Capital", *The Review of Economic Studies*, 1953, 21 (2).

John M. Litwack, Yingyi Qian, "Balanced or Unbalanced Development: Special Economic Zones as Catalysts for Transition", *Journal of Comparative Economics*, 1998, 26 (1).

Jondrow J., Lovell C., Materov I., Schmidt P., "On the Estimation of

Technical Inefficiency in the Stochastic Frontier Production Function Model", *Journal of Econometrics*, 1982, 19 (2/3).

Jones, Charles I., "Growth: With or Without Scale Effects?", *American Economic Review*, 1999, 89 (2).

Jones, Charles I., "Time Series Tests of Endogenous Growth Models", *Quarterly Journal of Economics*, 1995, 110 (2).

Joseph Fewsmith, "Institutions, Informal Politics, and Political Transition in China", *Asian Survey*, 1996, 36 (3).

Jovanovie B., Nyarko Y., "Learning by Doing and the Choice of Technology", *Econometrica*, 1996, 64 (6).

Jun Zhang, "Estimation of China's Provincial Capital Stock Series (1952 – 2004) with Application", *Journal of Chinese Economic and Business Studies*, 2008, 6 (2).

Kaldor, Nicholas, "A Model of Economic Growth", *The Economic Journal*, 1957, 67 (268).

Kalirajan K. P., Flinn J. C., "The Measurement of Farm Specific Technical Efficiency", *Pakistan J. Econ*, 1983, 2.

Kawai, Hiroki, "International Comparative Analysis of Economic Growth", *The Developing Economies*, 1994, XXXII.

Khuong Vu Minh, *The Dynamics of Economic Growth: Policy Insights from Comparative Analyses in Asia*, Edward Elgar Publishing Ltd., 2013.

Knack S., Keefer P., "Does Social Capital have an Economic Pay Out? A Cross-Country Investigation", *Quarterly Journal of Economics*, 1996, 112 (4).

Kohli Ulrich "A Gross National Product Function and the Derived Demand for Imports and Supply of Exports", *Canadian Journal of Economics*, 1982, 18.

Kriedte P., *Industrialization before Industrialization*, *Rural Industry in the Genesis of Capitalism*, Cambridge: Cambridge University Press, 1981.

Krugman, Paul, "Complex Landscapes in Economic Geography", *The American Economic Review*, 1994, 84 (2).

Kuznets, Simon, "National Income and Industrial Structure", *Econometrica*, 1949, 17.

Kuznets, Simon, "Quantitative Aspects of the Economic Growth of Nations: Ⅱ Industrial Distribution of National Product and Labor Force", *Economic Development and Culture Change*, 1957, 5 (4).

Lau L., Kim J., "The Sources of Asian Pacific Economic Growth", *The Canadian Journal of Economics*, 1996, 29 (4).

Leibenstein, Harvey, "Incremental Capital-Output Ratios and Growth Rates in the Short Run", *The Review of Economics and Statistics*, 1966, 48 (1).

Lewis W. A., "Theory of Economic Growth", *Econometrica*, 1955, 17 (1).

Lucas, Robert, "Macroeconomic Priorities", *American Economic Review*, 2003, 93 (1).

Lucas, Robert, "On the Mechanics of Economic Development", *Journal of Monetary Economics*, 1988, 22 (1).

Mildred Campbell, *The English Yeoman, Under Elizabeth and the Early Stuarts*, New York: Augustusm Kelley Publishers, 1968.

Mingay G. E., *The Gentry: The Rise and Fall of a Ruling Class*, Longman: Longman Group United Kingdom, 1976.

Nadeem M. Firoz, Amy H. Murray, "Foreign Investment Opportunities and Customs Laws in China's Special Economic Zones", *International Journal of Management*, 2003, 20 (1).

Nelson R., Winter S., *An Evolutionary Theory of Economic Change*, Cambridge, MA: Harvard University Press, 1982.

North D. C., *Institutions, Institutional Change and Economic Performance*, Cambridge: Cambridge University Press, 1990.

North D. C., "Institutions and Economic Growth: An Historical Introduction", *World Development*, 1989, 17 (9).

North D. C., Wallis, J. J., Webb, S. B., et al., "Limited Access

Orders in the Developing World: A New Approach to the Problems of Development", Policy Research Working Paper, 2007.

Nurkse R., "Period Analysis and Inventory Cycles", Oxford Economics Papers, 1954, 6 (3).

Ohkawa K., "Capital Output Ratios and the 'Residuals': Issues of Development Planning", *International Development Center of Japan*, 1984, 28.

Palliser D. M., *The Age of Elizabeth, England under the Later Tudors 1547 – 1603*, New York: Longman Press, 1983.

Perkins D. H., "Reforming China's Economic System", *Management World*, 1988, 26 (2).

Philippe Aghion, Peter Howit, "Market Structure and the Growth Process", *Review of Economic Dynamics*, 1998, 1 (1).

Pissarides, Christopher A., McMaster, Ian, "Regional Migration, Wages and Unemployment: Empirical Evidence and Implications for Policy", *Oxford Economic Papers*, 1990, 42 (4).

Popov, Vladimir, "Shock Therapy versus Gradualism: The End of the Debate", *Comparative Economic Studies*, 2000, 42 (1).

Prebisch R., "Commericial Policy in the Underdeveloped Countries", *American Economic Review*, 1959, 49 (3).

Ramsey F. P., "A Contribution to the Theory of Taxation", *Economic Journal*, 1927, 37 (145).

Rebelo S., "Growth in Open Economies", Carnegie-Rochester Conference Series on Public Policy, 1992, 36.

Restuccia D., Yang D. T., Zhu X., "Agriculture and Aggregate Productivity: A Quantitative Cross-Country Analysis", *Journal of Monetary Economics*, 2008, 55 (2).

Richard Schmalensee, Robert D. Willig, eds., *Handbook of Industrial Organization*, Amsterdam: North-Holland, 1989.

Romer, Paul M., "Increasing Returns and Long-Run Growth", *The*

*Journal of Political Economy*, 1986, 94 (5).

Rosen, Sherwin, "Substitution and Division of Labour", *Economica*, 1978, 45 (179).

Rosenstein-Rodan P. N. , "Problems of Industrialisation of Eastern and South-Eastern Europe", *The Economic Journal*, 1943, 53 (210).

Sachs, Jeffrey D. , Woo, "Experiences in the Transition to a Market Economy", *Journal of Comparative Economics*, 1994, 18 (3).

Schmidt A. J. , "The Yeoman in Tudor and Stuart England", *Shakespeare Quarterly*, 1962, 3.

Scott M. , *A New View of Economic Growth*, Oxford: Oxford University Press, 1989.

Sergio Rebelo, "Growth in Open Economies", *Carnegie-Rochester Conference Series on Public Policy*, 1992, 36 (1).

Singer H. W. , "The Distribution of Gains between Investing and Borrowing Countries", *American Economic Review*, 1950, 40 (2).

Solow, Robert M. , "Technical Change and the Aggregate Production Function", *The Review of Economics and Statistics*, 1957, 39 (3).

Toh M. , Ng W. , "Efficiency of Investment in Asian Economies: Has Singapore Over-Invested?", *Journal of Asian Economics*, 2002, 13 (1).

Uzawa. , "Optimum Technical Change in an Aggregative Model of Economic Growth", *International Economic Review*, 1965, 6 (1).

Vanek J. , Studenmund A. H. , "Towards a Better Understanding of the Incremental Capital-Output Ratio", *The Quarterly Journal of Economics*, 1968, 82 (3).

Vogel Ezra F. , *One Ahead in China: Guangdong under Reform*, Cambridge: Harvard University Press, 1989.

Vollrath D. , "How Important are Dual Economy Effects for Aggregate Productivity?", *Journal of Development Economics*, 2009, 88 (2).

Weingast B. , "The Economic Role of Political Institutions: Market-

Preserving Federalism and Economic Development", *Journal of Law, Economics and Organization*, 1995, 11 (1).

Weingast B. , "The Political Foundations of Democracy and the Rule of Law", *American Political Science Review*, 1997, 91 (2).

Williamson O. E. , "Visible and Invisible Governance", *American Economic Review*, 1994, 84 (2).

Xiaokai, Yang, Borland, Jeff, "A Microeconomic Mechanism for Economic Growth", *Journal of Political Economy*, 1991, 99 (3).

Young H. P. , *Individual Strategy and Social Structure: An Evolutionary Theory of Institutions*, Princeton, NJ: Princeton University Press, 1998.

Young H. P. , "The Evolution of Conventions", *Econometrica*, 1993, 61 (1).

# 附　录

## 附录1　主要数据列表

### 附表1　"二战"后经济持续高速增长的代表国家或地区

| 国家或地区 | 经济高速增长时期[2] | 最初和 2005 年的人均收入（美元）[3] | |
|---|---|---|---|
| 博茨瓦纳 | 1960～2005 | 210 | 3800 |
| 巴　西 | 1950～1980 | 960 | 4000 |
| 中国大陆 | 1961～2005 | 105 | 1400 |
| 中国香港[1] | 1960～1997 | 3100 | 29900 |
| 印度尼西亚 | 1966～1997 | 200 | 900 |
| 日　本[1] | 1950～1983 | 3500 | 39600 |
| 韩　国[1] | 1960～2001 | 1100 | 13200 |
| 马来西亚 | 1967～1997 | 790 | 4400 |
| 马耳他[1] | 1963～1994 | 1100 | 9600 |
| 阿　曼 | 1960～1999 | 950 | 9000 |
| 新加坡[1] | 1967～2002 | 2200 | 25400 |
| 中国台湾[1] | 1965～2002 | 1500 | 16400 |
| 泰　国 | 1960～1997 | 330 | 2400 |

注：①人均收入达到工业化国家水平的国家或地区；②GDP 年均增速达到或超过 7% 的时期；③以 2000 年的美元汇率计算。

资料来源：World Bank，"World Development Indicators"，转引自〔美〕迈克尔·斯宾塞《下一次大趋同：多速世界经济增长的未来》，王青译，机械工业出版社，2012，第 39 页。

### 附表2　世界主要经济体当前人均 GDP 翻倍所需时间

| 经济体 | 目前人均 GDP（美元） | 翻倍所需时间（年） |
|---|---|---|
| 中国 | 8400 | 7 |
| 印度 | 3700 | 9 |
| 韩国 | 31800 | 14 |

续表

| 经济体 | 目前人均 GDP（美元） | 翻倍所需时间（年） |
|---|---|---|
| 日本 | 34400 | 23 |
| 美国 | 48100 | 24 |
| 英国 | 36000 | 25 |
| 德国 | 37900 | 27 |

注：购买力平价是两种或多种货币在不同国家购买相同数量和质量的商品和服务时的价格比率。

资料来源：国际货币基金组织官方网站。

### 附表 3　1995～2007 年韩国 R&D 效率

单位：%

| 年份 | 综合效率 | 纯技术效率 | 规模效率 | 规模效益 |
|---|---|---|---|---|
| 1995 | 79.5 | 91.3 | 87.1 | 递增 |
| 1996 | 88.3 | 90.3 | 97.7 | 递增 |
| 1997 | 100 | 100 | 100 | 不变 |
| 1998 | 100 | 100 | 100 | 不变 |
| 1999 | 100 | 100 | 100 | 不变 |
| 2000 | 96.8 | 97.3 | 99.6 | 递增 |
| 2001 | 100 | 100 | 100 | 不变 |
| 2002 | 98.8 | 100 | 98.8 | 递减 |
| 2003 | 100 | 100 | 100 | 不变 |
| 2004 | 100 | 100 | 100 | 不变 |
| 2005 | 100 | 100 | 100 | 不变 |
| 2006 | 96.6 | 100 | 96.6 | 递减 |
| 2007 | 95.5 | 100 | 95.5 | 递减 |
| 均值 | 96.6 | 98.4 | 98.1 | — |

### 附表 4　2011 年中国 31 个省份 R&D 效率

单位：%

| 地　区 | 综合效率 | 纯技术效率 | 规模效率 | 规模效益 |
|---|---|---|---|---|
| 北　京 | 100 | 100 | 100 | 不变 |
| 吉　林 | 100 | 100 | 100 | 不变 |
| 浙　江 | 100 | 100 | 100 | 不变 |

续表

| 地　区 | 综合效率 | 纯技术效率 | 规模效率 | 规模效益 |
|---|---|---|---|---|
| 海　南 | 100 | 100 | 100 | 不变 |
| 重　庆 | 100 | 100 | 100 | 不变 |
| 贵　州 | 100 | 100 | 100 | 不变 |
| 西　藏 | 100 | 100 | 100 | 不变 |
| 新　疆 | 100 | 100 | 100 | 不变 |
| 江　苏 | 99.8 | 100 | 99.8 | 递减 |
| 甘　肃 | 86.3 | 100 | 86.3 | 递减 |
| 上　海 | 85.6 | 100 | 85.6 | 递减 |
| 安　徽 | 82.9 | 82.9 | 99.9 | 递增 |
| 天　津 | 72.7 | 81.5 | 89.2 | 递减 |
| 四　川 | 68.4 | 70.9 | 96.5 | 递减 |
| 广　东 | 68.3 | 91.4 | 74.7 | 递减 |
| 湖　南 | 67.7 | 74.9 | 90.3 | 递减 |
| 山　东 | 65.6 | 90.3 | 72.6 | 递减 |
| 福　建 | 65.2 | 66.7 | 97.9 | 递减 |
| 云　南 | 62.3 | 98.4 | 63.3 | 递减 |
| 广　西 | 61.0 | 68.8 | 88.6 | 递减 |
| 辽　宁 | 55.5 | 60.7 | 91.5 | 递减 |
| 黑龙江 | 51.9 | 66.1 | 78.5 | 递减 |
| 湖　北 | 48.2 | 55.9 | 86.2 | 递减 |
| 河　南 | 47.3 | 52.6 | 89.9 | 递减 |
| 河　北 | 46.2 | 49.7 | 93.0 | 递减 |
| 陕　西 | 44.2 | 47.6 | 92.7 | 递减 |
| 江　西 | 42.9 | 47.2 | 90.9 | 递减 |
| 宁　夏 | 41.9 | 46.7 | 89.6 | 递增 |
| 山　西 | 41.7 | 44.6 | 93.6 | 递减 |
| 青　海 | 41.5 | 48.1 | 86.4 | 递减 |
| 内蒙古 | 36.5 | 38.5 | 94.9 | 递增 |
| 均　值 | 70.0 | 78.9 | 89.1 | — |

附表 5    1980~2011 年特区经济产出（当年价格）

单位：亿元

| 年份 | 深圳 | 厦门 | 珠海 | 汕头 | 海南 | 年份 | 深圳 | 厦门 | 珠海 | 汕头 | 海南 |
|------|------|------|------|------|------|------|------|------|------|------|------|
| 1980 | 3 | 6 | 3 | 11 | 19 | 1996 | 1048 | 300 | 206 | 309 | 390 |
| 1981 | 5 | 7 | 3 | 13 | 22 | 1997 | 1297 | 359 | 234 | 366 | 411 |
| 1982 | 8 | 9 | 4 | 14 | 29 | 1998 | 1535 | 403 | 263 | 413 | 442 |
| 1983 | 13 | 9 | 4 | 13 | 31 | 1999 | 1804 | 441 | 286 | 440 | 477 |
| 1984 | 23 | 12 | 7 | 17 | 37 | 2000 | 2187 | 502 | 332 | 450 | 527 |
| 1985 | 39 | 18 | 10 | 24 | 43 | 2001 | 2482 | 558 | 370 | 443 | 579 |
| 1986 | 42 | 21 | 11 | 28 | 48 | 2002 | 2970 | 648 | 412 | 459 | 643 |
| 1987 | 56 | 25 | 16 | 39 | 57 | 2003 | 3586 | 760 | 480 | 498 | 714 |
| 1988 | 87 | 36 | 24 | 57 | 77 | 2004 | 4282 | 888 | 554 | 571 | 820 |
| 1989 | 116 | 48 | 31 | 65 | 91 | 2005 | 4951 | 1007 | 635 | 636 | 919 |
| 1990 | 172 | 57 | 41 | 72 | 102 | 2006 | 5814 | 1174 | 746 | 719 | 1066 |
| 1991 | 237 | 72 | 62 | 90 | 121 | 2007 | 6802 | 1403 | 895 | 829 | 1254 |
| 1992 | 317 | 98 | 103 | 109 | 185 | 2008 | 7787 | 1611 | 997 | 952 | 1503 |
| 1993 | 453 | 132 | 133 | 147 | 260 | 2009 | 8201 | 1737 | 1039 | 1036 | 1654 |
| 1994 | 635 | 187 | 155 | 195 | 332 | 2010 | 9582 | 2060 | 1209 | 1209 | 2065 |
| 1995 | 842 | 251 | 183 | 259 | 363 | 2011 | 11502 | 2539 | 1405 | 1276 | 2523 |

注：所有数据均根据特区历年统计年鉴整理而来，并且根据四舍五入原则保留到整数位，下同。

附表 6    1980~2011 年特区经济产出（可比价格）

单位：亿元

| 年份 | 深圳 | 厦门 | 珠海 | 汕头 | 海南 | 年份 | 深圳 | 厦门 | 珠海 | 汕头 | 海南 |
|------|------|------|------|------|------|------|------|------|------|------|------|
| 1980 | 3 | 6 | 3 | 11 | 19 | 1987 | 27 | 17 | 15 | 28 | 45 |
| 1981 | 4 | 7 | 3 | 12 | 22 | 1988 | 36 | 21 | 18 | 36 | 50 |
| 1982 | 7 | 8 | 4 | 13 | 27 | 1989 | 43 | 25 | 22 | 41 | 53 |
| 1983 | 10 | 9 | 5 | 13 | 29 | 1990 | 57 | 29 | 30 | 45 | 58 |
| 1984 | 17 | 10 | 8 | 16 | 33 | 1991 | 78 | 36 | 47 | 55 | 67 |
| 1985 | 21 | 14 | 10 | 19 | 37 | 1992 | 103 | 46 | 68 | 65 | 94 |
| 1986 | 21 | 15 | 12 | 22 | 41 | 1993 | 135 | 57 | 80 | 77 | 114 |

续表

| 年份 | 深圳 | 厦门 | 珠海 | 汕头 | 海南 | 年份 | 深圳 | 厦门 | 珠海 | 汕头 | 海南 |
|------|------|------|------|------|------|------|------|------|------|------|------|
| 1994 | 177 | 73 | 94 | 95 | 127 | 2003 | 726 | 282 | 270 | 240 | 249 |
| 1995 | 219 | 89 | 109 | 119 | 131 | 2004 | 851 | 327 | 308 | 266 | 276 |
| 1996 | 257 | 103 | 119 | 138 | 138 | 2005 | 979 | 379 | 348 | 296 | 305 |
| 1997 | 301 | 122 | 132 | 160 | 147 | 2006 | 1142 | 444 | 404 | 331 | 345 |
| 1998 | 346 | 140 | 148 | 182 | 159 | 2007 | 1311 | 520 | 473 | 374 | 400 |
| 1999 | 397 | 161 | 163 | 199 | 173 | 2008 | 1470 | 590 | 517 | 413 | 441 |
| 2000 | 460 | 186 | 182 | 212 | 189 | 2009 | 1626 | 637 | 551 | 457 | 492 |
| 2001 | 526 | 208 | 204 | 208 | 206 | 2010 | 1824 | 734 | 621 | 521 | 571 |
| 2002 | 609 | 241 | 230 | 220 | 225 | 2011 | 2008 | 844 | 691 | 583 | 640 |

注：按照 1980 年为基年数据消除价格因素影响。

## 附表7　1980～2011 年特区固定资本投资情况

单位：亿元

| 年份 | 深圳 | 厦门 | 珠海 | 汕头 | 海南 | 年份 | 深圳 | 厦门 | 珠海 | 汕头 | 海南 |
|------|------|------|------|------|------|------|------|------|------|------|------|
| 1980 | 1 | 1 | 1 | 2 | 3 | 1996 | 328 | 150 | 66 | 129 | 186 |
| 1981 | 3 | 2 | 1 | 3 | 5 | 1997 | 393 | 153 | 72 | 131 | 168 |
| 1982 | 7 | 2 | 2 | 3 | 6 | 1998 | 480 | 182 | 96 | 126 | 183 |
| 1983 | 11 | 3 | 2 | 3 | 6 | 1999 | 570 | 192 | 117 | 133 | 190 |
| 1984 | 19 | 6 | 5 | 4 | 10 | 2000 | 620 | 175 | 95 | 112 | 193 |
| 1985 | 33 | 12 | 10 | 7 | 15 | 2001 | 686 | 192 | 105 | 103 | 206 |
| 1986 | 25 | 10 | 9 | 11 | 16 | 2002 | 788 | 212 | 121 | 108 | 226 |
| 1987 | 29 | 11 | 10 | 14 | 16 | 2003 | 949 | 245 | 141 | 119 | 276 |
| 1988 | 44 | 12 | 12 | 26 | 20 | 2004 | 1093 | 305 | 183 | 132 | 325 |
| 1989 | 50 | 13 | 10 | 18 | 29 | 2005 | 1181 | 402 | 219 | 156 | 379 |
| 1990 | 62 | 18 | 12 | 21 | 36 | 2006 | 1274 | 662 | 257 | 177 | 426 |
| 1991 | 91 | 21 | 17 | 26 | 46 | 2007 | 1345 | 928 | 345 | 207 | 509 |
| 1992 | 178 | 33 | 53 | 40 | 87 | 2008 | 1468 | 931 | 377 | 261 | 709 |
| 1993 | 248 | 64 | 79 | 74 | 188 | 2009 | 1709 | 882 | 411 | 292 | 1002 |
| 1994 | 282 | 95 | 99 | 98 | 220 | 2010 | 1945 | 1010 | 502 | 362 | 1331 |
| 1995 | 276 | 135 | 91 | 124 | 198 | 2011 | 2061 | 1128 | 637 | 439 | 1673 |

注：按照 1980 年为基年数据消除价格因素影响。

### 附表 8　1980～2011 年特区资本存量

单位：亿元

| 年份 | 深圳 | 厦门 | 珠海 | 汕头 | 海南 | 年份 | 深圳 | 厦门 | 珠海 | 汕头 | 海南 |
|------|------|------|------|------|------|------|------|------|------|------|------|
| 1980 | 8 | 7 | 3 | 11 | 18 | 1996 | 371 | 185 | 225 | 233 | 350 |
| 1981 | 10 | 8 | 3 | 13 | 21 | 1997 | 425 | 218 | 243 | 267 | 375 |
| 1982 | 15 | 9 | 6 | 14 | 24 | 1998 | 491 | 260 | 273 | 296 | 404 |
| 1983 | 22 | 11 | 8 | 16 | 28 | 1999 | 567 | 304 | 312 | 326 | 432 |
| 1984 | 33 | 14 | 12 | 18 | 34 | 2000 | 641 | 338 | 333 | 347 | 458 |
| 1985 | 48 | 22 | 22 | 22 | 44 | 2001 | 722 | 376 | 358 | 360 | 486 |
| 1986 | 56 | 26 | 29 | 28 | 53 | 2002 | 811 | 417 | 389 | 376 | 516 |
| 1987 | 64 | 31 | 35 | 35 | 60 | 2003 | 922 | 466 | 429 | 396 | 561 |
| 1988 | 76 | 35 | 41 | 48 | 67 | 2004 | 1047 | 532 | 488 | 418 | 614 |
| 1989 | 87 | 38 | 44 | 54 | 77 | 2005 | 1176 | 630 | 559 | 449 | 679 |
| 1990 | 99 | 43 | 48 | 62 | 89 | 2006 | 1309 | 818 | 642 | 485 | 749 |
| 1991 | 119 | 50 | 56 | 71 | 106 | 2007 | 1437 | 1080 | 761 | 530 | 836 |
| 1992 | 165 | 60 | 85 | 88 | 140 | 2008 | 1570 | 1313 | 880 | 590 | 961 |
| 1993 | 223 | 82 | 124 | 117 | 208 | 2009 | 1752 | 1505 | 1009 | 660 | 1163 |
| 1994 | 279 | 111 | 171 | 153 | 271 | 2010 | 1947 | 1715 | 1164 | 750 | 1415 |
| 1995 | 323 | 148 | 208 | 195 | 316 | 2011 | 2112 | 1918 | 1361 | 875 | 1698 |

注：按照 1980 年为基年数据消除价格因素影响。

### 附表 9　1980～2011 年特区劳动要素投入

单位：万人

| 年份 | 深圳 | 厦门 | 珠海 | 汕头 | 海南 | 年份 | 深圳 | 厦门 | 珠海 | 汕头 | 海南 |
|------|------|------|------|------|------|------|------|------|------|------|------|
| 1980 | 15 | 48 | 20 | 134 | 231 | 1988 | 55 | 63 | 33 | 180 | 292 |
| 1981 | 15 | 49 | 20 | 141 | 243 | 1989 | 94 | 65 | 37 | 183 | 299 |
| 1982 | 18 | 52 | 22 | 146 | 247 | 1990 | 109 | 68 | 39 | 188 | 304 |
| 1983 | 22 | 52 | 23 | 153 | 253 | 1991 | 149 | 71 | 44 | 193 | 317 |
| 1984 | 27 | 55 | 24 | 160 | 259 | 1992 | 176 | 75 | 51 | 197 | 323 |
| 1985 | 33 | 58 | 25 | 167 | 268 | 1993 | 221 | 83 | 57 | 204 | 333 |
| 1986 | 36 | 59 | 27 | 174 | 275 | 1994 | 273 | 87 | 60 | 204 | 336 |
| 1987 | 44 | 62 | 29 | 178 | 280 | 1995 | 299 | 90 | 63 | 205 | 334 |

续表

| 年份 | 深圳 | 厦门 | 珠海 | 汕头 | 海南 | 年份 | 深圳 | 厦门 | 珠海 | 汕头 | 海南 |
|------|------|------|------|------|------|------|------|------|------|------|------|
| 1996 | 322 | 94 | 63 | 208 | 333 | 2004 | 562 | 120 | 91 | 214 | 368 |
| 1997 | 354 | 96 | 69 | 209 | 342 | 2005 | 576 | 140 | 94 | 219 | 380 |
| 1998 | 390 | 98 | 70 | 211 | 327 | 2006 | 648 | 151 | 98 | 223 | 389 |
| 1999 | 427 | 100 | 75 | 210 | 327 | 2007 | 656 | 151 | 99 | 225 | 397 |
| 2000 | 475 | 104 | 79 | 207 | 335 | 2008 | 670 | 161 | 102 | 239 | 408 |
| 2001 | 491 | 106 | 82 | 208 | 338 | 2009 | 692 | 183 | 98 | 244 | 425 |
| 2002 | 510 | 107 | 88 | 207 | 350 | 2010 | 705 | 207 | 103 | 238 | 440 |
| 2003 | 536 | 112 | 89 | 212 | 360 | 2011 | 765 | 251 | 104 | 239 | 459 |

注：表中数据为特区历年年末社会劳动者数量合计。

## 附表10　1980～2011年特区技术效率水平

单位：%

| 年份 | 深圳 | 厦门 | 汕头 | 海南 | 珠海 | 年份 | 深圳 | 厦门 | 汕头 | 海南 | 珠海 |
|------|------|------|------|------|------|------|------|------|------|------|------|
| 1980 | 83 | 97 | 42 | 96 | 96 | 1996 | 93 | 80 | 81 | 78 | 78 |
| 1981 | 97 | 93 | 47 | 92 | 95 | 1997 | 93 | 82 | 83 | 76 | 80 |
| 1982 | 97 | 92 | 48 | 99 | 75 | 1998 | 91 | 81 | 85 | 88 | 81 |
| 1983 | 97 | 83 | 47 | 96 | 70 | 1999 | 89 | 81 | 85 | 93 | 79 |
| 1984 | 97 | 79 | 58 | 96 | 74 | 2000 | 89 | 85 | 85 | 93 | 83 |
| 1985 | 84 | 71 | 67 | 90 | 57 | 2001 | 89 | 87 | 81 | 96 | 87 |
| 1986 | 73 | 65 | 71 | 84 | 50 | 2002 | 90 | 92 | 82 | 95 | 90 |
| 1987 | 78 | 66 | 77 | 85 | 51 | 2003 | 92 | 97 | 85 | 95 | 97 |
| 1988 | 85 | 73 | 81 | 81 | 54 | 2004 | 93 | 99 | 90 | 96 | 98 |
| 1989 | 85 | 80 | 84 | 76 | 60 | 2005 | 94 | 98 | 93 | 95 | 98 |
| 1990 | 95 | 84 | 84 | 75 | 74 | 2006 | 95 | 91 | 96 | 96 | 99 |
| 1991 | 98 | 91 | 93 | 73 | 99 | 2007 | 97 | 84 | 99 | 99 | 99 |
| 1992 | 94 | 96 | 93 | 87 | 99 | 2008 | 97 | 80 | 99 | 98 | 99 |
| 1993 | 89 | 91 | 87 | 82 | 87 | 2009 | 96 | 76 | 91 | 93 | 99 |
| 1994 | 89 | 89 | 83 | 79 | 78 | 2010 | 96 | 77 | 99 | 91 | 99 |
| 1995 | 93 | 85 | 83 | 77 | 76 | 2011 | 96 | 79 | 95 | 85 | 99 |

## 附表 11  1980～2011 年深圳特区的增长分解

单位：%

| 年份 | 产出增长率 | 劳动增长率 | 资本增长率 | TFP增长率 | 年份 | 产出增长率 | 劳动增长率 | 资本增长率 | TFP增长率 |
|---|---|---|---|---|---|---|---|---|---|
| 1980 | — | — | — | — | 1996 | 17 | 8 | 15 | 4 |
| 1981 | 54 | 3 | 21 | 14 | 1997 | 17 | 10 | 15 | 3 |
| 1982 | 58 | 20 | 50 | 15 | 1998 | 15 | 10 | 16 | 1 |
| 1983 | 58 | 21 | 49 | 12 | 1999 | 15 | 9 | 16 | 0 |
| 1984 | 60 | 22 | 53 | − 14 | 2000 | 16 | 11 | 13 | 3 |
| 1985 | 25 | 20 | 43 | − 13 | 2001 | 14 | 3 | 13 | 3 |
| 1986 | 3 | 11 | 17 | 9 | 2002 | 16 | 4 | 12 | 5 |
| 1987 | 25 | 23 | 14 | 17 | 2003 | 19 | 5 | 14 | 7 |
| 1988 | 36 | 23 | 19 | − 7 | 2004 | 17 | 5 | 14 | 5 |
| 1989 | 19 | 72 | 15 | 18 | 2005 | 15 | 3 | 12 | 5 |
| 1990 | 33 | 17 | 14 | 13 | 2006 | 17 | 12 | 11 | 5 |
| 1991 | 36 | 37 | 20 | − 2 | 2007 | 15 | 1 | 10 | 7 |
| 1992 | 33 | 18 | 39 | − 2 | 2008 | 12 | 2 | 9 | 4 |
| 1993 | 31 | 25 | 35 | 6 | 2009 | 11 | 3 | 12 | 1 |
| 1994 | 31 | 24 | 25 | 9 | 2010 | 12 | 2 | 11 | 3 |
| 1995 | 24 | 9 | 16 | 36 | 2011 | 10 | 8 | 8 | 2 |

## 附表 12  1980～2011 年厦门特区的增长分解

单位： %

| 年份 | 产出增长率 | 劳动增长率 | 资本增长率 | TFP增长率 | 年份 | 产出增长率 | 劳动增长率 | 资本增长率 | TFP增长率 |
|---|---|---|---|---|---|---|---|---|---|
| 1980 | — | — | — | — | 1990 | 18 | 5 | 14 | 5 |
| 1981 | 9 | 1 | 16 | − 5 | 1991 | 23 | 5 | 15 | 9 |
| 1982 | 16 | 6 | 20 | − 2 | 1992 | 26 | 6 | 21 | 7 |
| 1983 | 5 | 1 | 18 | − 11 | 1993 | 25 | 10 | 36 | − 8 |
| 1984 | 23 | 6 | 35 | − 8 | 1994 | 27 | 5 | 35 | − 4 |
| 1985 | 29 | 5 | 50 | − 15 | 1995 | 23 | 4 | 34 | − 7 |
| 1986 | 7 | 3 | 21 | − 12 | 1996 | 15 | 4 | 25 | − 7 |
| 1987 | 18 | 5 | 17 | 2 | 1997 | 18 | 2 | 18 | 2 |
| 1988 | 24 | 1 | 14 | 12 | 1998 | 15 | 2 | 19 | − 2 |
| 1989 | 18 | 2 | 9 | 10 | 1999 | 15 | 1 | 17 | 0 |

| 年份 | 产出增长率 | 劳动增长率 | 资本增长率 | TFP增长率 | 年份 | 产出增长率 | 劳动增长率 | 资本增长率 | TFP增长率 |
|------|-----------|-----------|-----------|----------|------|-----------|-----------|-----------|----------|
| 2000 | 15 | 4 | 11 | 5 | 2006 | 17 | 9 | 30 | −10 |
| 2001 | 12 | 3 | 11 | 2 | 2007 | 17 | −1 | 32 | −11 |
| 2002 | 16 | 0 | 11 | 6 | 2008 | 13 | 7 | 22 | −6 |
| 2003 | 17 | 5 | 12 | 6 | 2009 | 8 | 14 | 15 | −7 |
| 2004 | 16 | 7 | 14 | 3 | 2010 | 15 | 13 | 14 | 1 |
| 2005 | 16 | 16 | 18 | −2 | 2011 | 15 | 21 | 12 | 2 |

**附表 13　1980～2011 年珠海特区的增长分解**

单位：%

| 年份 | 产出增长率 | 劳动增长率 | 资本增长率 | TFP增长率 | 年份 | 产出增长率 | 劳动增长率 | 资本增长率 | TFP增长率 |
|------|-----------|-----------|-----------|----------|------|-----------|-----------|-----------|----------|
| 1980 | — | — | — | — | 1996 | 9 | 0 | 8 | 4 |
| 1981 | 22 | 2 | 35 | −2 | 1997 | 11 | 9 | 8 | 3 |
| 1982 | 22 | 7 | 63 | −22 | 1998 | 12 | 2 | 12 | 3 |
| 1983 | 22 | 4 | 35 | −3 | 1999 | 10 | 6 | 14 | −2 |
| 1984 | 69 | 5 | 64 | 25 | 2000 | 12 | 5 | 7 | 6 |
| 1985 | 31 | 7 | 73 | −20 | 2001 | 12 | 4 | 7 | 6 |
| 1986 | 13 | 7 | 32 | −10 | 2002 | 12 | 8 | 9 | 4 |
| 1987 | 26 | 8 | 22 | 9 | 2003 | 17 | 1 | 10 | 10 |
| 1988 | 22 | 11 | 17 | 7 | 2004 | 14 | 3 | 14 | 4 |
| 1989 | 20 | 13 | 7 | 11 | 2005 | 13 | 3 | 15 | 2 |
| 1990 | 36 | 7 | 10 | 27 | 2006 | 16 | 5 | 15 | 5 |
| 1991 | 57 | 12 | 16 | 42 | 2007 | 17 | 1 | 18 | 4 |
| 1992 | 45 | 15 | 52 | 6 | 2008 | 9 | 2 | 16 | −2 |
| 1993 | 18 | 11 | 46 | −16 | 2009 | 7 | −3 | 15 | −2 |
| 1994 | 17 | 7 | 38 | −10 | 2010 | 13 | 5 | 15 | 1 |
| 1995 | 16 | 5 | 22 | 0 | 2011 | 11 | 1 | 17 | 0 |

### 附表 14　1980～2011 年汕头特区的增长分解

单位：%

| 年份 | 产出增长率 | 劳动增长率 | 资本增长率 | TFP增长率 | 年份 | 产出增长率 | 劳动增长率 | 资本增长率 | TFP增长率 |
|---|---|---|---|---|---|---|---|---|---|
| 1980 | — | — | — | — | 1996 | 16 | 1 | 20 | 3 |
| 1981 | 13 | 6 | 19 | −2 | 1997 | 16 | 1 | 15 | 6 |
| 1982 | 4 | 4 | 14 | −7 | 1998 | 14 | 1 | 11 | 6 |
| 1983 | −1 | 4 | 13 | −11 | 1999 | 9 | −1 | 10 | 3 |
| 1984 | 24 | 5 | 12 | 14 | 2000 | 7 | −1 | 6 | 3 |
| 1985 | 24 | 4 | 23 | 7 | 2001 | −2 | 0 | 4 | −5 |
| 1986 | 16 | 4 | 27 | −3 | 2002 | 6 | 0 | 4 | 3 |
| 1987 | 25 | 2 | 25 | 7 | 2003 | 9 | 2 | 5 | 5 |
| 1988 | 30 | 1 | 36 | 6 | 2004 | 11 | 1 | 6 | 7 |
| 1989 | 12 | 1 | 13 | 3 | 2005 | 11 | 2 | 7 | 6 |
| 1990 | 10 | 3 | 14 | 0 | 2006 | 12 | 2 | 8 | 6 |
| 1991 | 22 | 3 | 15 | 11 | 2007 | 13 | 1 | 9 | 7 |
| 1992 | 19 | 2 | 23 | 3 | 2008 | 11 | 6 | 11 | 1 |
| 1993 | 19 | 3 | 34 | −4 | 2009 | 11 | 2 | 12 | 2 |
| 1994 | 24 | 0 | 31 | 3 | 2010 | 14 | −2 | 14 | 6 |
| 1995 | 25 | 1 | 27 | 7 | 2011 | 12 | 0 | 17 | 1 |

### 附表 15　1980～2011 年海南特区的增长分解

单位：%

| 年份 | 产出增长率 | 劳动增长率 | 资本增长率 | TFP增长率 | 年份 | 产出增长率 | 劳动增长率 | 资本增长率 | TFP增长率 |
|---|---|---|---|---|---|---|---|---|---|
| 1980 | — | — | — | — | 1990 | 11 | 2 | 16 | 4 |
| 1981 | 13 | 5 | 16 | 5 | 1991 | 15 | 4 | 18 | 7 |
| 1982 | 24 | 2 | 16 | 18 | 1992 | 41 | 2 | 32 | 31 |
| 1983 | 6 | 2 | 14 | 0 | 1993 | 21 | 3 | 49 | 4 |
| 1984 | 17 | 2 | 22 | 9 | 1994 | 11 | 1 | 30 | 2 |
| 1985 | 12 | 3 | 29 | 1 | 1995 | 4 | 0 | 16 | −1 |
| 1986 | 9 | 3 | 21 | 1 | 1996 | 5 | 0 | 11 | 2 |
| 1987 | 12 | 2 | 14 | 6 | 1997 | 7 | 3 | 7 | 3 |
| 1988 | 10 | 4 | 12 | 3 | 1998 | 8 | −4 | 8 | 9 |
| 1989 | 6 | 2 | 15 | 0 | 1999 | 8 | 0 | 7 | 6 |

| 年份 | 产出增长率 | 劳动增长率 | 资本增长率 | TFP增长率 | 年份 | 产出增长率 | 劳动增长率 | 资本增长率 | TFP增长率 |
|---|---|---|---|---|---|---|---|---|---|
| 2000 | 9 | 3 | 6 | 5 | 2006 | 13 | 2 | 10 | 8 |
| 2001 | 9 | 1 | 6 | 7 | 2007 | 16 | 2 | 12 | 11 |
| 2002 | 10 | 3 | 6 | 5 | 2008 | 10 | 3 | 15 | 4 |
| 2003 | 11 | 3 | 9 | 6 | 2009 | 12 | 4 | 21 | 3 |
| 2004 | 11 | 2 | 10 | 6 | 2010 | 16 | 4 | 22 | 7 |
| 2005 | 11 | 3 | 10 | 5 | 2011 | 12 | 4 | 20 | 3 |

**附表 16　1980～2011 年特区资本投入的边际产出情况**

单位：元

| 年份 | 深圳 | 厦门 | 汕头 | 海南 | 珠海 | 年份 | 深圳 | 厦门 | 汕头 | 海南 | 珠海 |
|---|---|---|---|---|---|---|---|---|---|---|---|
| 1980 | 0.27 | 0.86 | 0.68 | 0.32 | 0.68 | 1996 | 0.56 | 0.49 | 0.39 | 0.12 | 0.35 |
| 1981 | 0.34 | 0.82 | 0.64 | 0.31 | 0.61 | 1997 | 0.57 | 0.49 | 0.40 | 0.12 | 0.36 |
| 1982 | 0.36 | 0.79 | 0.58 | 0.33 | 0.46 | 1998 | 0.57 | 0.47 | 0.41 | 0.12 | 0.36 |
| 1983 | 0.39 | 0.70 | 0.51 | 0.31 | 0.41 | 1999 | 0.57 | 0.47 | 0.40 | 0.12 | 0.34 |
| 1984 | 0.40 | 0.64 | 0.57 | 0.30 | 0.42 | 2000 | 0.58 | 0.48 | 0.40 | 0.12 | 0.36 |
| 1985 | 0.35 | 0.55 | 0.57 | 0.26 | 0.32 | 2001 | 0.59 | 0.49 | 0.38 | 0.13 | 0.38 |
| 1986 | 0.31 | 0.49 | 0.52 | 0.23 | 0.27 | 2002 | 0.61 | 0.51 | 0.39 | 0.13 | 0.39 |
| 1987 | 0.34 | 0.49 | 0.52 | 0.23 | 0.28 | 2003 | 0.64 | 0.53 | 0.40 | 0.13 | 0.41 |
| 1988 | 0.39 | 0.53 | 0.50 | 0.22 | 0.30 | 2004 | 0.66 | 0.54 | 0.42 | 0.13 | 0.42 |
| 1989 | 0.40 | 0.58 | 0.50 | 0.20 | 0.33 | 2005 | 0.67 | 0.53 | 0.44 | 0.13 | 0.41 |
| 1990 | 0.47 | 0.60 | 0.48 | 0.19 | 0.41 | 2006 | 0.71 | 0.48 | 0.45 | 0.14 | 0.42 |
| 1991 | 0.53 | 0.64 | 0.51 | 0.19 | 0.55 | 2007 | 0.74 | 0.42 | 0.47 | 0.14 | 0.41 |
| 1992 | 0.51 | 0.67 | 0.49 | 0.20 | 0.53 | 2008 | 0.76 | 0.40 | 0.46 | 0.14 | 0.39 |
| 1993 | 0.49 | 0.61 | 0.43 | 0.16 | 0.43 | 2009 | 0.75 | 0.37 | 0.46 | 0.13 | 0.36 |
| 1994 | 0.51 | 0.58 | 0.41 | 0.14 | 0.36 | 2010 | 0.76 | 0.38 | 0.46 | 0.12 | 0.35 |
| 1995 | 0.55 | 0.53 | 0.40 | 0.12 | 0.35 | 2011 | 0.77 | 0.39 | 0.44 | 0.11 | 0.34 |

注：每增加一个单位资本所能增加的产出。

附表 17　1980～2011 年特区劳动投入的边际产出情况

单位：元

| 年份 | 深圳 | 厦门 | 汕头 | 海南 | 珠海 | 年份 | 深圳 | 厦门 | 汕头 | 海南 | 珠海 |
|---|---|---|---|---|---|---|---|---|---|---|---|
| 1980 | 345 | 159 | 275 | 585 | 446 | 1996 | 1517 | 1311 | 2260 | 2890 | 6389 |
| 1981 | 514 | 172 | 294 | 630 | 532 | 1997 | 1615 | 1518 | 2606 | 3012 | 6507 |
| 1982 | 676 | 189 | 295 | 765 | 611 | 1998 | 1686 | 1710 | 2926 | 3416 | 7151 |
| 1983 | 885 | 197 | 279 | 790 | 716 | 1999 | 1769 | 1938 | 3219 | 3705 | 7396 |
| 1984 | 1161 | 229 | 329 | 901 | 1149 | 2000 | 1839 | 2146 | 3487 | 3938 | 7859 |
| 1985 | 1209 | 283 | 390 | 977 | 1403 | 2001 | 2033 | 2348 | 3414 | 4255 | 8500 |
| 1986 | 1123 | 295 | 435 | 1035 | 1489 | 2002 | 2269 | 2713 | 3625 | 4509 | 8843 |
| 1987 | 1146 | 330 | 531 | 1131 | 1735 | 2003 | 2573 | 3011 | 3849 | 4842 | 10329 |
| 1988 | 1265 | 403 | 684 | 1191 | 1909 | 2004 | 2877 | 3255 | 4223 | 5252 | 11461 |
| 1989 | 874 | 464 | 756 | 1232 | 2025 | 2005 | 3229 | 3260 | 4609 | 5623 | 12598 |
| 1990 | 993 | 521 | 809 | 1336 | 2577 | 2006 | 3350 | 3521 | 5048 | 6210 | 13969 |
| 1991 | 988 | 610 | 963 | 1474 | 3605 | 2007 | 3800 | 4146 | 5653 | 7039 | 16173 |
| 1992 | 1117 | 725 | 1116 | 2050 | 4552 | 2008 | 4166 | 4403 | 5880 | 7556 | 17311 |
| 1993 | 1165 | 829 | 1285 | 2391 | 4815 | 2009 | 4462 | 4171 | 6372 | 8119 | 19079 |
| 1994 | 1234 | 1008 | 1589 | 2643 | 5269 | 2010 | 4915 | 4243 | 7441 | 9094 | 20509 |
| 1995 | 1397 | 1188 | 1972 | 2751 | 5845 | 2011 | 4989 | 4032 | 8311 | 9752 | 22582 |

注：每增加一个单位劳动要素所能增加的产出。

附表 18　对韩国不同发展阶段经济增长与转型的解释

单位：%

| 年份 | 产出增长率 | 资本增长率 | 劳动增长率 | TFP增长率 | 技术进步增长率 | 技术效率增长率 |
|---|---|---|---|---|---|---|
| 1961～1969 | 8.7 (100) | 4.5 (13.3) | 2.6 (20.7) | 5.1 (66.0) | 1.1 (18.7) | 4.1 (47.3) |
| 1970～1979 | 8.3 (100) | 12.2 (77.2) | 1.9 (12.6) | 1.2 (10.2) | 0.9 (12.1) | 0.3 (-1.9) |
| 1980～1989 | 7.7 (100) | 9.8 (22.1) | 1.3 (1.8) | 2.1 (76.1) | 1.8 (11.1) | 0.4 (65.0) |
| 1990～1999 | 6.3 (100) | 9.7 (63.7) | 1.6 (9.0) | 0.6 (27.3) | 1.3 (14.1) | -0.7 (13.2) |
| 2000～2011 | 4.5 (100) | 3.7 (60.4) | 1.0 (18.4) | 2.1 (21.2) | 2.4 (110.0) | -0.3 (-89.8) |

续表

| 年份 | 产出增长率 | 资本增长率 | 劳动增长率 | TFP增长率 | 技术进步增长率 | 技术效率增长率 |
|---|---|---|---|---|---|---|
| 1961～1990 | 8.2 (100) | 9.3 (40.6) | 1.8 (10.9) | 2.6 (48.5) | 1.3 (13.6) | 1.4 (34.9) |
| 1991～2011 | 5.1 (100) | 6.1 (61.1) | 1.3 (14.6) | 1.4 (24.3) | 1.9 (69.5) | -0.5 (-45.2) |
| 1961～2011 | 6.9 (100) | 8.0 (49.2) | 1.6 (12.4) | 2.1 (38.3) | 1.5 (37.1) | 0.6 (1.2) |

注：括号外数据为各要素的年均增长率，括号内数据为各要素对经济增长的贡献率。

资料来源：姬超：《韩国经济增长与转型过程及其启示：1961～2011——基于随机前沿模型的要素贡献分解分析》，《国际经贸探索》2013年第12期。

## 附录2　特区不同类型行业的利益分配状况考察

本书将特区经济部门划分为竞争性行业、垄断性行业以及政府与公共服务部门①，分别就各种类型部门的利益分配状况进行比较。

### 一　非国有企业与国有企业的利益分配状况比较

从所有制类型的角度看，特区设立初期，平均主义的经济特征尚未完全清除，加上大部分地区国有企业力量薄弱，且经营大多不善，深圳和珠海的国有企业比重甚至接近于0。因此在20世纪90年代之前，特区国有企业的平均工资水平并不高于非国有企业。然而随着经济发展到一定程度，特区国有企业的平均工资水平迅速提高，非国有企业的工资水平却上涨缓慢（见附图1），剔除价格因素后的

---

① 竞争性行业包括制造业，建筑业，批发和零售业，住宿和餐饮业，信息传输、计算机服务和软件业等；垄断性行业包括采矿业，电力、热力、燃气及水的生产和供应业，交通运输、仓储和邮政业，金融和保险业等；政府与公共服务部门包括科学研究、技术服务和地质勘查业，水利、环境和公共设施管理业，居民服务和其他服务业，教育，卫生、社会保障和社会福利业，文化、体育和娱乐业，公共管理和社会组织等部门。

实际工资水平几乎不变，反映了特区经济发展成果并未被合理分享，而且这种分化局面愈演愈烈，国有企业的平均工资水平远远超过其他类型企业，两者近乎呈现一种难以协调的局面，对比极其鲜明。这表明特区超高速经济增长的非均衡特征，单纯追求增长的确能够将经济推向一个个新的高度，但可能是以社会分化、牺牲其他阶层利益为代价的，这种增长方式的可持续性不得不引起人们的担忧。

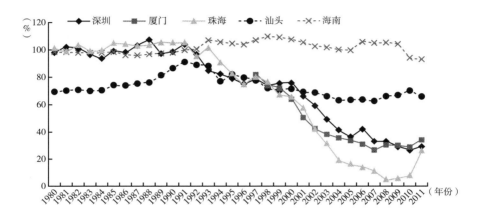

**附图1　特区非国有经济类型与国有经济类型的平均工资比**

## 二　竞争性行业、垄断性行业、政府与公共服务部门的利益分配状况比较

就竞争性行业和垄断性行业而言，深圳和厦门的变化趋势最为明显（见附图2、附图3），竞争性行业的工资上涨水平明显滞后于垄断性行业，垄断性行业的平均工资水平近年来达到了竞争性行业的5倍左右；而珠海、汕头和海南的变化趋势则较为平稳（见附图4、附图5、附图6），竞争性行业和垄断性行业的工资上涨水平大致保持了同等幅度，竞争性部门的平均工资基本保持在垄断性部门的60%左右。

与此同时，各个特区的竞争性行业相比政府与公共服务部门的工资差距则没有那么大，深圳和厦门的竞争性行业工资水平大致相

当于政府与公共服务部门的 60%，珠海、汕头和海南的这一比例则
为 80% 左右。值得注意的是，政府与公共服务部门的工资水平始终
与垄断性行业的工资水平保持同步，两者在 5 个特区的相对变化幅
度都非常平稳，近年来政府与公共服务部门的工资水平一直保持在
垄断性行业工资水平的 80% 左右。这一点表明了政府与公共服务部
门和垄断性行业高度一致的利益相关性，而我国绝大部分大型垄断
性企业又具有国有性质，特区也不例外。

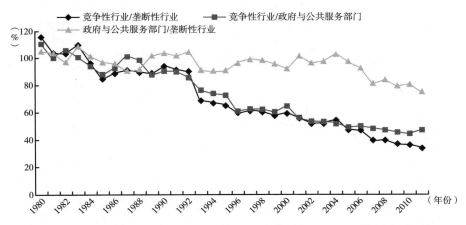

**附图 2　不同经济类型部门的平均工资水平相对变化趋势（深圳）**

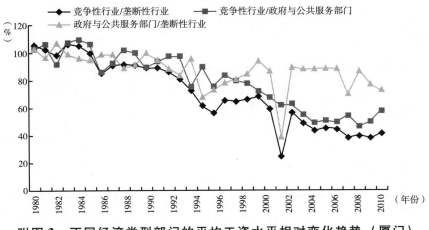

**附图 3　不同经济类型部门的平均工资水平相对变化趋势（厦门）**

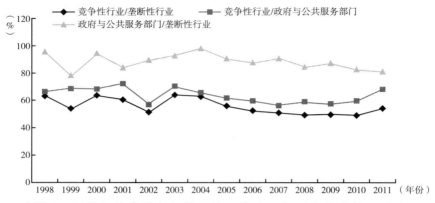

**附图 4　不同经济类型部门的平均工资水平相对变化趋势（珠海）**

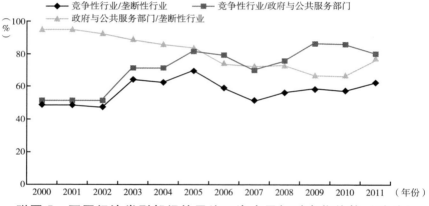

**附图 5　不同经济类型部门的平均工资水平相对变化趋势（汕头）**

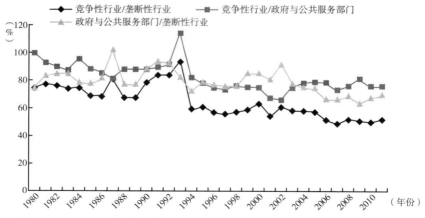

**附图 6　不同经济类型部门的平均工资水平相对变化趋势（海南）**

# 后　记

　　几时酒盏曾抛却，何处花枝不把看。白发满头归得也，诗情酒
兴渐阑珊。行文至此，意兴近阑珊，唯有天马行空般回溯从前，只
言片语，恣意叙述些许心情和感想，以为永念。

　　落花寂寂水潺潺，重寻此路难。事实上，许多念头还没来得及
仔细思索，就更不用说践行成文了，其中的一些甚至早已无迹可寻。
特别是随着人的主体性日益增强，人用一种强烈的意愿和意图将物
对象化、客观化和表象化。物被带到人面前，不同于现象学的物的
自身显现，物事先已经被表象了，这里的意愿和意图已经把世界作
为可制造的对象而整体设定出来，这就进一步增大了客观认识事物
的难度。也就是说，许多时候是理论决定人们能够看到什么，而不
是相反。无论是在科学研究还是在现实生活中，也无论是自然科学
还是社会科学，许多人总是骄傲而自信地告诉人们事实和真相是什
么或应该是什么样子，以为自己探索到了真理。这是一种极其恶劣
并令人反感的品质，事实上任何科学或真相都无法独立于科学家或
观察者而客观存在，这正是一切科学进步的先决条件。就经济学而
言，其发展大概经历了以下几个阶段：见人不见物的思辨阶段、见
物不见人的经验主义阶段、见人又见物的主体论阶段、特别突出异
质性个体互动的演化论阶段。据此大抵可以判断一项研究或一种认
识所处的时代，而每个阶段对其研究范式和研究工具的掌握进一步
决定了研究水平的高低。

从这个角度来看中国经济的过往 30 多年，对于改革开放，大部分人是从两者相容的角度理解的，如对外开放对改革的倒逼机制，然而这种关系成立的条件可能极其严格，如只在增长初期存在。因此有必要从互斥或替代的角度重新考虑，为了达到开放和增长的目的，改革或制度演进方向极有可能不是最优的。如果证据充分，我们将不得不重新审视开放政策。从这个角度来看经济增长，也许可以存在这样一种可能，即所有的问题都是不增长导致的，所有对中国经济的指责都是错误的，所有的问题都不是导致中国经济不可持续的原因，它们通通是中国经济增速下降甚至不增长的结果，是结果，是表现，而不是原因，过度投资不存在，消费不足不存在，所有问题都能在增长中得到解决……这种猜测可能显得过于荒谬了。

酒盏酌来须满满，花枝看即落纷纷。莫言三十是年少，百岁三分已一分。如今年近三十，慢慢地也会不自觉地进行一些思考了，我想，一个人在生活中和理论上成熟的重要标志是他将不自觉地摒弃对事物做出是与非或对与错的价值判断，他将避免强硬地否定某个人或断然否定某件事的可能性，他倾向于关注特定情境下存在的合理性，他不会强求改变现状或改变他人，只会在适应现存逻辑的基础上小心地对现状进行"治理"，这也正是实证分析的精髓所在。

细想初来深圳时，一位老师曾用浓重的上海口音谆谆告诫我等，搞研究一定要坐得住、耐得住，现在想来深以为是，尤其是在深圳这种灯红酒绿、物欲横流的地方，也暗暗庆幸自己总体上还算抵挡住了各种诱惑，把绝大部分时间和精力用在了学术思索和讨论上。然而，对于一个学术工作者而言，仅仅投入时间并不充分，正如简单的要素投入不能保证一个内生的质量型经济增长一样，时间投入充其量只能是做研究的必要条件，一个有趣的方向、一套适用的方法同样重要。对此，许多人都不止一次地提及，特别是我的恩师袁易明教授曾多次提醒我，这一点绝对让我受益匪浅。渐渐的，我摒弃了以往那种只知道闷头看书、阅读文献、学习他人理论观点的做法，不是说看书不重要，大量阅读文献绝对必要，但前提是带着问题阅读，否则读得越多，忘得也越多，无用功也越多，对我这种记忆力极差的人而言更是如此。这便是所谓的"问题导向"，也正是许多学者认为的找到一个正确的问题更加困难但也更加有意义的原因，也只有这样才可能逐渐确立自己的观点、理论甚至思想，尽管做到这一点很艰难，但若能向前多走一步，哪怕是很小的一步，它的意义和价值都注定非凡，这同样是一件令人快乐和欣慰的事情。

很快，我的兴趣和研究主题集中到了经济增长和转型方向，这一主题是如此宏大而热门，意味着要想在这个领域有所创见必然困难重重。事实也的确如此，记得几年前在一些课堂讨论中，我对经济增长以及中国经济经常持有一些固有的偏见：在中国当前的语境下，仿佛不唱衰中国经济、不批评政府、不质疑过度投资等，就不能算是一个好的学者。弗里德曼的《资本主义与自由》和哈耶克的《通往奴役之路》更是长期作为我的枕边书，陪伴我度过了许多青涩时光。但是通过对真实现象的不断观察，理论和事实之间的冲突越来越多，真的是我们做错了吗？可是我们的进步又是如此明显，并且举世瞩目。我们在质疑投资过度的同时却不得不面对这样一个事实：一个有活力的经济体必然能够创造更多的投资机会，鼓励人们进行长期投资。在这个意义上投资反而成为增长的结果而出现，这启示我从动态的循环累积因果过程中看待投资和增长，认真区分目标、结果和表现的差异。另外，经济史和经济思想史同样让我着迷，在研读欧洲前现代经济增长史的过程中我发现，技术从来都不是经济增长的瓶颈，技术固然重要，但更重要的是对技术的应用，也就是通过在更宽广领域的技术深化所能实现的强度，而不仅仅是技术研发所能达到的高度，这一点在后发地区尤其明显。对于政府角色而言，大多数经济学人都非常警惕这只"看得见的手"，不过真实的历史却是这样的：伴随着经济发展程度的提高，政府规模也不断扩张。我相信这是一个事实问题，而不仅仅是一个价值判断问题，因此讨论经济增长绝对避不开政府这一要素。但时至今日,大多数人关注的仍然是有质量的经济增长需要一个什么样的政府,政府在根本上仍然是一个外生变量,很少有人关注经济增长的结果带来了什么样的政府,也就是政府这一变量是如何内生变化的。

毫无疑问,这些问题都将引起广泛的争议,却又如此重要。我试图抛开先验的价值判断,尽量从事实的角度一一印证这些问题。尽管结果充满了不确定性,我依然对自己的工作满怀信心,在实证对象上我选择了5个经济特区加以比较分析,表面上看似区域经济领域的研究,实则为宏观经济增长和区域经济理论的融合和统一打开了一扇门,最终得出的结论也更加合理和富有说服力。与此同时,我对科学哲学的兴趣也一如既往地浓厚,并且始终为自己的工作寻求哲学意义上的支撑。围绕我的研究主题,一边是方法论,另一边是工具论,兼顾思想与技术,这正是推动我的研究和人生不断深入向前的两大法宝。

然而,学术无论如何都不能成为我生活的全部,科研之余,师生关系、朋友之情、同窗之谊同样是我生活中弥足珍贵的一部分,无论是面临生活还是学术上的困惑,你们总能适时出现并给我提供最大的帮助,在此也向你们一并致以诚挚的问候和谢意。

最后,我必须将深深的感谢献给我的父母、兄姐和妻子,你们是我一切努力的动力源泉,尽管深受经典经济学理论中理性人假设和个人主义方法论的影响,我仍然必须承认我的一切行为中绝大部分是为了你们,因为你们对我的付出是如此慷慨而无私,给予你们再多的赞誉之词都是不够的,在此谨以本书表达我对你们永远的爱,谢谢你们。

**图书在版编目（CIP）数据**

中国经济特区经济增长的历史透视／姬超著．－－北
京：社会科学文献出版社，2017.6
　ISBN 978 - 7 - 5201 - 0818 - 8

　Ⅰ.①中…　Ⅱ.①姬…　Ⅲ.①经济特区－经济发展－
研究－中国　Ⅳ.①F127.9

　中国版本图书馆 CIP 数据核字（2017）第 111755 号

## 中国经济特区经济增长的历史透视

著　　者／姬　超

出 版 人／谢寿光
项目统筹／冯咏梅
责任编辑／冯咏梅

出　　版／社会科学文献出版社·经济与管理分社（010）59367226
　　　　　地址：北京市北三环中路甲 29 号院华龙大厦　邮编：100029
　　　　　网址：www.ssap.com.cn
发　　行／市场营销中心（010）59367081　59367018
印　　装／三河市东方印刷有限公司

规　　格／开　本：787mm × 1092mm　1/16
　　　　　印　张：19.75　字　数：264 千字
版　　次／2017 年 6 月第 1 版　2017 年 6 月第 1 次印刷
书　　号／ISBN 978 - 7 - 5201 - 0818 - 8
定　　价／89.00 元